星云战

INTEGRATED OPERATION FROM SATELLITE TO SHOOTER

目光　雪山／著

科学出版社
北京

内容简介

本书首次阐明星云战这种未来战争的新形态、新规律、新特点，深刻揭示“提线木偶式”作战和云端一体化作战的新型作战样式和装备形态，初步勾画星云太空战、星云网电战、星云空战、星云海战、星云陆战和星云导弹战的战争场景及其导弹战法，系统阐述星融工程体系和军民一体战的重要意义和概念内涵，全面分析星云战将引发新一轮军事变革、星云体系将引领智能化战争的新趋势，鲜明提出抓紧抢占低轨道资源、加紧构建星云体系、主动应对新军事变革的举措建议。

本书可供从事军事思想研究、军事战略研究、战争形态研究、作战体系研究、航天装备和武器装备发展运用研究等方面的相关人员参考，以及军事爱好者阅读。

图书在版编目（CIP）数据

星云战 / 目光，雪山著．—北京：科学出版社，2021.6

ISBN 978-7-03-068358-8

Ⅰ.①星…　Ⅱ.①目…　②雪…　Ⅲ.①航天战－普及读物　Ⅳ.①E864-49

中国版本图书馆 CIP 数据核字 (2021) 第 045064 号

责任编辑：李　敏 / 责任校对：樊雅琼

责任印制：赵　博 / 封面设计：黄华斌

科学出版社 出版

北京东黄城根北街16号

邮政编码：100717

http：//www.sciencep.com

北京富资园科技发展有限公司印刷

科学出版社发行　各地新华书店经销

*

2021年6月第　一　版　开本：720×1000　1/16

2024年9月第五次印刷　印张：20

字数：400 000

定价：138.00元

（如有印装质量问题，我社负责调换）

前言

天下大势，分久必合，合久必分。

人间情缘，聚散终有时，离合亦有期。

孤立的热力学系统，分子运动总是从有序向无序发展，系统熵值总是从低熵向高熵变化。

宇宙世界，始于大爆炸，从整体走向分散，从分散走向逐步聚合，从聚合形成黑洞。而黑洞之后，何尝不是又一次爆炸和分散？宇宙或许是无数个黑洞—爆炸—分散—聚合—黑洞的循环演化。

经济社会，“看不见的手”自由地分配社会资源，“看得见的手”干预和介入自然的经济规律。而经济社会的发展，总是在自由和干预的交替主导和融合作用中前行。

分立的国际社会，由共同命运联合在一起，由全球化、一体化变得唇齿相依，由互联网走向亲密无间。

战争形态，军队从散兵游勇到整体聚合，装备从单一平台到综合体系，而战斗力却是沿着机动力、火力的交替主导的螺旋线前进。

武器装备，从小到大，从单一到复杂，从独立到协同。目前以战略轰炸机、航空母舰、重型坦克、战略导弹为代表的武器平台已经走到了聚合的极致，进而转向轻量化、分布式方向发展。像海上分布式打击、无人僚机、无人机蜂群等装备形态的出现，将极大地改变作战的样式和战争的形态。

直到星链计划的实施，我更强烈地意识到分布式、蜂群化、小型低成本卫星时代已经来临，人类进入太空、利用太空、控制太空的方式已经改变，数万颗低轨道小卫星的网络化运行使得地球上任何一点变得全天时、全天候、全球域透明。这是高价值中高轨道卫星向低价值分布式卫星发展的转折点。于是，我深入跟踪和剖析星链的发展和走向，逐步形成星云作战体系的构想，提出“星云战”及“云端一体化作战”的概念，描绘星云战的基本形态、特点和规律，理清加快发展星云作战体系、率先引领星云战变革的发展思路。

但是新思想、新概念有一个自身成熟的过程，有一个被逐步认识和接受的过程，有一个冲击各方利益而引发的博弈过程。这一过程的艰苦促使我在概念化研究的基础上更进一步，开始更深入地雕塑星云作战体系和踏上研究星云战形态的新长征。

为此，我找到雪山谈构想，两人一拍即合。星云作战体系和星云战作战构想与雪山近几年研究提出的“星融工程体系”的概念异曲同工、目标一致。雪山和中国航天系统科学与工程研究院（简称航天十二院）鼎力支持，抽调何银燕、高玉峰、曹秀云、张伟、闫陈静、牟迪和郭姣姣等七位精兵强将，与我一起跋涉，在目光和雪山前期研究成果的基础上，历经近半年的时间，完成了这本《星云战》书稿。其中，由我负责第一、第三至第九讲和第十一讲内容，重点讲解星云作战体系和星云战作战概念及其作战运用；由雪山负责第二讲和第十讲内容，主要讲解星融工程体系及其军民一体战相关内容。在讲座、研讨过程中，抽调的七位同志努力挖掘低轨道卫星和星融工程发展的现状和脉络，深入钻研星云作战体系、星云战和星融工程体系中的每一个新概念、新形态，积极思考现实矛盾和各方关切，为星云作战体系、星云战思想以及星融工程体系概念的传播、发展做出了艰辛的努力。

《星云战》按十一个专题，从什么是星云战、为什么是星云战、如何形成星云战、如何实施星云战的视角，展示了星云作战体系和星云战形态的未来场景；从“星融工程”的概念内涵出发，展示了星云工程的工程运用和军民一体战的特点与模式。每一讲的座谈、研讨和整理都是具象实在的，而梳理后的完善和升华却是玉汝于成。虽然完成了写作，但当今的世界日新月异，低轨道卫星星座的发展和建设正在步入快车道，为使作品更加贴合当今的实际，我们将持续对有关情况实时更新，直至正式出版。

《星云战》主要构建天基 C^4KISR 星云作战体系框架，创立云端一体化作战的新形态，分析星云战引发的新一轮军事变革的必然性，提出武器装备终端化的发展新趋势，阐述如何构建星云、如何引领变革、如何破解低轨道卫星星座作战体系的系统思考；构建星融工程的体系构架，阐述如何构建星融工程体系、如何运用星融工程体系的系统思想。囿于能力和水平，这些研究和思考是初步的，希望得到广大读者的批评和指正。

研究、创作过程中，薛翔、徐侃同志参与其中并提出了很多意见建议；中国空间技术研究院（简称航天五院）、中国航天科工集团第二研究院（简称航天科工二院）、北京中科宇航技术有限公司（简称中科宇航）等相关单位和专家，从可行性方面开展了大量的分析、计算和论证、仿真工作。在此一并表示衷心的感谢！

时值寒冬，恰逢京城寒潮降临。抬眼望，目光穿透寒彻夜空，去探究和触碰未来战争的真谛。

目　光

2020 年 12 月 31 日

目录

前言 i
引子 1

第一讲
星云及星云战
4 星链计划引发的思考
15 什么是星云和星云战
23 为什么是星云战
27 星云作战体系怎么构建
29 星云作战体系怎么运用
32 星云作战体系如何引发变革
34 如何破解低轨道卫星星座作战体系
36 星云作战体系和星融工程体系的关系

第二讲
星融工程体系
40 星融工程提出的背景
43 什么是星融工程
47 星融工程体系怎么构建
57 星融工程建设目标和实现途径
62 星融工程怎么用

第三讲
星云太空战
68 星云太空战主要形态
75 星云太空战主要特征

79 星云太空战与星云网络结构
80 星云太空战与太空碎片
83 星云太空战的法律思考

第四讲
星云网络电磁战
92 星云电磁战
105 星云网络战
110 星云网电一体战
114 联合全域作战和星云网络战
116 从星云网络电磁战视角解读传统网络电磁战

第五讲
星云海战
120 海战的概念与发展历程
125 海上作战的特点与规律
130 未来海上作战预判

第六讲
星云空战
144 传统空战及其发展历史
151 星云空战
155 星云临近空间战
165 从星云空战的视角解读传统空战

第七讲
星云陆战
170 传统的陆战沿革
175 未来的陆战预判
182 星云陆战的作战样式

185 星云陆战的典型运用

第八讲
星云导弹战
196 导弹战的发展历程
198 导弹中心战
201 星云导弹战的十一种打法

第九讲
星云下的新型作战概念
222 星云全域战
231 马赛克战
239 穿透性作战

第十讲
军民一体战
246 军民一体作战运用模式
249 军民一体态势感知
251 军民一体指挥控制
255 军民一体定位导航授时
259 军民一体作战链
261 军民一体战的局限性

第十一讲
星云战总结
266 对星云质疑的再思考
269 美国开展天基作战的图谋
272 我国开展星云战研究的必要性
280 星链的可行性分析

284 星链作用的深度剖析
289 我国建设星云的条件

参考文献 297

缩略词表 301

引子

根据目光老师研究提出的星云战作战概念和星云化战争形态思想，以及雪山老师关于星融工程的研究成具，目光和雪山商定，采用两位老师分别与七位学生进行讲座和研讨方式，通过整理讲课内容，形成《星云战》文稿；再在文稿基础上不断修改完善，最终由目光老师统稿完成《星云战》一书的定稿。

目光老师举办讲座的课堂位于西山脚下、永定河畔一个依山傍水的小山村，那里坐落着一处简单古朴的农家院，是目光老师退休后租用的工作室，是目光老师带领学生开展军事理论、作战概念各类学术研究的地方。这个被目光老师称为“潜院”的农家小院，果真是深入浅出、潜心研究的好去处。雪山老师举办讲座的课堂位于月坛办公楼的办公室，一张会议桌和一圈座椅，既是“星融工程”思想的发源地，又是集成研讨的课堂。

七位学生来自航天十二院。战鹰是一位温婉知性的女专家，思维灵动，联络广泛，具有很强的领悟力；驰峰是一位研究所的领导，思想敏锐，阅历丰富，长期随雪山老师研究星融工程，具有很强的组织能力；碣石是优秀的航天情报研究带头人，对美国及国际上航天发展的动态和未来发展趋势研究深入，具有很强的情报挖掘能力；锐羽是一位研究室的女领导，性格敦厚沉稳，知识面广，具有与生俱来的亲和力；守静是一位初为人母的科研工作者，性格活跃，勤奋刻苦，具有较强的研究能力；抱朴是一位初出茅庐的理工硕士男，是一个超级军迷，善于思考，研究深入，具有较强的钻研能力；敏捷是一位从事战略研究的咨询师，做事果敢、反应灵敏，具有较强的分析能力。他们性格各异、优势互补、善于思考、思想积极，使得研究讨论内容丰富、观点深刻、思维前瞻、成果颇丰。他们分工明确、各有侧重，求同存异、互相促进，使得研究讨论形式活跃、相得益彰。

研讨式的讲课方式和对话式的写作体例，对目光和雪山的思想深度和知识积累是一次空前的挑战，对七位同学的积极思考和系统整理能力也是一次巨大的挑战。

第一讲

星云及星云战

2020 年 9 月 6 日，北京的初秋艳阳高照，虽然气温仍然较高，但对摆脱了新冠疫情阴霾的北京百姓来说，心情与北京初秋早晚凉爽的空气一样，是十分惬意的。上午 9 点，战鹰、碣石、锐羽、守静和抱朴五位学生相约来到目光老师的“潜院”，首次系统地听取老师对星云及星云战的战略构想，并就有关问题进行深入的讨论。

目光老师为学生们泡上一壶韵浓的铁观音，茶过三巡之后，开始第一讲。在第一讲中，目光老师和五位学生按八个专题进行讲解和讨论。

星链计划引发的思考

目光：在第一个专题，先讲一讲我是如何研究和提出“星云战”概念的。

美国太空探索技术公司（SpaceX）的星链计划，“明修”全球无死角天基互联网之“栈道”，“暗度”新一代天基 C^4KISR 作战体系之“陈仓”，4.2 万颗星链卫星形成的星云能力以及对未来的影响，不可不察，不可小觑。2018 年以来，美国低轨道小卫星星座计划的井喷式发展，暴露了美国抢占天基资源、构建天基低轨道小卫星作战体系、塑造下一代战争形态的端倪。你们来之前，我让你们分别准备了美国天军事化战略及各军事大国开展低轨道小卫星星座建设和发展的相关情况，想必你们都已经准备好了，现在可以分别介绍一下你们准备的资料。

碣石：老师，我先介绍一下美国的太空发展动向以及天军的发展情况。

美国是世界上对太空系统最为依赖的国家，其太空力量已成为军事力量不可或缺的组成部分，对美国建立和维持全域军事优势、改变战争方式、促进安全与繁荣至关重要。近年来，美国太空力量在常规战争中应用的深度和广度不断扩展，从灰色地带的冲突到主要战区的高端战争，美国都使用了太空系统。

根据相关数据，美军 95% 的情报、监视、侦察，90% 的军事通信，100% 的导航定位和几乎 100% 的气象信息均来自太空系统。因此，美国认为，如果与中、俄等国发生地面常规冲突，必然会延伸至太空，太空冲突“不可避免”。大国竞争时代“下一次重大冲突可能在太空一决胜负”。2015 年，时任美国国防部空军部长就声称，“我们必须考虑如何打赢一场起于地面却血溅太空的战争”（张兢，2013）。

2018 年以来，美国以“与中俄竞争”和应对“战争性质的迅速变化”为由，明确将太空作为作战域和大国竞争的关键领域，把长期保持太空主导地位、确保太空行动自由作为主要目标，以竞争、遏制和打赢为主要手段，在航天领域掀起一场全面、深入、持久的变革，其变革意志之强、涉及范围之广、推动力度之大、变革程度之深、节奏之快，实属罕见。

2019 年 8 月，美国成立具有一级联合作战司令部地位的太空司令部，统一指挥天军事行动，提高多域联合作战能力和太空作战人员的战备状态。2019 年 12 月，美国成立天军，作为独立的第六军种，并计划用 5 年时间逐步打造一支聚焦太空作战的独立部队，建立太空作战文化。

2020 年 6 月，美国天军宣布遵循“精干、敏捷、以任务为中心”的原则，设立“一级司令部 – 德尔塔部队 – 中队”的三层力量架构。2020 年 8 月，美国天军首次发布《太空力量》“顶层条令”，重申军种使命任务，提出太空安全、作战力量投送、太空机动与后勤、信息机动、太空域感知五大能力，区分轨道战、太空电磁战、太空作战管理、太空进入与维持、军事情报、网络战、工程 / 采办七大专业类别，指导天军跨物理、网络、认知、电磁频谱等维度遂行太空作战。这实际上就是制天权的作战。

天军将“在太空、从太空、向太空投送军事力量”，“实施太空作战”。美军构想，在太空作战中，先由作战部队使用网络、电磁等武器，实施欺骗与干扰，对敌方太空资产、通信链路造成暂时性破坏，形成软杀伤效果；随着冲突升级，再利用定向能等武器对敌方太空资产实施拒止与降级作战；最后利用动能等武器实施摧毁，造成永久性破坏，形成硬杀伤效果；同时可实施攻防兼备的导航战。

天军独立遂行作战后，将实施“能改变战争格局的任务、能决定战争胜负的行动”。美国太空信息系统在指挥、控制、情报、火力、移动与机动、防护、保障、信息八大联合职能中，长期发挥作战支援作用。天军获取独立遂行太空作战职能后，加速发展轨道试验飞行器 X-37B、天基定向能拦截器等武器装备，执行对热点地区与突发事件快速监视侦察、以天制胜的轨道攻防、天对地打击等不可言说的任务。

美国致力要制造让对手看不懂的战争。基于新型太空作战体系赋能构建多域联合杀伤网，实现由单个作战域的杀伤链变成多域联合杀伤网，缩短“发现—锁定—跟踪—瞄准—交战—评估”闭环时间，实现从传感器到射手的自由链接，实现基于“满天星辰”支援空中“蜂群”、地面“蚁群”、水上“鱼群”作战，使 OODA（observation 观察、orientation 调整、decision 决策、action 行动）环变成 OODA 点，将压缩作战各环节的执行时间，以快打慢，实施“快速、精准、聚能”作战，致力于实现《美国国防战略》强调的“在战略上可以预判，在战术上难以捉摸”。

战鹰：目光老师，我接下来详细介绍美国 SpaceX 的星链计划和英国 OneWeb 公司的 OneWeb 计划。

星链计划是 SpaceX 提出的一个雄心勃勃计划，目的是将 4.2 万颗小型卫星发射到 340 ~ 550km 的近低轨道，通过星间的激光通信，实现覆盖全球的卫星网络，对全球特别是那些光缆和地面基站无法到达的偏远区域，提供低成本、高性能的互联网服务，形成天基 5G+/6G 的 WiFi 能力。计划于 2027 年前先行部署1.2万颗星链卫星。星链卫星单星重227kg，卫星单星容量17 ~ 23Gbit/s，卫星主要工作在Ka频段、Ku频段和V频段。2019年5月，SpaceX首次发射了60颗星链卫星。截至2021年5月16日，完成了星链计划第28批次星链互联网卫星发射任务，将52颗新的星链卫星和2颗共享卫星送入轨道，SpaceX先后将1677颗星链卫星部署到位，在轨活跃的卫星数目超过1400颗。其中，第27批次发射采用的是此前已经用过9次的一枚一级火箭，这是SpaceX首次让同一枚火箭第10次参加发射。第28次发射后，SpaceX于2021年5月26日发射第29次，这一批完成组网后星链卫星基本实现全球覆盖。目前，星链计划正在进行Beta版本公开测试，已经有超过70万人在线进行了预约。美国陆军、空军、海军、海军陆战队、天军等相继开展了星链互联网的应用、测试和未来发展的需求对接（吴业鹏和焦嫒嫒，2019）。

OneWeb卫星互联网星座是由OneWeb公司提出的互联网星座计划，目标是建立一个大型低轨道小卫星星座，能够向全球提供无缝的宽带互联网接入服务。该星座计划部署近3000颗低轨道卫星，初期采用Ku频段，后续向Ka频段、V频段扩展，轨道高度1200km，采用设计简单的透明转发方式，通过地面关口站直接面向用户提供互联网接入服务。OneWeb重量卫星只有150kg，每颗卫星设计了16个Ku用户波束，单星容量5 Gbit/s以上，可为配置0.36m口径天线的终端提供约50 Mbit/s的互联网宽带接入服务，从而实现了对全球的无缝覆盖。OneWeb采用极简的卫星生产和发射流程，新的卫星制造工厂借鉴空客飞机生产的工业化、标准化、自动化研发生产理念，每周可以生产20颗卫星，每颗小卫星的研发生产成本可以降到50万美元左右。OneWeb从2016年开始卫星和火箭制造，2019年2月27日，已发射首批6颗卫星，2020年2月7日和3月21日，在拜科、努尔分别发射两组34颗组网卫星，2020年12月18日，OneWeb公司在俄罗斯东方航天发射场成功发射了第三批36颗卫星，发射卫星总量达 110 颗。OneWeb 公司原来是美国的企业，因经营不善申请破产。2020 年 7 月，英国政府和印度最大通信运营商 Bharti Airtel 旗下的 Bharti Global 公司承诺支付 10 亿美元收购 OneWeb 公司，并为其重启运营提供资金（高璎园等，2019）。

2021 年 4 月 26 日在俄罗斯东方航天发射场发射了 OneWeb 公司的 36 颗组网卫星，这是 OneWeb 低轨道宽带互联网星座的第五次全球组网发射，也是 OneWeb 公司走出破产保护后的第三次组网发射。本次发射后，加上 2019 年 2 月发射的最初 6 颗原型试验卫星，OneWeb 星座在轨卫星数量已达 182 颗。

锐羽：我接着介绍美国国防高级研究计划局（DARPA）的“黑杰克”计划、美国国防部航天发展局（SDA）构想的下一代太空体系和美国导弹防御局（MDA）为导弹防御设计的太空能力。

“黑杰克”（Blackjack）项目是美国国防高级研究计划局于 2018 年发起的研发项目，旨在充分利用商业星座发展成果服务军事能力建设，完成小体积、小重量、低功率、低成本的低轨道军用卫星星座的研发，构建一个完整、覆盖整个地球、全面增值的全天候星座，实现全球监控与全球通信的军事任务；为美国未来构建太空体系结构，实现导弹防御预警、定位导航和授时替代等奠定基础，提高美军关键太空任务的抗毁性和持续有效能力；实现军用卫星有效载荷的高度网络化，提高空间通信系统的弹性和持久性。计划在近地轨道建立一个包含 60 ~ 200 颗卫星的星座，用以实现或超过现有地球同步轨道（GEO）军用卫星系统的功能。每颗小卫星配备“Pit Boss”自主的协同任务控制管理系统。该系统具备在轨计算能力和加密能力，可充分利用低轨道卫星星座跟踪数据，实现在没有任何人工输入的情况下将目标信息传送给地球上的用户。该星座轨道高度为 500 ~ 1300km，具有高度的自主性和网络弹性，能够在没有运营中心管理的情况下独立运行 30 天。每颗“黑杰克”卫星成本可低至 600 万美元以下。美国国防高级研究计划局拟在 3 个阶段中与 8 个平台和载荷供应商签订约 1.2 亿美元合同，还会有另外的合同涉及自主软硬件、发射业务、地面系统和星座飞行运控。2021 年末，将拥有全部卫星的演示验证能力，期望于 2022 年在低轨道进行战区级自主运行（黄志澄，2020）。

美国国防高级研究计划局于 2021 年 4 月 22 日宣布为洛马“黑杰克”计划卫星总装集成合同追加 2730 万美元经费。该局一年前选定由洛马作为“黑杰克”计划的卫星集成方。该项目旨在验证军事通信、导弹预警和导航用的低轨道小卫星网络。洛马此前已拿到一项 1310 万美元的卫星集成合同。新拿到的 2730 万美元合同更针对该计划的第二阶段，使得该计划总合同额达到了 4040 万美元。洛马“黑杰克”计划主管佩克森称，前 4 颗卫星拟在 2022 年 6 月发射。

同时，美国国防高级研究计划局已授予诺・格公司“黑杰克”项目第二阶段合同，为“黑杰克”卫星星座设计一款定位、导航与授时有效载荷。该有效载荷能对“黑杰克”星座进行定位，并明确每个卫星之间的位置关系，以便准确发送和接收数据。另外，旧金山创企轨道阁楼公司 2021 年 5 月 5 日宣布拿到美国天军一项小企业创新研究计划合同，以支持研制能在天上分析数据的一款边缘计算机。该合同是由航天与导弹系统中心主管的一个中小企业创新研发计划（SBIR）二期项目。轨道阁楼公司将用总共 150 万美元来研制一款边缘计算机处理器，以充当其卫星的“大脑”。这笔钱有 75 万美元由政府提供，另外 75 万美元为私人配套资金。轨道阁楼公司的业务模式是采购卫星平台来把付费客户的有效载荷搭载上天。该公司将星上边缘计算作为其服务的一部分。与把数据传到地面上的服务器相比，星上计算能让卫星更快地处理所采集的数据以及开展自主决策和执行任务。轨道阁楼的边缘计算技术与“黑杰克”项目研制的“赌场老板”卫星自主运行管理系统类似。

美国国防部航天发展局构想的下一代太空体系具有 7 层：传输层，658 颗卫星，形成大规模、低延迟、去中心化天基网状网络；跟踪层，200 颗卫星，实现对先进导弹识别、告警、目标指示和跟踪；看护层，200 颗卫星，对时敏目标全天时、全天候识别和看护；威慑层，200 颗卫星，用于地月空间态势感知和快速接入；导航层，是独立于全球定位系统（GPS）的通信导航一体化体系；作战管理层，是人工智能支持下的分布式作战管理和指挥控制系统；支持层，基于大规模地网、测控网，可以实现快速响应发射服务。

美国导弹防御局为导弹防御设计的太空能力，包括集成和补充低轨道（LEO）卫星、中地球轨道（MEO）卫星、地球同步轨道卫星资源；射前监视集成，实现对导弹发射车的射前攻击作战；探测、告警初识跟踪，实现导弹防御预警；全球通信，实现通信、作战同步、任务规划；定位导航授时，实现精确平台定位、发现、跟踪、交战资源协调；弹头跟踪和识别，实现各类导弹的跟踪、分类、识别和交战；拦截评估，实现天基杀伤评估。

守静： 我接着介绍亚马逊推出的“柯伊伯”全球卫星宽带计划和俄罗斯的“球形”卫星体系。

“柯伊伯”项目是亚马逊公司 2019 年 4 月推出的全球卫星宽带计划，项目代号“Project Kuiper”。“柯伊伯”项目计划覆盖北纬 56° 到南纬 56° 的区域，目标为全球 95% 的人口提供卫星通信服务，不像星链计划那样立志覆盖全球每个角落，也不像铱星计划组网卫星数那么少。所需的卫星总数相较于星链计划，大幅缩减至 3236 颗，最终覆盖面和覆盖密度虽不如星链计划，但却有可能花不到星链计划一半的成本解决 90% 的需求。“柯伊伯”项目 2020 年 7 月获得美国联邦通信委员会（FCC）批准，对比星链计划没有进度上的优势。暂时虽未开始发射部署，拿到了频段这一战略资源等于说是“箭已上弦”，亚马逊公司也有火箭，准备好之后随时可以启动。官方公布的组网步骤分为五个小阶段，跟星链的三步走计划异曲同工。寰宇四海，“柯伊伯”项目是目前唯一在数量级上能和

SpaceX 打对台的卫星群计划。虽然发射进度暂时落后，但亚马逊有和现有业务联动的想象空间，不失为另一种强大的优势。未来亚马逊云业务可以上卫星，个人的 prime 会员增值业务也可以进行捆绑，新的流媒体业务 Fire TV 也有内容倒逼运营商业务的潜力。

俄罗斯“球形”卫星体系旨在利用低轨道小卫星星座为任意地点提供实时移动通信和观测服务，星座将在导航、通信、地球遥感领域得到有效应用。该计划已获得俄罗斯总统普京批准，目标是建设成为最优的卫星星座集群，星座由遥感卫星系统、通信卫星系统、格洛纳斯导航卫星系统（GLONASS）、“马拉松”（Marathon）物联网卫星系统等组成。该系统部署计划于 2023 ~ 2028 年展开，由 638 颗卫星组成，包括 334 颗通信卫星、55 颗导航卫星和 249 颗地球遥感卫星，预计进行 148 次发射，预计成本 3000 亿卢布。未来 3 年内发射前 6 颗通信和遥感卫星，并以此 6 颗卫星进行空间段实验。俄罗斯“球形”卫星体系计划是空间信息技术的整合，包括建立多个卫星系统（唐亮等，2019）。

抱朴：我来介绍我国的发展计划——鸿雁计划、虹云工程、行云工程以及中国星网集团的成立。

首先，介绍鸿雁计划。鸿雁全球卫星星座通信系统是中国航天科技集团有限公司提出的星座计划，目标是从“航天强国”和“网络强国”战略、“一带一路”倡议等需求出发，贴合经济社会发展，建立具有国际领先水平的低轨道卫星通信系统。该系统将由 300 颗低轨道小卫星及全球数据业务处理中心组成，具有全天候、全时段及在复杂地形条件下的实时双向通信能力，可为用户提供全球实时数据通信和综合信息服务。鸿雁星座支持多样化的终端型谱，可为地面固定、手持移动、车载、船载、机载等各类终端提供数据接入和传输服务，广泛服务民用、商用各领域用户，是我国首个国家级、投资规模最大、具有里程碑意义的商业航天项目。2018 年 12 月 29 日 16 时 00 分，我国在酒泉卫星发射中心用长征二号丁运载火箭，成功将 6 颗云海二号卫星和搭载发射的鸿雁星座首颗试验星送入预定轨道，预计于 2023 年建设骨干星座系统（本刊编辑部，2019）。

其次，介绍虹云工程。虹云工程是中国航天科工集团有限公司（简称航天科工）五大商业航天工程之一，脱胎于航天科工的福星计划，计划发射 156 颗卫星，在距离地面 1000km 的轨道上组网运行，构建一个星载宽带全球移动互联网络，实现网络无差别的全球覆盖。按照规划，整个虹云工程被分解为“1+4+156”三步。第一步计划在 2018 年前，发射第一颗技术验证星，实现单星关键技术验证；第二步到“十三五”末，发射 4 颗业务试验星，组建一个小星座，让用户进行初步业务体验；第三步到“十四五”末，实现全部 156 颗卫星组网运行，完成业务星座构建。虹云工程首星是我国首颗低轨道宽带通信技术验证卫星，并首次将毫米波相控阵技术应用于低轨道宽带通信卫星，能够利用动态波束实现更加灵活的业务模式。后续将以此卫星为基础开展低轨道天基互联网试验与应用示范。除通信主载荷外，虹云工程首星还承载了光谱测温仪和 3S（AIS/ADS-B/DCS）载荷，即实现高层大气温度探测和船舶自动识别系统（AIS）信息、飞机广播式自动相关监视（ADS-B）信息和传感器数据采集系统（DCS），可广泛应用于科学研究、环境、海事、空管等领域（李忠东，2018）。

最后，介绍行云工程。行云工程是航天科工的天基物联网计划，计划由 80 颗低轨道窄带通信卫星星座组成，将全球范围内各种信息节点和传感器等智能终端进行有效连接。2019 年底，行云二号 01 星、02 星搭乘快舟一号甲火箭入轨测试。

另外，2021 年 4 月 26 日，业界期盼已久中国卫星网络集团有限公司（简称“中国星网集团”）以新央企的身份在京召开成立大会，并于 4 月 28 日在雄安新区正式揭牌，成为首家注册落户雄安新区的中央企业。主要经营范围包括：卫星互联网的论证设计、研究试验、工程设计、工程建设、工程服务、运行控制、运营管理。具体为：卫星互联网系统软硬件和系统衍生产品的标准制定、检测鉴定、产品认证、网络与信息安全、系统防护及相关技术服务；卫星互联网发射和测控服务；基础电信业务；第一类增值电信业务，第二类增值电信业务；软件开发；系统集成及运营；信息服务、数字内容服务；卫星通信、广播、导航、遥感业务及综合服务；云计算大数据、物联网技术应用服务；卫星互联网及融合应用领域内的技术开发、技术咨询、技术交流、技术转让、技术服务、技术推广；卫星互联网领域的国际合作及跨境服务，包括国际工程设计、工程承包、货物及技术进出口（国家禁止或涉及行政审批的货物和技术进出口除外）。

这不但是中国卫星通信、卫星应用产业的一个里程碑，也是航天产业对国家新型基础设施建设的响应和落实。我们相信，经过详细论证、周密筹备、积极建设、创新应用，中国的卫星互联网一定能在全国、全球发挥新一代天基基础设施的决定性作用，为全球宽带产业和工业互联网的推进提供基础性条件。

目光：大家对目前各国低轨道星座的发展的主要情况做了介绍，现在大家把这些情况放在国际战略的大背景、科技发展的大前提、未来战争的主形态、星座建成后的强颠覆的统一坐标系中连贯起来思考，又会得出什么样的结论和判断呢？

依靠强大的低成本的低轨道星座能力、卫星制造能力和发射能力，星链计划和“黑杰克”项目可能已经并轨，新的星链计划能够覆盖美国防部航天发展局提出的下一代太空体系、美国导弹防御局构想的天基预警监视体系的功能和能力。“黑杰克”可以搭上星链的快班车，星链能够插上“黑杰克”的高科技翅膀。新的星链计划凸显了美太空战略的野心。

星链可以实现覆盖全球5G+/6G天基互联网，实现陆、海、空、天、网络电磁空间（以下简称网电空间）泛在物联，高速率、大容量、高可靠、低时延、低功耗互联互通，可以实现对现有天基体系的功能覆盖、能力冗余和体系融合。应用于民用领域，形成天基对地观测、定位、通信、控制等体系能力，改变人类的生活形态；应用于军事领域，形成天基 C^4KISR，可以大幅提升信息网络互联互通性，提高指挥控制能力，并且充分释放虚拟现实、大数据、云计算、人工智能、军事物联网等颠覆性技术的战争潜能，加速智能化战争演变进程，进而改变战争形态。另外，还可以实现下一代太空体系、天基预警监视体系和导弹防御体系形态和能力的重构（张玉军等，2019）。

星链不仅是天基互联网，而且是全球天基“星云”，是军民融合的天基体系。星链将成为人类生活和未来战争的“上帝”，是战争的“天眼”，是轨道上的“阿喀琉斯”。新的星链计划是美国借用私企和民用系统之名，在悄然部署新一代天基体系，是美军塑造未来优势、形成战略突袭、开启下一代战争的“背书”。星链建成之日，标志着美军重新回到依赖太空资源的轨道，标志着新的战争形态悄然形成，标志着智能化战争的序幕即将拉开。星链计划将成为我方进入太空、利用太空、控制太空的极大障碍。

渐进式、增量式、单个高价值太空系统的设计、开发、部署和维持都非常昂贵，在新型高科技对抗中显得更加脆弱。低轨道小卫星、泛在自主和人工智能等新型科技快速成长，有潜力改变战争的性质、形态，提供更加丰富和灵活的军事航天运用，必将引发未来军事科技和作战方式的变革。不仅如此，低轨道小卫星星座是分布式作战在太空领域的具体体现，将使进入太空更加便捷，利用太空更加高效，控制太空更加有力。

我国低轨道卫星星座建设计划还处于起步阶段，在管理层面、技术层面和数量上与美国的星链计划都还存在巨大鸿沟。主要问题包括以下七个方面：一是目前的卫星星座规模有限，功能单一，轨道高，带宽窄，容量低，时延长；二是主要星座只面向民用应用，缺乏统筹军事需求的前瞻性；三是各自为政，缺乏顶层统一发展规划，无法形成系统性的发展路线；四是力量分散，单打独斗，无法形成有效“聚力”，难以短时期完成系统构建；五是行业壁垒，难以形成天基资源的合力；六是成本昂贵，目前我国的卫星和运载价格比美国商业航天企业高出数倍，运载产能严重不足；七是产业结构，相对于大型卫星和重型运载，小卫星和商业航天能力不足。因此，星云作战体系的提出及建设与实施，可以有效解决我国低轨道小卫星建设中存在的问题，促使我国低轨道小卫星相关技术快速突破，推动我国低轨道小卫星产业迅猛发展。中国低轨道星座建设规划的各类问题，随着中国星网集团的成立终将成为历史。

未来的航天向什么方向发展？未来的太空产业结构和布局该如何调整？唯有早认识、早行动、早改变，才能引领和创造未来，才能永远立于发展的不败之地。

低轨道卫星星座的飞速发展引起了世界各国的关注，是未来发展的大势所趋。听完目光老师的讲解，五位学生陷入了沉思。

什么是星云和星云战

目光：接着我再介绍第二个专题——“星云”和“星云战”的概念内涵。

首先我整体介绍一下星云的构想，让大家对这个全新的概念有一个全面的理解。总的来看：从体系形态上讲，星云是指由数万颗 300 ~ 600km 高度的低轨道小卫星组成“八网一体”“十三类云”的天基 C^4KISR 作战体系，是军民融合的天基体系；从作战方式上讲，星云作战体系支撑星云战形态和云端一体化作战样式，由星云对武器端进行指挥控制，进行“提线木偶式”作战；从战争形态上讲，星云战的形态是指主要以天基系统为主导的作战体系，是一种天基作战网+作战应用软件（简称作战APP）+武器装备端的战争形态。具体考虑如下。

第一，星云将构筑天基C^4KISR作战体系。

天基星云是由数万颗低轨道小卫星构建的“八网一体”“十三类云”组成的低轨道卫星星座。“八网一体”包括天基物联卫星网、预警侦察卫星网、指挥控制卫星网、遥感气象卫星网、导航定位卫星网、情报保障卫星网、网电攻击卫星网和监视防护卫星网；“十三类云”包括天基探测云、指控云、制导云、情报云、定位云、通信云、杀伤云、监视云、防护云、保障云、评估云、燃料云和智能云。“八网一体”“十三类云”实质上构建了天基C^4KISR作战体系。

天基C^4KISR作战体系将成为未来战争的“主宰”。该体系能够构建超宽带、高通量和低时延的天基物联网和指挥通信网；能够实现全球导航、定位和授时能力替代；能够形成数百千米轨道高度的星间协同探测网，精确探测临近空间、空中、海上和地面目标，使得探测地球上任何一点的距离将不会超出轨道高度，地球将变得全天时、全天候、全球域透明；网络电磁战卫星可以对各个作战域的网络电磁目标同时实施全面压制和软攻击；监视云和防护云能够监视敌方星云动态并保护己方星云；数万颗卫星形成的大数据和这些卫星提供的分布式计算能力可以形成天基智能；数万颗卫星组成的天基作战体系将使传统的反太空作战手段失效，体系弹性更加强大。

天基C^4KISR作战体系意义重大。低轨道小卫星、泛在自主和人工智能等新型科技快速成长，有潜力改变战争的性质、形态，可以提供更加丰富和灵活的军事航天运用，能够引发新一轮军事变革。传统的进入太空、利用太空和控制太空的方式，以及太空系统的研发生产、部署应用、管理控制模式等，将发生根本转变，将使进入太空更加便捷，利用太空更加高效，控制太空更加灵活，将改变渐进式、增量式、单个高价值太空系统的设计、开发、部署和维持的昂贵模式，将扭转传统卫星体系在新型高科技对抗中的脆弱性。低轨道小卫星研发生产和发射运用的商业化趋势，标志着太空系统的发展和建设进入了一个“拐点”，标志着“贵族式”的太空发展模式开始降低门槛、走下“神坛”。

第二，星云将带来武器装备形态的改变。

一是武器装备形态能够实现终端化。武器装备终端化是指在星云作战体系的支撑下，武器装备体系、系统、平台和导弹等将呈现出终端化形态。武器装备原则上可只保留机动力和火力，信息力、指控力等其他作战要素交由星云作战体系提供。导弹武器装备可简化为“动力 + 控制 + 载荷”的终端形态，可以实现灵巧构型、成本降低、快捷生产；地面车辆、海上舰艇和作战飞机等作战平台可简化为“无人化 + 小型化 + 高密度弹药”的终端形态，可以打造有人 / 无人操控、低成本超小隐身构型、多域快速机动和作战、高密度装填导弹火力的新型作战平台；武器系统和作战体系更加简化，系统功能和作战要素主要依靠星云作战体系生成。

二是武器装备运用能够实现 APP 化。作战应用程序是指安装在武器装备终端上的操作系统和作战应用软件，以保证终端接入的即时化、相互链接的标准化、星云作战体系的物联化、功能任务的多样化、作战运用的灵活化。APP 可通过作战场景和作战任务定制和分发，通过体系后台提供下载、维护、安全、升级等服务，以满足各类武器装备终端的应用需求；APP 将成为武器装备体系的重要组成部分；APP 将促进武器装备形态向系列化、标准化、模块化、通用化、软件定义化方向的转变。

三是武器装备采办能够实现工业化。可以选用工业级器件，选购货架产品，采用自动化生产线，实现快速智能生产；可以大幅缩短研发和生产周期，降低研发和生产费用，实现与民用装备和产品的通用化、一体化保障，提升战争潜力和持续能力。

第三，星云将催生作战样式的升级。

星云作战体系能够支持云端一体作战样式。云端一体作战是指星云作战体系直接、全程指挥作战平台和导弹装备打击和拦截目标的作战样式。这是一种天地一体、以天为主的作战样式，是“提线木偶式”的作战样式，是未来战争的主要作战样式。

星云作战体系能够支持天地一体作战样式。天地一体作战是指在星云作战体系受到干扰压制、体系能力受到制约的情况下，与传统的陆、海、空、天、网电作战体系共同指挥作战平台和导弹装备打击和拦截目标的作战样式。这是一种天地融合、天地互补的作战样式，是星云作战体系与现有作战体系融合的作战样式，是面向实战的作战样式，是在强对抗条件下动态组合的作战样式。

星云作战体系能够支持地天一体作战样式。地天一体作战是指在星云作战体系作战能力大部分失效的情况下，作战平台和导弹装备依靠传统的陆、海、空、天、网电作战体系和星云残存的信息支援能力对目标实施察打的作战样式。这是一种以天地结合、以地为主的作战样式，是最大限度利用天基信息资源的作战样式，是依靠而不依赖天基信息的作战样式，是与强敌高强度对抗条件下可能出现的作战样式。

星云作战体系能够支持军民一体作战样式。军民一体战是指在星云作战体系能力遭到削弱和破坏的情况下，充分利用中高轨道为主、低轨道增强的军民商业卫星体系的能力，为未来战争的 C^4KISR 功能和能力提供支撑和保障，所形成的军民一体的作战样式。军民一体作战样式将由雪山老师在第十讲中做详细的讲解。

星云作战体系能够实现导弹作战的创新运用。一是看着打，对打击目标实施不间断的监视和看护，如对位于隐蔽库中的飞机和舰船，露头即打；二是盯着打，对于即将出动的目标实施临机打击，如港口内的舰船、跑道上的飞机；三是跟着打，实时跟踪目标的轨迹实施引导打击，如打击各类机动目标和时间敏感目标；四是指着打，在目标群中指定打击目标，如编队中的航母；五是领着打，星云作战体系引领导弹规避危险、规划航迹；六是护着打，利用高动态、多链路、宽容量的实时指挥控制，实施进攻作战的同时实施防御作战，实现攻防并举；七是帮着打，利用星云作战体系对目标实施网络电磁压制，辅助导弹打击；八是联着打，通过星云将导弹端联成组群，实施分布式协同打击；九是学着打，通过每次打击的机器学习，提高云端一体化智能打击水平；十是省着打，通过智能的火力规划节省火力资源，提高打击效益；十一是逆着打，星云通过跟踪导弹飞行轨迹进行溯源，引导对敌发射阵地实施精确打击，提高快速反击效能。

第四，星云作战体系将催生新的战争形态。

星云战是区别于信息化战争和智能化战争的一个全新的战争形态。它是信息化战争的高级阶段，是智能化战争的初级阶段，是两种战争形态中间的过渡。虽然信息技术在不断发展，但是人类社会还是会长期处于信息时代。星云战架起信息化战争与智能化战争的桥梁，推动战争形态的不断发展演化。星云作战体系构建在天基，体系信息在天基，体系指控在天基，体系智能在天基。天基 C^4KISR 作战体系赋予信息化战争全新的能力、全新的形态、全新的流程、全新的样式，产生与传统信息化战争某种程度上代的差异。传统信息化作战体系的大型作战平台在星云战形态下只能被动挨打，并付出高昂代价。天基 C^4KISR 作战体系的大数据资源、分布式计算能力为天基智能创造了前提和条件。天基智能可以实现天地一体作战的智能化，而无须武器装备终端的智能。天基智能可以支撑多域战、马赛克战、分布协同作战、蜂群作战、穿透性制空（PCA）作战、无人自主作战等新型作战样式。

星云战作为撬动战争力量及其形态演变的引擎，将引发新一轮军事变革，人类军事领域的发展进入智能化战争的前夜。截至 2021 年 5 月 16 日，SpaceX 先后将 1677 颗星链卫星部署到位，5 月底基本实现全球覆盖；到 2021 年底，预计可达 1800 颗。形势逼人，时不我待。我们唯有加快抢占太空低轨道资源，合力构建中国特色星云作战体系，抓住新一轮军事变革的历史机遇，才能乘势而上、把握先机，为打赢未来战争奠定胜势。

守静：目光老师，您能不能给我们讲一讲星云中“云”是什么呢？

目光：我先讲一讲“云”的发展历史。

1963 年，美国国防高级研究计划局提出了“一台计算机同时供两个或两个以上的人使用”的技术需求。到 20 世纪 90 年代，虚拟计算机的使用开始流行，形成现阶段云计算的雏形。2002 年，亚马逊推出了基于网络虚拟服务器的服务，云架构的模式赋予人们更有效地利用计算机的能力。2006 年，亚马逊推出了 Amazon Web Services，该服务为其他网站或客户端提供在线服务。2007 年，国际商业机器公司（IBM）推出了 IBM SmartCloud，以支持智慧星球。2012 年，甲骨文（Oracle）公司推出了 Oracle Cloud，为业务提供基础设施、平台和软件服务。2014 年，云计算已开发出其基本功能，同年，“阿里云”开始提供云服务。近年来，华为公司也致力于建设和推出“华为云”服务。

我从技术领域的“云”技术出发，类比讲一讲星云中“云”的概念与特点。

在技术领域，“云”是指基于“云计算”“云存储”“云定制”技术为各类用户提供云服务，实现各种终端设备之间的互联互通。如手机、电视机等都只是一个单纯的显示和操作终端，在云服务形态下，它们不再需要具备各自强大的终端处理能力。用户所需的所有信息资源、所有应用程序、所有计算能力和存储能力，全部由一个存储和运算能力超强的云后台来提供。与普通的智能手机、电视相比，近期铺天盖地推出的“云手机”“云电视”最明显的特点，就是它们通过连接到“云端”后台，就可以随时从后台调取自己需要的资源或信息，或将自己的资料存储到“云端”后台。“云”的意义在于资源整合、物尽其用，“云”的商业意义在于提供了一种新的服务和盈利模式。

星云作战体系中的“云”就是将低轨道星座中数万颗卫星进行互联互通，形成的能够汇集、共享整个卫星网络中的各类信息资源，具有超强的星上感知、信息存储和运算能力，并具备作战能力的卫星群。星云一方面可以在作战中提供侦察、监视、电磁杀伤等能力，另一方面可以与武器装备终端进行连接，为武器装备终端提供信息力，从而大大化简武器装备形态。

星云作战体系中的“云”具有以下云特点：一是超大规模，数万颗卫星能赋予用户前所未有的计算能力。二是虚拟化，星云支持用户在任意位置、使用各种终端获得应用服务，所请求的资源来自“云”，而不是固定的有形的实体。三是高可靠性，星云将使用卫星数据多副本容错、计算节点同构可互换等措施来保障服务的高可靠性。四是高可扩展性，星云的规模可以动态伸缩，满足应用和用户增长的需求（杨洋和孙前进，2010）。

星云作战体系的云架构可分三类：公用云、专用云和混用云。其中，公用云是面向民用的，利用公共的卫星资源创建的星云环境，满足各类民用需求，具有通用性；专用云是面向军用的，是专门为军方用户创建的、具有作战功能的星云环境，只允许军方用户的接入与使用；混用云是面向军民融合的，是一种融合了公用云和专用云的多云环境。在星云架构分类的基础上，将星云的运行模式分为两种：第一种是产权属于政府，由政府运维，大众订阅星云服务的公用运行模式；第二种是产权属于军方，由军方专门运行维护的专用运行模式。

星云作战体系的意义在于以“云”的形态构建 C^4KISR 作战体系，使体系资源和能力最大化、集约化，并最大限度地简化各类武器装备终端的技术要求，为新的战争形态、作战样式和装备形态的产生和运用提供物质基础。

锐羽：目光老师，您提出的“八网一体”和“十三类云”有什么关系？

目光：“八网一体”主要概括了星云作战体系的功能，又可以称为“功能网”；“十三类云”则涵盖了星云作战体系的主要能力，又可以称为“能力云”。这是对星云作战体系从不同维度上的构架和解读，它们本质上是同一问题的不同侧面。

战鹰：目光老师，我们对什么是星云作战体系有了初步的了解，那什么是“星云战”呢？

目光：“星云战”是指以天基系统为主导的作战体系，以武器端为主体装备系统、以天基信息为主要资源、以星云化军队为主体、以云端一体化作战为主要作战方式、以夺取天基资源为直接目的，并以相应军事理论为指导的战争形态，是信息化战争的高级阶段，是走向智能化战争的过渡阶段，具有战场全球化、网络物联化、体系一体化、装备终端化、作战无人化等特点。

基于星云的一体化作战通过星云提供快速、智能、全天候、无死角的指挥、控制、通信、计算、杀伤、情报、监视、侦察能力，打造透明战场；通过建立自适应自重构的星云架构，将 C^4KISR 系统的每个功能分解到若干个卫星群，形成去中心化的有共识机制的卫星 C^4KISR；不依赖于单一的卫星，根据战场位置“随需应变”组成动态、智能、强弹性的 OODA 环；通过获取空间差、时间差、能量差、效能差制胜战场。

星云战的优势：一是通过星云可缩短探测距离，打造透明战场。通过天基探测云、定位云，进行战场态势感知、侦察与监视，将探测距离缩短为低轨道卫星到地面的距离，探测距离大大缩短，实现战场态势、情报的快速获取，夺取作战空间差。二是通过星云可提高传输速度，快速决胜战场。通过天基物联网，峰值传输速率高达 100Gbit/s，传输时延低至数毫秒，对战场信息进行高速传输，缩短 OODA 闭环时间，夺取作战时间差。三是通过星云可保证能量供应，聚能多域战场。通过太阳能为卫星、武器端提供源源不断的能量，全天时、全天候、全覆盖服务未来战场，占领作战制高点，夺取作战能量差。四是通过星云可化简装备功能，降低战争成本。通过星云实现智能上移，武器端大大化简，只保留机动力和火力，造价低、不惧损伤，降低作战成本，获得作战效能差。

“What”是研究星云战的第一步，也是最重要的一步，只有明确了研究对象的内涵与特点，才能为更加深入开展星云战研究奠定基础。听完星云和星云战的介绍，引发了五位学生积极的思考和热烈讨论。

为什么是星云战

目光：在第三个专题中我重点讲一讲星云战出现的必然逻辑。

星云的产生与应用是必然的发展趋势，主要原因有三方面。

第一，技术的发展推动星云的产生。低轨道小卫星技术不断成熟，为星云的建设提供技术基础。战争形态牵引军事需求，军事需求推动武器装备进步，武器装备的发展依赖于生产方式的提升和科学技术的进步。人类通过工业革命，实现了生产方式的极大提升，推动冷兵器战争形态进入热兵器战争形态，通过蒸汽机革命推动战争进入机械化形态。技术的发展对军事的变革有着巨大的推动作用。随着人工智能、大数据、区块链等技术的发展，必将带来科学技术的群体快速突破和生产力的快速提升，会带来生产方式的改变，必然会反映到军队、装备、作战相应的改变。由于科学技术的最新成果总是首先应用于军事目的，使得现代战争带有许多高技术的特征。传统的进入太空、利用太空和控制太空的方式，以及太空系统的研发生产、部署应用、管理控制模式等，都将发生根本转变。世界各国多家公司开始低轨道星座建设，低轨道星座发展得如火如荼，星链、“黑杰克”等低轨道星座陆续问世，标志着一个新的低轨道星座的时代已经到来。同时，网络技术、5G/6G、人工智能等一大批新兴技术快速发展，为星云的建设创造了客观条件。各国在太空中进行大规模的卫星部署，并将其应用到军事领域，将会影响未来战争形态和作战样式。

第二，作战的实际需求促进星云的发展。星云可以解决传统战争中暴露出的问题，实现全球无死角、全天时、全天候态势感知与作战防御。以美国为首的太空大国都在制定太空战略，调动军民力量，加快卫星发射，部署天基系统，争夺太空资源，尤其是频率和轨位资源。我国必须加快星云的建设步伐，为抢占低轨道卫星战略资源，打赢未来多维战争奠定基础。一旦低轨道能力形成、天基能力重构，必将使战场变得更加透明。这是一种全天时、全天候、全球域的透明，这种透明会带来未来战争和未来作战颠覆性的革命，不加快建设星云，就会在未来的战争中落后强敌一个时代。当前我国作战和装备建设存在很多短板瓶颈，其中，预警侦察、指挥控制、网电对抗是突出的短板，星云是解决我国当前作战体系短板最有效、最高效的途径。

第三，星云战对促进新一轮军事变革具有重大意义。星云的建设与应用可以引起作战思想的变、战争形态的变、装备体系的变和力量编成的变，最终导致新一轮的军事变革。在作战思想方面，确立“基于天基力量体系的联合制胜”思想，将作战力量建设和运用的重心向天基转移，更加突出“以天制天、以天制地、天地一体”联合作战的行动指导，更加强调夺取制天权和充分发挥天基资源优势，更加注重依托天基作战力量夺取控制战争主导权。在战争形态方面，星云战作为新的作战形态登上战争发展舞台，云端一体化作战成为主导的作战样式，新一代战争将首先在太空展开，传统空间 C^4KISR 的激烈对抗上升到太空。在装备体系方面，实现“星云作战体系 + 作战 APP+ 武器装备端”的装备体系，在强大星云作战体系的支撑下，传统空间作战要素端安装上“作战 APP”后，将大幅减少用于侦察预警导航等保障的载荷，大幅降低建设投入成本，大幅减少技术复杂程度，大幅提高作战行动效益，形成全新的装备结构形态。在力量编成方面，依托星云作战体系化力量保障，作战样式将更多地向无人化方向发展，向星云作战体系的管理和指挥协调下自主化智能化作战方向发展，作战编成呈现有人 / 无人协同的新型智能化力量体系形态。

锐羽：目光老师，为什么战场变得透明会成为一种需求牵引，它是怎么推动星云产生的？

目光：海湾战争就是一种单向透明的战争，这种战争是一边倒的，是非对称的，是倚强凌弱的。未来如果强敌有了星链，而我们没有星云，就会出现单向透明的情况，我们打的就是落后一代的战争，注定会在未来的战争中被动挨打。在未来战争中，太空变得透明，各国低轨道卫星交融在一起，这种力量形态导致敌我双方任何动态都是透明的，未来战争将会首先从太空发起。制天权、制低轨道权变得非常重要，是未来战争取胜的关键。因此，进入低轨道、利用低轨道、控制低轨道成为走向未来战争的分水岭，成为机不可失、时不我待的重中之重和急中之急，这不仅关系到技术途径的选择问题，而且是实现富国强军的抉择问题，更是决定未来战争结局的胜负手。

抱朴：目光老师，您说抢占太空资源推动星云的产生与发展，现在太空资源究竟紧缺到什么程度呢？

目光: 当今社会，国家的生存与发展需求在急剧地膨胀，陆地、海洋、空中、太空和极地空间都成了世界各国争夺的战略空间，扩大本国和侵占他国利益已成为霸权主义的主要目标。我们要在这种激烈争夺的环境中拓展国家利益，就必须坚决保护我国的生存空间与发展资源。按照我们的计算，美国的星链计划的 4.2 万颗卫星在 550km 轨道均匀布开，星间距离只有不到 200km，数量之大、密度之高前所未有。而轨位资源、频率资源都是不可再生资源，被敌方抢占了优质资源，我们就会处处受制于人，再想大力发展低轨道卫星星座，就会面临“巧妇难为无米之炊”的战略窘境。人类社会发展的历史，就是探索自然的历史，就是抢夺自然资源的历史。人类社会的进步，就是对自然资源极大化利用和控制的结果。俗话说，人无远虑必有近忧，今天我们不去抢占有限的低轨道资源，明天我们就会在资源的匮乏中裹足不前、捉襟见肘。

战鹰：目光老师，为什么星云战只是一个过渡阶段，它会不会取代智能化战争呢？

目光：技术的变革往往决定性地引发军事的变革。机械化战争以作战平台为中心。随着计算机技术的不断发展，作战力量呈现信息化和体系化特征，引起了战争形态向信息化战争转化。近年来，随着智能技术的突破发展，智能化战争走入人们视野，但受制于智能技术的发展局限，完全的智能化还有很长的路要走。而且在智能化发展的进程中，优先要解决的是体系智能和群体智能问题，然后才是终端智能和个体智能的问题。在未来战争中，体系智能与终端智能、群体智能与个体智能形态都是同时存在的，体系智能和群体智能决定终端智能和个体智能，这是人机融合智能发展的根本前提和必然结果。而星云作战体系为发展体系智能创造了条件，奠定了基础。星云战虽然有智能化的潜质和萌芽，但还不是真正意义的智能作战，而是人机融合、天地融合的智能化发展过程。因此，既然星云战还不是智能战，也就不可能取代智能战。

探索事物产生的原因，是为了揭示事物的本质。技术的推动、军事的需求、现实的意义都是促使星云产生、发展的直接动因。目光老师的讲解揭示了星云战的本质特征。

星云作战体系怎么构建

目光：接下来，再介绍一下我对如何构建星云作战体系的一些思考。

在星云的建设过程中，要采用军民融合发展路径，充分利用国家资源推进军事航天建设，按照“需求牵引、分步建设、边建边用、以用促建”和“全天时、全天候、全覆盖”的原则，加速建成基于星云作战的新型军事力量体系，具体包括七个方面内容。

资源上要“抢”。政府要主动发声，组织多头申报，建立长远规划，抢占星云建设的资源。

规划上要“统”。统一规划论证星云作战体系建设和发展，统一制定体系架构和标准规范，统一组织研发、部署、运营和作战运用，统一规划武器端、作战 APP 型谱系列，统一军用和民用的需求和资源，统一协调集中式和分布式的关系。要建设星云，就需要利用新型举国体制，将星云、武器端进行全面规划，运用系统论的方法，从全局的角度，对星云建设的各方面、各层次、各要素进行统筹规划，以集中有效资源，高效快捷地实现目标，为星云的建设提供指导。

体系上要“合”。一方面要“融合”，推动实现军民融合、攻防一体融合、新老体系融合和新老装备融合；另一方面要“整合”，整合小卫星研发力量，整合小卫星星座计划，整合运载发射部署能力，整合卫星指控和管理系统，整合天地一体化体系构架。

技术上要“突”。要突破星云作战体系构建技术，天地一体力量体系构建技术，低成本小卫星和运载制造、发射技术，“十三类云”卫星实现技术，星间通信和协同探测技术，海量小卫星自主管理控制技术，批量卫星发射部署和补网技术，天基监视和攻防技术，军事指挥控制技术，网络和碎片安全技术，分布式云计算和星云智能技术等一系列关键技术。

组织上要“专”。实施国家重大专项工程，依托专业军事力量专项实施，联合政府部门专项协调，制定整合国力的专项政策，部署星云作战体系的长远发展；军民合理分工，目标分阶段实现，应用分阶段展开，全球分阶段覆盖。组成完整的项目团队，统一组织研发、部署、运营和应用，基于整个组织的协作和顶层架构的优化，实现敏捷开发、持续交付和应用运营的无缝集成，提升星云建设效能，保证稳定的同时，快速交付高质量的星云系统及服务，灵活应对快速变化的军事需求。

研究上要“新”。研究新的战争形态，掌握星云化战争与信息化战争、智能化战争的关系；研究新的作战概念，提出星云战背景下的导弹中心战、马赛克战、分布式作战、穿透式作战等新型作战概念；研究新的作战理论，突破星云陆战、星云海战、星云空战、星云太空战、星云网电战等相关作战理论；研究新的作战体系，形成云端一体、天地一体、地天一体、军民一体新型作战体系；研究新的作战手段，形成“星云 + 作战 APP+ 武器装备端”的新型作战手段；研究新的作战方式，丰富“提线木偶式”未来作战方式。

步骤上要“紧”。要边发展边实践、边建设边运用、边改进边提高，摒弃“一口吃个胖子”“一步到位”的完美追求，通过早部署、早运用、早控制，不断发现和解决新问题，不断挖掘和开拓新运用，不断迭代发展、持续改进，在实战运用中促进星云作战体系成熟和进步。

联想到当前对“星云”和“星云战”概念的不同认识以及对美国星链计划的观望，造成我国低轨道星座发展建设的国家计划迟迟难以启动的局面，五位学生也露出焦虑之色。

星云作战体系怎么运用

目光：听到这里，大家可能会有一个疑问，数万颗星组成的卫星系统非常庞大，一旦失控就会出现不可逆转的危害，在太空中怎样实现对如此庞大的卫星体系的控制呢？

如果不能对数万颗星进行有效的管控，必定会引起体系的混乱，甚至导致体系的瓦解。所以在设计的过程中，我也考虑到了这个问题，我认为可以从两方面解决这个问题，一方面通过技术管控，利用激光测距技术进行避碰，利用给卫星加装智能处理系统——“卫星大脑”，使卫星进行自主管控；另一方面通过法律管控，要制定太空国际法规，规范和约束各国天军事行为，创造和平有序的太空秩序。

抱朴：目光老师，请问您说的“卫星大脑”是什么呢，是要为卫星装上智能系统吗？

目光：“卫星大脑”是一个自主的协同任务管理系统，将促进关键信息的收集和处理并分发给战术用户。该系统包括架构和软件 / 硬件元素，以支持星座级的自主功能，并采用先进的体系结构和加密技术，自动收集和处理整个星座的数据。其主要的创新点在于能够利用星上边缘计算技术在轨道上处理数据。不仅每个星云卫星传感器能够执行星载处理，“卫星大脑”还能够从每个单独的星云卫星传感器上获取数据，将其融合并提供给需要的用户，而不需要来自人类卫星操作员的命令。“卫星大脑”将每个星云卫星的“大脑”连接起来，使其成为一个非常智能的网络系统，取代将数据发送到地面站进行处理的方式，

“卫星大脑”能够在适当的时间将数据从空间直接发送到正确的用户终端。“卫星大脑”通过智能系统的控制可以实现自主避碰和自主控制，将集成人工智能和机器学习技术，以增强未来的能力。

锐羽：目光老师，如果星云作战体系成为战争的核心要素，在战争中星云作战体系失效了怎么办?

目光：你的这种担忧，我非常理解。一旦星云作战体系效能整体瓦解，确实会对战争产生巨大的影响，所以我也深入思考过这个问题。首先，星云是由数万颗卫星组成的，具有很强的弹性优势。将 C^4KISR 的每个功能分解到若干个卫星群，形成去中心化的、有共识机制的卫星 C^4KISR，不依赖于单一的卫星，面对作战环境、作战样式的不断变化，星云作战体系可以迅速适应，具有极强的鲁棒性和快速重构性。所以，星云作战体系整体瓦解的可能性微乎其微。另外，星云战是信息化战争与智能化战争的过渡阶段，并不是完全摒弃信息化作战体系和信息化武器装备，如果星云作战体系确实在战争中失效，可以由传统的信息化体系和装备作为替补，继续完成作战任务，保证战争的万无一失。

战鹰：目光老师，星云将由数万颗低轨道卫星组成，如果有一颗卫星出现问题，很有可能产生卫星碎片，而且这些碎片会引起连锁反应，从而造成低轨道卫星星座的整体性灾难。我们如何防止和控制这种局面的发生呢?

目光：这个问题至关重要，空间碎片的防范和移除，不仅意义重大，而且难度极大。针对星云作战体系存在的空间碎片问题，我研究了三种备选解决方案。第一种是推移离轨清除技术。推移离轨是一类重要的空间碎片清除方式，利用激光、离子束、太阳辐射等能量束与空间碎片作用时的力现象，在碎片运动过程中施加特定力的作用，使其离开原来的运行轨道，达到清除的目的。在这种方法中，工作卫星不需要与非合作的碎片直接接触，具有使用简单、成本低、操作安全的潜在优势。第二种是采用捕获离轨技术。中小碎片数量众多、分布广泛，是绝大部分空间碰撞的“肇事者”和“当事方”。但由于难以有效跟踪它们，很难预测它们将何时与其他物体发生碰撞，因此针对单颗大型碎片的捕获装置并不适用于中小碎片。制造一个“被动式”收集装置，该收集装置允许碎片撞击它们，进而对这些碎片进行捕获或减速离轨。利用由抗撞击材料制成的大面积收集装置收集空间碎片，通过轨道拦截或偶然遭遇的撞击方式捕获碎片。第三种是采用碎片躲避技术。将碎片进行编目并预装到卫星中，则可以采用程序规避的方法躲避空间碎片的撞击；还可以在卫星上加装碎片探测装置，当探测到碎片危及自身安全时，对卫星实施变轨机动；也可以利用星云作战体系监视云发现太空碎片，引导受威胁的卫星实施躲避机动（李怡勇等，2014）。

其实，前两种措施都是亡羊补牢，第三种措施也是不得已的办法。最根本的措施还是防止卫星碎片的产生。这就需要在技术、管理、协作和法律层面上开展卓有成效的创新和合作。

同时再次需要强调的是，我们不能因为可能发生太空碎片的灾难，就因噎废食，不敢和不愿发展低轨道卫星星座。如果这样，那将会因小失大、得不偿失。我相信，随着技术的发展和时代的进步，人类总会找到切实可行的控制太空碎片产生和危害的有效办法。

锐羽：目光老师，卫星布设的轨道高度再高一点或者再低一点可以吗？

目光：卫星的轨位布设升高，侦察距离就变远，侦察图像没有低轨道清晰，时延变长，实时性不够。而战争的关键制胜因素就是时间，战争就是快者胜，唯快不破，提高轨道位不利于体现星云的时间优势。卫星轨位降低虽然可以缩短传输时间，但是需要更多的星去覆盖，增加建设成本，而且卫星在低轨道上，自持力就会大大降低，需要不断进行轨道维持，从而影响卫星寿命。所以我们才说存在低轨道优质资源的问题，不能够抢占优质资源，我们将不得不付出更大的代价。

抱朴：目光老师，您刚才说的“提线木偶式”作战，听了这个概念我脑子里出现了小时候看过的木偶戏，但还是很难将它与作战联系到一起，您给我们讲讲什么是“提线木偶式”作战？

目光：从物理概念角度来讲，“线”就是天基 WiFi、通信信道等组成的作战链；星云就是战争的指挥控制中心，是操纵木偶的“手”，“木偶”就是作战平台和武器装备端。以未来的空战为例，未来的作战飞机只保留机动力、火力和防护力，未来的空战导弹是带动力的卫星制导炸弹，会更小、更快、更远、更便宜。在未来的空战中，星云作战体系直接控制飞机和子弹，先敌发现靠云，先敌发射靠端，先敌脱离不存在，先敌命中靠云端一体。空对面作战更加强调选择性打击，空对空作战更加强调空中火力的预置和待机，防空作战更加强调打击平台端，导弹防御作战更加强调交换比，体系作战更加强调星云域。这就是星云作战体系下的“提线木偶式”未来空战。

建设的目的全在于运用。从作战运用的层面了解星云战的本质特征，五位学生加深了对星云和星云战的理解。

星云作战体系如何引发变革

目光：接下来这个专题，我认为是至关重要的。星云作战体系一旦建成并投入运行，除了会改变武器装备形态、作战样式和战争形态之外，必将会引发新一轮的军事变革。

美国的星链计划从客观上反映了未来军事力量发展及其运用的新趋势，我国唯有以变应变、积极适应，抢抓新一轮军事变革的历史机遇，才能乘势而上、把握先机，为赢得新一轮军事变革和打赢未来战争奠定胜势。星云和星云战引发的军事变革主要体现在以下五个方面。

第一，作战思想的变。突出体现在确立“基于天基力量体系的联合制胜”思想，将作战力量建设和运用的重心向天基转移，更加突出“以天制天、以天制地、天地一体”联合作战的行动指导，更加强调夺取制天权和充分发挥天基资源优势，更加注重依托天基作战力量夺控战争主导权。

第二，战争形态的变。突出体现在星云战作为新的战争形态登上舞台，云端一体化作战成为主导的作战样式，新一代战争将首先在太空展开，传统空间 C^4KISR 的激烈对抗上升到太空。星云战的优势将影响和决定整个战争进程与结局，太空将成为敌我争夺的主战场。

第三，装备体系的变。突出体现在“星云作战体系 + 作战 APP+ 武器装备端”，在强大星云作战体系的支撑下，传统空间作战要素终端安装上“作战 APP”后，将大幅减少用于侦察、预警、导航等保障的载荷，大幅降低建设投入成本，大幅减少技术复杂程度，大幅提高作战行动效益，形成全新的装备结构形态。

第四，力量编成的变。突出体现在向“有人 / 无人协同的智能化力量结构”发展，依托星云作战体系化力量保障，作战样式将更多地向无人化方向发展，在星云作战体系的管理和指挥协调下自主化智能化作战，传统自然人参与战争的数量规模逐步减少，对机器人和无人化作战力量规模不断增大，作战力量编成呈现有人 / 无人协同的新型智能化力量体系形态。

第五，产业结构的变。突出体现小卫星产业和商业航天方向发展，加快卫星行业的能力和结构调整，加大小卫星和商业航天发射能力建设，加强民用航天和军事航天融合发展的统筹力度，加速研发型太空系统向商业型太空系统转变，加快形成以低轨道小卫星星座太空系统为主体、与中高轨道太空系统协调有序的发展格局，加大扶持商业航天的发展力度，加快实现星云作战体系建设和运用。

人类社会的发展总是在不断变革中前进，战争亦是如此。每一次科技革命和工业革命，都会引发战争形态的演变，从而引发新一轮的军事变革。军事变革总是朝着适应新型战争形态的方向发展。这是不以人们的意志而转移的客观规律。不主动变革，新的装备形态和力量形态就不可能完成，在与已变革的军队对抗中就会产生战争的代差，就不可能赢得未来的战争。

星云及星云战的重大意义，使五位学生进一步增加了对星云战的兴趣和促进我国发展星云作战体系的责任感。

如何破解低轨道卫星星座作战体系

目光：刚才我听到了你们的小声议论，我接下来要给大家介绍你们最关心的问题，强敌的星链作战体系一旦建成，我们有没有有效的破解方法呢？

办法总是有的。我想总的指导思想是：贯彻新时代积极防御的军事战略方针，以“星云战”概念为指导推进天地一体化力量建设，塑造太空优势，应对危机冲突、打赢未来战争。把抗强敌作战的重心转到以“星云作战体系”破击“星链体系”上来，把体系对抗的主战场转到太空上来。着眼夺取制衡强敌作战局部制天权和未来抢占军事领域制高点，按照“以攻为主，平战一体，整体制胜”的思路，加快抢占太空，积极利用太空，全力控制太空。

首先需要明确“破”的理念。利用我方星云去击破对方星链，实现星云作战体系间的对抗。通过卫星作战攻破对方天基作战体系的信息网络和功能节点，进而瓦解整个体系的作战效能，达到破击对方星云的目的。实现星云对抗的思路应该是逐层击破，通过破击星、破击链、破击云达到破击对方整个星云作战体系的目的。首先，可以破击星，对单颗卫星进行攻击，通过被攻击卫星的碎片产生连锁攻击反应，实现对星云中众多卫星的攻击；其次，可以破击链，攻击卫星之间的星间链路，扰乱星间信息传输，阻断星间通信；最后，可以直接对星云的指挥控制系统、“卫星大脑”进行攻击，导致整个星云失控，造成星云的瓦解。通过插入、转移、捕获、失效等手段完成星云破击，利用定制毁伤的方式，达到让星云失基、失性、失能、失联、失智的目的。

具体来讲，一是破感知层，在星链卫星的雷达和光电侦察层之下，部署我雷达光电对抗云，自下而上对星链感知传感器实施雷达和光电干扰，在一定时空范围内，使其致盲或致眩，使其探测感知能力丧失或下降。二是破传输层，在局部战场空间，通过电磁频谱作战，干扰或压制星链 WiFi 通信信号，使作战端与星链隔离。三是破链路层，通过光电干扰或制造区域激光雾霾，破坏星间激光链路，使其局部解构而在一定时空范围内失能。四是破认知层，通过网电对抗云，对星链实施假态势、假战场、假目标、假数据等攻击，占用其内存和计算能力，迟滞或误导其认知能力。

由此可见，星云作战体系也不是铁板一块，也存在“阿喀琉斯之踵”。“道高一尺，魔高一丈”，太空体系的对抗对星云作战体系自身的安全性也提出了极高的要求。这是建设和运用星云作战体系的核心关键之所在。

面对低轨道星座的爆发式发展，既要做好“建”的规划，又要做好“破”的准备，只有各方面都研究透，准备好，才能制胜未来战场。

星云作战体系和星融工程体系的关系

目光：最后一个专题，我再给大家讲一讲星云作战体系和星融工程体系的关系。

“星融工程”是雪山老师近几年来研究提出的空间基础设施的新形态、新概念。主要是要面向 2035 年，针对空间基础设施领域和军民融合发展存在的重大问题及关键性难题，开展深入翔实的研究，尝试对空间基础设施领域军民融合发展进行顶层设计和统筹谋划，提出总体战略、发展目标和实施路径，为空间基础设施领域军民深度融合提供决策支撑。

星融工程描述了面向未来国家空间基础设施领域天基网络发展的总体构想，分析了星融工程军民融合相关问题，研究如何实现军民融合机制下的“共建、共管、共享、共用”运行机制，并提出以星融工程为空间基础设施领域军民融合发展示范的发展建议，为未来我国空间信息网络的军民融合建设提供理论支撑。

在我与雪山老师沟通交流的时候，雪山老师也向我介绍了星融工程的来龙去脉和主要概况。我认为，我们两个人的研究虽然起点和背景不同，但目标和方向是高度一致的。我理解，星云作战体系和星融工程体系相辅相成，共同描绘了未来我国军民两用空间基础设施的前景和蓝图。

首先，星云作战体系是以军为主的太空体系，星融工程体系是以民为主的太空体系。星云作战体系资源归属于军方，服务的对象主要是保障军队在平时和战时、战争行动和非战争军事行动，建设的目的主要是满足打赢未来战争的需要。但其“八网一体”“十三类云”的能力和功能同样可以支撑和保障民用领域通信、导航、定位与授时、遥感探测等多方面运用，满足经济和社会发展所需要的天基数据、云计算、太空物联网等多方面的要求。星融工程体系的空间基础设施的主体是民用和商用卫星以及地面应用系统，主要服务于社会经济发展和大众日常需要，提供通信、导航、遥感等全方位服务，满足国家利益拓展、“一带一路”倡议、国际经济合作和文化交流的发展需求。但星融工程体系的功能和能力，无论在平时还是战时都可以为各类军事行动提供支撑和保障，特别是在战时，当军事卫星系统受到干扰压制和破坏的时候，民用和商用太空体系将发挥重要的补充和替代作用。

其次，星云作战体系以低轨道卫星星座为基础，星融工程体系则涵盖了高中低轨道各类太空资源。星云作战体系全部由 300 ~ 600km 的低轨道卫星组成，通过低轨道卫星组网形成预警侦察、指挥控制、情报保障、导航定位、网电攻击等作战能力，构建成天基 C^4KISR 自主智能的、可以不依赖地基资源的作战体系。星融工程体系由天基骨干网、天基接入网和配套的地面综合网组成，充分发挥中高轨道骨干卫星、低轨道接入卫星以及星地链路各类太空资源的优势，形成以天基通信网络为核心民用天基体系，它是天地一体的、复合型的工程体系。

最后，星融工程体系是普适性的未来太空体系构架，星云作战体系是特殊的星融工程体系。星融工程体系从顶层设计出发，全面考虑各类太空资源的统筹，一是统筹通信、导航、遥感等各类卫星资源，形成高效的一体化卫星综合服务能力；二是统筹军用、民用、商用等各种星座资源，实现空间资源的统一高效管理；三是统筹天基、空基、地基、海基等各层网络资源，实现时空复杂网络的一体化综合处理和最大有效利用，综合各方优势形成普适性的未来太空体系构架。星云作战体系以低轨道卫星星座为基础，聚焦基于未来天基体系的军事作战与运用，更加具有针对性，是星融工程体系思想和概念在军事和战争领域的具体体现。

关于星融工程体系的详细情况将由雪山老师向大家进行翔实的介绍。

不知不觉已经到了下午一点钟。目光老师和五位学生一起动手采摘小院里的瓜果蔬菜，美美享受一顿简朴而又美味的农家饭。

吃饭的过程中，战鹰谈了今天这一课的感受和体会：目光老师介绍的“星云”和“星云战”的概念很新。我们首先对“星云”和“星云战”的提出感到极为震撼，对传统的天基体系建设和运用是一个极大的颠覆，对未来战争形态和样式将产生深远的影响，也将对未来军事航天发展提供重要的战略机遇期，地位和意义十分重大。同时，我们也产生一些疑问和困惑。希望目光老师在后续的讲座中继续深入地介绍星云和星云战的具体形态，不断为我们解疑释惑。

午饭后，目光老师叮嘱五位学生整理好今天讲课的记录，深入地学习和理解其中的概念内涵，并安排同学们一周后到雪山老师月坛办公楼的办公室进行第二讲的座谈，由雪山老师讲述他近年来研究的星融工程体系。

第二讲

星融工程体系

2020 年 9 月 13 日上午 9 点，驰峰、碣石、锐羽、守静、抱朴和敏捷带着对宇宙真知的渴望和追求，前往雪山老师办公室，首次系统地听取雪山老师对星融工程体系的独到见解，并就有关问题进行了深入交流。

雪山老师像对待自己孩子一样亲切关怀和问候六位学生。简单交流后，开始第二讲。在第二讲中，雪山老师与六位学生按四个专题进行了交流和讨论。

星融工程提出的背景

雪山：第一个专题，我先讲一讲“星融工程”这个概念是如何提出的。

互联网是世界上规模最大、不受空间限制、信息资源量最大的计算机网络。随着新一代信息技术的快速更迭，网络已经成为人们日常生活、学习、工作中的重要组成部分，同时推动着社会进步与经济发展。当前人们对信息网络实时互联的需求不断增长，而传统互联网在信任、隐私等方面存在技术瓶颈，兼容性较差。一是网络基础设施受地理环境影响分布受限。一般发达地区的设备设施相对完善，但受到山脉、海洋、岛屿等地理环境的影响，偏远地区的网络设施相对匮乏，无法实现全面覆盖。二是网络传输的速度未能满足用户需求。互联网的大规模商业使用信息和数据量的爆炸性增长导致互联网骨干网易被阻塞，频繁发生诸如内容分发、传输速度慢等问题。三是光纤网络太依赖于物理连接，不易远程接入。尽管光纤网络具有较大的带宽、极低的信号损失、良好的传输保密性，但是光纤易碎、易断裂，难以远程连接且价格昂贵。基于上述因素，迫切需要运用系统工程理论和方法，将天、空、地信息系统进行综合集成，规划论证颠覆性全球卫星互联网络。基于此，我们提出了“星融工程”（顾升高等，2017）。

驰峰：雪山老师，听了您的讲解，我们也深深感受到了星融工程对实现全球网络互联互通、谋求世界网络空间和平发展的重要意义，也深刻了解到了这项伟大工程建设的初衷和使命。您能否从军事、科技、产业发展等多个方面详细诠释一下星融工程的建设意义呢？

雪山：接下来，我从五个方面向各位同学做详细讲解。

第一，星融工程对构建航天发展新格局具有重要意义。近年来，商业航天快速发展，助力航天产业的发展繁荣。国家出台商业航天相关的发展战略和政策规划，鼓励商业航天企业的发展，形成了从卫星研制、商业发射到卫星商业化运营的产业基础，民营企业和社会资本参与商业航天领域的热情高涨，展开商业航天市场竞争新格局；同时，中国航天科技和中国航天科工集团分别规划论证提出了鸿雁计划和虹云星座计划，全面部署了航天的商业应用领域（何颖，2018），商业航天呈现竞相发展态势。为了防止出现一哄而上、一上就乱的情况，亟待通过顶层设计，建立航天发展生态，避免发射卫星变成太空垃圾的现象发生。星融工程正是通过统筹协调产业链、创新链、技术链、资金链和政策链，构建包容开放的航天创新发展生态圈，不断探索国内航天高质量发展路径，协同为用户创造价值，实现生态圈的整体价值最大化。

第二，星融工程是保障国计民生和社会治理的重要力量。随着信息技术的飞速发展，国家安全、自然资源、生态保护、应急管理、交通管理、智慧农业等领域均对信息资源综合利用提出更高要求，需要将天、空、地面多维信息综合使用。比如，传统的互联网地面链路在复杂地形上，进行信息收集、传输和交换存在一定的困难。同时，由于国界限制，地面网络无法扩展到境外，从侧面也反映了地基基础设施有效覆盖范围存在死角的局限性；此外，航空、高铁领域也同样缺乏网络条件。星融工程打破孤立自成体系的现有系统，能够有效整合网络资源。在没有建全球专用地面站网条件下，为用户提供定制化、多样化和智能化服务，并与生产、生活的各个领域相融合，满足用户对全球网络无缝覆盖的现实需求；对全球实行全天时、全天候无缝覆盖，实现气象、导航、农林牧渔、城市民情政务、社会管理等领域信息预警、监测与管理，保障重大突发事件的指挥调度和应急管理。

第三，星融工程是助推新兴产业发展的重要引擎。全域网络可以为用户提供多维、多源、多时态、多精度的信息获取、流转、存储、集成处理、网络共享和应用一体化服务，实现精细化管理；同时，全域网络的发展需要终端设备制造、新材料、新能源、新兴信息产业等诸多个领域的支撑。星融工程涉及诸多先进和创新的前沿交叉领域，具有重大的科学指导和战略意义。星融工程的技术发展将带动新兴产业的崛起，工程建设将为未来的全域网络建设提供重要技术支持。

第四，星融工程是筑牢军事防线的关键基础。信息化、智能化的联合作战需要充分获取和利用各种信息资源来保障，并利用各种信息与各军兵种形成战斗合力。随着科技进步与发展，世界各国陆、海、空武器装备性能大幅提升，而现代战争则朝着陆、海、空、天、网电的“五位一体”的联合作战趋势发展，夺取制信息权已成为各国取胜的关键因素，因此对于信息的获取、集成处理以及分发提出更高要求。未来太空战场将成为世界各国角逐的重要领域，建立天基网络系统，成为各国跨越国界限制、取得竞争优势的手段。星融工程可以将 OODA 环集为一体，提升摧毁陆地、海上、空中军事目标的可靠性（周磊和刘昊，2006）。

第五，星融工程是保障国家安全的重要抓手。网络安全和数据主权关乎国家安全和国防安全。星融工程可以建设完全自主可控的信息网络，确保网络安全，对网络强国建设具有重要支撑意义。重点体现在以下两个方面：一是通过打造自主可控、稳定运行的网络工程，建立一套天空地一体的网络基础设施、开发一套满足天地通信的空间网络协议、突破一批路由器、交换机等核心网络设备研发制造的关键技术，提高非常时期的网络基础设施抗摧毁、抗打击和自我恢复能力。二是维护数据主权，摆脱关键数据安全难保的困境。大数据时代，数据是治理体系和治理能力现代化的基础性战略资源。大量看似离散的、无序的数据经过整合分析往往能够分析出一个人、一个单位、一个区域乃至一个国家的发展特征。当前，这些数据大量流转于互联网上，数据安全无法保障。亟须建立一套自主的网络体系，提高数据安全能力。

星融工程将对经济、社会、军事、科技等领域都产生巨大的影响。听完雪山老师通俗易懂、绘声绘色的精彩讲解，六位同学都对星融工程充满了期待。

什么是星融工程

雪山：接着我介绍第二个专题——“星融工程”的概念内涵。

星融工程是一个开放的复杂巨系统。面对当前太空网络空间的挑战和困境，我们必须从更高的起点规划星融工程的未来，运用系统工程的方法进行顶层谋划，统筹协调空间资源，合理布局空间基础设施，避免重复建设和资源浪费，建立生态系统平台，形成具有“军民结合，独立自主、天地一体”的面向未来的国家空间基础设施体系，是未来天地一体化信息网络发展构想，我们称之为“星融工程”。

第一，星融工程以“太空网络空间命运共同体”为核心理念。星融工程致力于推动空间网络朝着更公平、更包容、权责共担、建设“太空网络空间命运共同体”的方向发展。“太空网络空间命运共同体”旨在为人类的全球价值观服务，指导所有国家为全人类的共同利益进行合作。太空所具有的“非国家主权管辖区域”的属性使其具有命运共同体的特征。与之对应的是“太空零和博弈”，不仅会损害一个国家的利益，还会对生活在地球上的全人类造成更严重的威胁。太空网络一体化不仅是为了发展和维护一个国家航天工业的利益，更是与全人类命运相关的大事。因此，星融工程应贯彻“命运共同体”的理念，并使其成为核心和本质。

第二，“星融工程”以“共建、共治、共享”为发展模式。和平利用太空，探索浩瀚宇宙，是全人类共同的梦想。“星融工程”是一项涉及多主体、全要素、多领域融合的复杂系统工程，需要一套完善的机制对各个领域、各个层次、各个主体的关系进行规范和调节。构建“共建、共享、共治”的发展模式，从理念、规划、技术、管理等方面入手，实现多主体协作、多要素联动和多领域合作，开创太空网络空间治理的新格局。“三共”治理理念具有三层含义：一是事业的共同建设；二是行动中的共同治理；三是成果共享。从广义上讲，共建、共治、共享不可分割，三者相辅相成于太空治理的全过程；在狭义上，共建、共治、共享在主体、对象、渊源等方面相互区别、各有侧重。

第三，星融工程以“平等、互信、合作、共赢”为行动准则。太空网络空间命运共同体谋求共同发展，客观上要求各参与方在太空领域加大开放力度，以“平等为前提、以互信为基础、以合作为先导、以共赢为目标”推进落实具体构想，破解太空网络空间全球治理难题。“平等为前提”，建立平等相待、互商互谅的伙伴关系，营造公道正义、共建共享的网络格局；“互信为基础”，达成尊重信任、良性互动的行动理念，凝聚国际社会最大共识，合力应对挑战和威胁；“合作为先导”，形成开放合作的发展机制，实现组织、技术、信息等资源的集成创新；“共赢为目标”，打造全球参与、竞争有序的发展格局，引领推动全球治理体系变革，兼顾各国利益，取长补短、优势互补，实现太空网络空间与现实世界的技术、信息和资源等多要素的共享共赢、共同发展。

碣石：雪山老师，您刚刚讲到了一个词“太空网络空间命运共同体”。我们听说过“人类命运共同体”的概念，请问“太空网络空间命运共同体”应该怎么理解呢？

雪山：2015年，习近平总书记强调，各国应该共同构建网络空间命运共同体，推动网络空间互联互通、共享共治，为开创人类发展更加美好的未来助力。党的十九届五中全会明确提出：“要高举和平、发展、合作、共赢旗帜，积极营造良好外部环境，推动构建新型国际关系和人类命运共同体。”在此背景下，我们提出“太空网络空间命运共同体”，旨在解决太空网络空间领域发展不平衡、主权实现程度不同、规则不健全等问题，呼吁国际组织、各国政府、互联网企业、技术社群、社会组织、公民个人等主体的全力协作，最终建成“共建、共治、共享”的人类第二生存圈。“太空网络空间命运共同体”具体可以从四个维度理解。

第一，太空技术创新推动形成发展共同体。技术创新是太空发展的根本动力，开放合作是技术创新的重要基础。太空领域已经成为具有超前性和创新性的交叉研究前沿领域，科学意义和战略意义重大，世界各国应加强太空技术创新与合作，推动各国技术优势互补，共同解决太空技术难题，共同推动太空网络空间发展，从而真正发挥太空技术的特点和优势，让更多国家和人民受益。

第二，太空网络风险需要建立安全共同体。作为科学探索、国计民生与商业活动的重要场所，太空安全是全球性挑战，维护太空网络空间安全是世界各国共同的责任。太阳风暴、宇宙射线等灾害可能对卫星造成损害，影响整个系统运行；卫星频轨资源短缺，太空碎片不断增多，“抢轨”成为安全隐患，威胁航天器安全运行；太空网络空间的放大，带来了新的监管空白区域，黑客、恐怖组织等利用、攻击或劫持卫星链路开展犯罪活动威胁着世界各国。面对一系列太空安全风险和隐患，迫切需要世界各国深化合作、相互支援、共同应对，保障太空安全。

第三，网络空间治理需要形成责任共同体。当前，现有太空网络空间治理体系主要是由霸权国家主导和建立的霸权体系，具有明显的霸权治理特征。霸权国家曾经为太空网络空间的治理做出了巨大的历史贡献，但也留下了霸权政治的负面遗产（刘锦前，2014）。太空网络空间治理是一个关乎政治、经济、环境、安全等多领域的巨大挑战，并不是单一国家、单一主体所能实现的，全世界必须形成责任共同体，克服搭便车行为，打破集体行动困境，防范“公域的悲剧”。

第四，太空和平开发需要形成利益共同体。随着经济全球化的不断深入和太空科技的日益革新，太空网络空间连接起越来越多的国家和地区，承载的国家利益也越来越多，在太空网络空间中没有哪个国家和地区能够独善其身、置身其外，太空的和平开发要靠各国共同协作去平衡冲突和利益。为建立一个和平、安全、开放、共赢的太空网络空间，需要摆脱“零和博弈”的思维方式，用合作双赢的价值观和行为逻辑，在争议中寻求共识、在共识中谋求合作、在合作中创造共赢，共同促进全球太空网络空间发展，共同分享全球太空机遇和成果。

“概念”是反映事物本质属性的思维产物；“内涵”是概念的内容。只有清晰界定了研究对象和研究边界，才能展开更为深入地分析。雪山老师在讲解中诠释了要“知其然，更需知其所以然”的科研精神和教学态度，身体力行，为六位同学“做学问”树立了很好的榜样。听了雪山老师对“星融工程”概念内涵的诠释，引发了六位同学的思考和热烈讨论。

星融工程体系怎么构建

雪山：接下来这个专题，我认为是星融工程的核心。了解了“星融工程”的概念内涵，接下来就是怎么构建的问题了。这一专题我将从七个方面介绍星融工程的建设思路，并详细介绍星融工程的具体建设内容。

第一，布局国家战略性基础设施建设。当前，美国、俄罗斯、欧洲、日本等国家或地区加快布局天地一体化信息网络建设，把控和掌握空间信息的主动权，以期在自然资源、国土安全、生态环保、应急管理、农业发展等重点行业发挥和释放空间信息资源的作用。相比之下，我国与航天强国在空间基础设施布局方面还存在一定差距，迫切需要着眼于未来，统筹规划国家战略基础设施，建立自主可控的太空空间网络体系，抢占太空网络制高点。

第二，以顶层设计规划为指导，统分结合，有序建设。星融工程建设应从国家层面统筹规划和建设，统筹空间资源，形成顶层统一管理，关系国家重大战略的核心基础部分由国家统一建设；在顶层规划的框架下，充分引入市场机制和商业模式，形成由军民商多主体共同参与的多层次、多维度、松耦合式组织模式，在有序竞争情况下鼓励多方参与建设。

第三，统筹通导遥、军民商、天空地三大空间资源。星融工程须从以下三个方面进行总体规划布局：一是充分利用通信、导航、遥感等卫星资源，提供高效、高质量、综合集成的卫星信息服务；二是对军民商用卫星进行统筹安排，充分发挥和释放空间资源能力；三是统筹覆盖天、空、地等的各类网络资源，克服信息时空限制，实现时空复杂网络的综合处理和高效利用。

第四，互联互通互融“一张网”，发挥资源最大效益。星融工程包括遥感网络、导航网络、通信网络、独立卫星网络等太空网络；同时，星融工程还将服务于空基网络、海基网络和地基网络。星融工程全面覆盖了从网络建设到应用服务的整个过程，实现网络、终端、信息、系统、服务的“大融合”。

第五，构建平台化生态体系，实现资源共享开放协作。星融工程不是要新建一张独立于现有空间资源的天基网络，而是要建立起开放协同的平台生态系统，打通存量资源，融合新增资源，使各参与方在平台生态系统内，自发自洽，建立起具有内部价值链的协同网络。在生态系统中，借助现代信息技术，聚焦军民商各方需求实现网络松耦合，在统一平台和统一规则下进行开放式协作。建立一套统一的规则来限制所有参与者的行为，创造一个自由、公平和公正的环境，强调资源共享和多边双赢，最终构建一个兼具封闭和开放特征的平台化生态体系。

第六，坚持军民共建共管共享共用，推动军民深度融合。建立“共建、共管、共享、共用”的军民融合运行机制，充分整合军民资源优势，充分利用现有资源，优化增量资源配置，推进军民统筹建设天基网络，强化军民统一领导和组织管理，规范军民开放共享信息资源，拓展兼容军民空间信息应用，解决军民建设、管理、共享、应用等方面的问题，促进空间基础设施领域全方位、多层次的军民融合，实现富国、强军、利民的有机统一，推动经济社会和国防安全一体化发展。

第七，打造“主权在我、自主可控”工程，铸牢天疆。通过打造主权在我、自主可控、稳定运行的网络工程，建立一套天空地一体的网络基础设施，开发一套满足天地通信的空间网络协议，突破一批路由器、交换机等核心网络设备研发制造的关键技术，提高非常时期的网络基础设施抗摧毁、抗打击和自我恢复能力，从根本上维护和提升网络主权的能力，彻底摆脱网络安全受制于人的困境。

锐羽：雪山老师，您刚刚讲到了“实现网络融合、终端融合、信息融合、系统融合、服务融合的‘大融合’”的概念，我对这几个“融合”的理解还不够深入，您可否再详细解答。

雪山：我从五个方面进行解答。

第一，网络融合。异构网络融合的关键是实现星间、星地融合，随时随地为用户提供多类型、定制化服务。需要重点关注的核心问题有：一是统筹设计卫星与地面系统之间、卫星与卫星之间的网络顶层架构；二是从顶层进行统一的频率规划，避免频率冲突和卫星与地面之间的干扰，提高频率资源利用效率；三是对空间网络的功能进行设计和部署，以满足用户需求。

第二，终端融合。星融工程终端融合的实质是通过技术融合来实现统一用户终端设备，可以同时支持卫星通信、地面通信两种模式，用户可以进行切换。需要重点关注的核心问题有：一是规范统一终端基带天线的接口，以保证卫星通信与地面通信的平滑切换；二是设计小型化、便携式的用户终端设备，降低功耗，提升用户的体验感和满意度（吴丹等，2019）。

第三，信息融合。信息融合是星融工程为用户提供综合信息服务的重要过程，主要是对空间信息进行分析、处理、集成，挖掘更大的使用价值。基于信息处理空间、时间差异可分为局部融合和全局融合。全局融合多指天、空、地的不同信息融合。

第四，系统融合。系统融合重点是对网络设施硬件进行优化集成，包括服务器、存储、网络和其他硬件以及必要的软件等，服务于应用层面的融合。目的是打通数据链、信息链和业务链，提升空间信息网络的应用服务能力和水平。

第五，服务融合。服务融合是指为实现服务价值迭代优化而相互渗透、相互交叉，以及涌现新服务的过程。星融工程在信息融合、系统融合的基础上，将实现全方位的服务融合，使传统的“单一信息服务”向“多元化、一体化智能服务”转变。

锐羽： 雪山老师，作为计算机专业的学生，我能比较深入地理解“网络安全”的概念。“网络安全”是指保护网络系统的硬件、软件以及系统中的数据，以防由于意外或恶意原因而受到损坏、更改或泄漏，保障系统正常运行，网络服务不中断。所以，从空间的角度来看，太空网络安全应该怎么理解呢?

雪山： 对于太空网络安全造成影响的因素主要有三个，一是太空网络空间发展不平衡，二是太空网络空间主权实现程度不一，三是太空网络空间规则不健全。接下来，我从这三个方面进行讲解，帮助同学们对于太空网络安全进行更深入的理解。

第一，太空网络空间发展不平衡，太空利益冲突加剧。太空和网络空间作为与陆、海、空并列的“行动领域”，是获取信息、进行控制的前沿，有着不受国界限制的优势和制高点的作用。利用太空获得国家竞争和博弈的战略优势已成为当今世界大国的追求和主要手段。美国已正式建立独立于空军的太空部队，并已成为美国武装力量的第六军种。俄罗斯建立了独立航天兵，重建了空天防御部队，并新组建了空天军。个别世界强国依托其网络技术优势，占据太空公共资源发展本国军事利益和经济利益，并对其他国家实行技术封锁，世界各国无法平等共享全球太空机遇和成果资源，导致其他国家处于太空发展的被动位置。太空网络空间发展不平衡，严重扩大了全球信息鸿沟，加速了天军事化趋势蔓延，助长了单边网络霸权主义，加剧了世界各国在政治、军事、经济等多方面利益冲突。

第二，太空网络空间主权实现程度不一，国家安全备受威胁。星链和 One Web 等卫星星座，利用太空中的卫星传输信号实现高速通信，并通过 IP 网络汇入互联网，在全球范围内提供高速网络服务。然而，太空网络作为一种新型的空间业务应用，用户可以通过未获准在境内开展业务的海外卫星及其地球空间站等来实现境内或跨境通信，可轻松绕过国内监管并直接访问国际互联网，这极大增加了信息安全监管难度。另外，在太空中部署的人造卫星可能监测涉及国家安全的重要信息，本国信息泄露风险激增。太空网络空间主权是国家主权在太空中的自然延伸和表现，主要体现为国家对太空网络空间资产、设施的管辖和控制权，然而当前太空网络空间呈现“一家独大”格局，外加太空的开放性和无疆性，众多发展中国家无法独立自主监管和维护本国的信息安全与网络安全，严重威胁到自身的国家安全。

第三，太空网络空间规则不健全，太空治理困境重重。随着人类太空活动的不断增多，太空资源利用、太空环境保护等太空治理问题也相应增加。在太空资源利用方面，卫星频轨资源具有有限性、不可再生性，各国按照“先申报，先使用”规则导致卫星频率轨道资源越来越紧张，分配不均。目前，美国和俄罗斯占据了全世界近80%高品质频段，其他国家在近地、极低轨道资源和优质的Ku/Ka/V频谱资源等方面与美国、俄罗斯军事强国实力悬殊。在空间环境方面，位于太空领域的空间碎片已成为主要的污染源。尤其当前太空碎片几乎不受管制，这对卫星、航天飞机和国际空间站的安全构成很大威胁。随着空间活动数量的增加，各种规则制度并存，无序竞争现象增加，供需矛盾日益凸显，现有太空规则制度与实际太空活动日益脱节，难以实现大国与中小国家利益之间的维护和协调，空间治理陷入困境，难以有效推进。

守静：雪山老师，您刚刚讲了星融工程是一个复杂的巨系统，需要进行顶层设计。您可否从系统构成角度给我们详细讲讲星融工程体系。比如，具体包括哪几大体系？子体系的内涵是怎样的？

雪山：星融工程体系由网络、中心、平台和体系等要素构建而成。网络包括以天基骨干网和天基接入网为主体网络的天基网络以及由地面接收站网、地面测控站网和地面关口站等组成的地基综合网。中心包括含管理、服务和数据的智能综合管理与服务中心以及分布在各地的各专业应用卫星中心。平台包括天基统一管控平台（“太空大脑”）、地面统一管理与服务平台等服务平台，和产业生态云平台、空间信息服务云平台、智慧应用服务云平台和智慧化作战平台等各应用体系所依托的平台。同时，还包括各类卫星的专业平台。体系包括全链条空间资源综合管理体系、面向全球服务的空间信息服务体系、面向专业化的智能应用服务体系、面向未来战争的智能化作战体系等应用体系，以及自主可控的动态安全防护体系和政策法规与标准规范体系等。具体包括以下几个方面。

第一，全网融合、全域覆盖的空间信息网络。

星融工程网络部分由天基骨干网、天基接入网和配套的地面综合网组成。天基骨干网包括高轨道骨干卫星、高轨道骨干卫星星座和天基统一管控平台即“太空大脑”组成，“太空大脑”包含天基可重构卫星平台、天基软件定义网络控制平台、天基综合业务处理平台，天基骨干网是星融工程的核心。天基骨干网为各类航天器提供运行控制、路由控制、协议转换、中继转发等功能，是各类应用卫星及星座的管理和控制中枢，与地面综合网互为补充。

天基接入网由中低轨道接入卫星和接入星座组成，通过设立接入节点，为通导遥等应用卫星提供天基接入的通道，使得通导遥等应用卫星和星座能够接受“太空大脑”的统一管控，能够利用天基网络进行中继传输。天基接入网分担高轨道骨干网接入压力，起到承上启下的作用。

地面综合网与天基骨干网之间通过星地链路建立大容量传输通道，保证天地一体的网络运行控制管理信息和数据的高速传递，从而对网络进行实时管控。同时，地面综合网的地面关口站可与现有的宽带互联网、物联网、移动通信网络和地面广播电视网络互联互通，可实现多网络和多终端融合。

以天基通信网络为核心，统筹协调天基、空基、地基网络信息系统，如天基互联网、空基自组织网络、移动通信网络等，设计网络融合架构体系，实现星间、星地、星船之间的互联互通，建立实时、集成、智能、协调和共享的天地资源数据感知网络，为用户提供快速响应、安全可靠的通信服务能力；具备高空间、高时间、高光谱分辨率信息检测及信息传输能力；支持按需定制的天基网络信息资源分配，自适应组合重建、实时自主处理，为空间科学研究、空间技术进步、空间应用产业化发展提供支持。

第二，综合智能管理与服务中心。

构建由管理中心、服务中心和数据中心等组成的星融工程综合智能管理服务中心。依托地面统一管理与服务平台，接入各类卫星专业平台数据，有机整合各类空间信息资源，突破空间遥感数据孤岛，打造空间信息统一服务中心，实现从数据源头到应用产品的全链条管理，实现空间数据资源的一站式共享服务，面向农业、环保、交通、旅游、应急等领域的需求，为用户提供实时、可靠、按需定制的综合服务。

第三，天基统一管控平台。

天基统一管控平台也就是“太空大脑”。“太空大脑”将实现卫星在天基网络中统一管理、指挥、调度，最终发展成为星融工程信息资源融合汇聚的太空核心。

“太空大脑”将支持实时、高效、可靠、可控的安全服务，为用户提供动态灵活的太空虚拟资源池，实现太空信息资源的共享、集中管理和按需分配的综合应用。利用虚拟技术对计算、存储、网络和分析等物理资源进行虚拟化，并智能地满足用户需求（余杰等，2019）。

第四，地面统一管理与服务平台。

地面统一管理和服务平台将对网络、轨道、频谱、数据和基础资源进行统一管理、控制整个网络、管理信息服务以及管理接入用户等。将根据接收到的网络覆盖区域中的用户需求，完成卫星管理和控制、资源分配、用户卫星的天基测控、应急控制和数据分发、应用程序信息数据处理和智能分配等功能，为整个网络资源的统一规划、设计、建设和运营的全链条提供了全面的智能管理服务。

第五，全链条空间资源综合管理体系。

建立一套完整太空资源链的综合智能管理体系，统筹利用国内外地面站的接收资源和通信导航卫星资源。该体系将集成卫星网络规划、智能业务调度，资源动态监控和效能评估于一体，开展专业任务分布式规划，实现任务的集中调度，实现用户任务的总体规划和卫星与地面资源的综合调度、空间信息的共享和服务，合理分配和开发利用空间资源。产业生态云平台可提供完整的卫星产业链服务，涵盖了卫星制造、发射服务、地面设备和卫星应用，旨在汇集数据、技术、设施、服务商与用户，打造卫星产业与应用生态圈。产业生态云平台基于云计算技术和卫星产业链条，将卫星制造资源、卫星发射资源、地面设备资源、卫星数据、计算资源等整合成资源池，连接资源提供方、资源需求方、资金提供商等相关各方，创新应用模式，打造产业平台。各参与方在统一平台、统一规则下开放协作、资源共享。

第六，面向全球服务的空间信息服务体系。

探索遥感、通信、导航应用技术的融合方法和使用模式，依托高分辨率对地观测系统、北斗导航卫星系统等重大科技项目的建设成果，建立空间信息服务云平台，获取多源数据资源。建立遥感、导航与通信信息共享标准和规范，建立统一的共享索引规则，为全球用户提供全球覆盖、标准规范统一、数据安全可靠的信息共享服务。

第七，面向专业化的智能应用服务体系。

构建智能应用服务云平台，从信息提供转变为信息预测和决策以及面向应用的综合集成服务。加强遥感、导航、通信应用技术与人工智能、大数据、云计算、移动互联网、物联网、虚拟现实、系统仿真等先进尖端技术的交叉融合。形成面向服务的各类基础、专业、主题和行业应用的智慧信息服务体系，为用户提供标准化、统一的信息产品接口和门户界面，支持全球数十亿用户随时随地获取实时、高速可靠、精准高效的智慧应用服务。

第八，面向未来战争的智慧化作战体系。

战争时期，天基网络充分保障军事作战需求，与智慧社会相适应，打造智能军队，开展深地、深海、深空、深网、深脑一体融合的全域作战，依托智慧化作战平台，构建以“自主可控、连接三军”的信息网络为支撑的智慧化作战服务体系。提供联合作战综合通信服务，建立起军民结合的联合作战一体化通信网络，为各军兵种、战术通信系统和各级指挥所入网提供服务；提供陆、海、空、天、网电立体态势感知服务，形成陆、海、空、天、网电立体的战场感知网络；提供空天一体预警探测与侦察情报融合服务，实现对未来一体化联合作战战场态势的实时控制；提供人工智能辅助决策与指挥服务，为指挥员快速、精准决策提供科学依据；提供全方位综合保障服务，为空天安全和空天一体作战提供物资、生活、卫星、运输保障等全方位后勤保障。

第九，星融工程信息安全体系。

针对天地一体化网络极端异构、高动态、资源不均、海量节点的特点，建立覆盖网络、计算、应用和服务设施的，集“监、防、控、评”于一体的天地一体动态安全防护体系，解决天地一体化网络极端异构性、高动态性、资源不平衡以及大量节点的问题。该体系将涵盖安全接入、安全传输、安全管理、安全防护等方面。采用全面监督机制，结合空间信息加密、节点动态感知和网络自我修复机制等关键技术为覆盖数据的生成、收集、传输、处理、存储和使用提供全周期信息安全保护，保障贯穿设施、数据和应用多层次的统一安全运行及管控，以及保障星融工程网络运行、信息共享、资源管理和业务应用（吴丹等，

2019）。

第十，政策法规与标准规范体系。

星融工程涉及国民经济的各个领域，来自多源、多类型的信息集成需求，具有跨领域、跨学科、多接口的特点。为实现空间数据信息资源的共享，满足一体化组织、管理、服务需要，确保发挥星融工程系统的整体和集成效应，必须充分利用系统工程的理论和方法，构建统一的标准规范和完备的政策法规体系。

抱朴：雪山老师，“太空大脑”这个词儿我理解还不够深入，您能不能详细讲一下“太空大脑”在星融工程建设中的具体的作用和功能？

雪山：“太空大脑”主要有三大功能。

第一，统一调度空间资源。利用虚拟化技术，通过物理上分散且逻辑上统一的空间分布式并行计算和处理功能，根据用户需求合理分配空间资源，建立太空网络资源池，将太空网络资源封装、隔离、服务化，提高太空资源的利用率。

第二，统一管理空间资源。建立一个实现空间信息资源获取、存储和分配的统一管理的平台，打破原有的独立性网络系统资源共享的障碍，促进空间资源的整合。

第三，智能信息的集成应用。整合多源异构信息资源，实现星融工程跨军民、跨行业和跨领域的数据信息集成应用。构建集大数据、云计算和人工智能等新一代信息技术的“太空生命体”，为不同应用构建不同的算法模型，并通过对部分数据快速的融合计算，实现实时性（余杰等，2019）。

碣石：雪山老师，星融工程的体系架构我们大致了解了，请问星融工程的主要功能是什么？

雪山：星融工程按照外部应用服务和内部运行管理划分具体的应用，通过支撑平台，为政府、军队、企业、大众等各类用户提供智能高效的网络信息服务。

第一，星融工程运行管理功能，是指星融工程网络本身具有的运行控制、数据管理、运营管理等一系列功能，有效保障网络运行状态，提高信息交换处理效率。

第二，星融工程应用服务功能，是指为卫星产业链各环节用户提供产业生态服务，面向天空地海终端用户提供基础网络服务和个性化服务、空间信息服务、空间公共基础设施服务、智慧应用服务和军事作战服务等一系列功能，开拓空间资源利用，满足军民商多领域用户需求。

雪山老师从十个方面对星融工程体系的架构进行了讲解，六位同学感到很震撼，仿佛自身已融入星融工程的建设中！

星融工程建设目标和实现途径

雪山： 通过前面三个专题，想必同学们对星融工程也有一个基本的认识了。考虑到这么庞大的一项工程，不是一朝一夕能建成的。这一专题，我想向同学们讲述一下星融工程的建设目标。面向 2035 年，星融工程应该分几个阶段来推进实施。

星融工程建设的目标是：通过构建平台化生态体系，凝聚军民商空间资源，创新军民融合运行机制，军民商共同建设以“天基骨干网和天基接入网”为网络主体，以天基统一管控平台，也就是“太空大脑”为网络管理和控制中枢，与地面综合网无缝连接的天地一体化综合空间信息网络，为政府、军队、企业、大众等各类用户提供智能高效的全域网络信息服务。

第一，建立生态体系。建立开放协同的平台生态系统，打通存量资源，融合新增资源，使各参与方在平台生态系统内，自发自洽，建立起具有内部价值链的协同网络。在生态系统中，借助现代信息技术，依据军民商各方需求，实现网络松耦合，在同一平台和统一规则下开放协作，形成“生态丰富、资源汇聚、开放协同、共建共享”平台化的天基网络发展生态体系。

第二，创新运行机制。建立健全服务于军民商的“共建共管共享共用”运行机制，打造“统筹规划、统分结合”的建设模式，实现空间资源高效统筹、共享共用。完善科学规范、多元主体参与的共建机制，完善轨道、频率、网络等资源统一配置的共管机制，形成多方参与的合作共治格局，推进太空有序治理和太空资源有效监管。完善空间信息网络共享共用机制，实现太空网络信息资源共享共用。

第三，提供全域服务。采用“平战结合，平灾结合”模式，面向军民用户按需提供应用服务。提供面向军民商的卫星制造、试验设备、发射场、遥控遥测、卫星组网等全链条资源开放共享服务；以推动信息资源共享与业务协同为抓手，以卫星应用为支撑，构建面向专业化的智慧应用服务体系，提供智慧城市应用、维稳安保信息保障、空间信息应急响应等服务。以充分保障深地、深海、深空、深网、深脑一体融合的全域作战需求为目标，构建以“自主可控、连接三军”的信息网络为支撑的智慧化作战服务体系，提供全方位综合保障、联合作战综合通信、陆海空天立体态势感知、空天一体预警探测与侦察情报融合、人工智能辅助决策与指挥等服务。

面向 2035 年，星融工程将分步骤实现以下目标。

第一阶段（2020 ~ 2025 年）：顶层设计与核心基础建设阶段。建立天基网络总体统筹机制，在国家主导统筹框架下，开展统筹规划、统一布局；统筹天空地各层网络资源，实现时空复杂网络的一体化综合处理和有效利用；在维护国家安全、资源有效利用的情况下，建立资源共享平台，打通现有航天的封闭人才、技术、设备、场地等环节，激活全产业链活力；全面分析航天产业资源情况，进行存量空间资源整合，挖掘更大空间资源应用价值，提升国有资产的再生能力和使用效率，实现产业资源利用最大化，初步建立可持续发展的天基网络产业发展生态。

第二阶段（2026 ~ 2030 年）：生态体系建设阶段。基本建立高效的军民一体化卫星综合服务体系，统筹通导遥各类卫星资源，统筹军民商各类星座资源，有效满足军地需求；基本建成开放协同的平台生态系统，提供面向军民商卫星产业全链条开放服务和卫星应用服务；升级优化统筹协同的管理体制机制，建立保障天基网络建设的治理体系。

第三阶段（2031 ~ 2035 年）：天基网络体系全面运行阶段。“资源汇聚、开放协同、共建共享、可持续发展”的天基网络平台型生态体系全面建成，面向未来国家空间基础设施的具有“军民融合、自主可控、天地一体、多网融合、平台生态”特征的天基网络有效运行。支撑服务国家重大战略，引领国家利益拓展，推动经济社会和国防安全一体化发展。

敏捷：雪山老师，请问从国家层面看，星融工程应该如何推进实施？

雪山：星融工程建设的重点是掌握核心关键技术，实现自主可控性。星融工程的自主可控与其加速发展密不可分。可以说，以自主可控支撑加快发展，以加快发展保障自主可控，两者相辅相成，不仅需要加快发展，也要确保自主可控。实现星融工程自主可控，必须把握以下三个方面。

第一，确立政府引导规范、企业主导、军民深度融合的发展思路。必须在社会主义市场经济和国家安全大局的背景下，实现星融工程的核心技术自主可控，充分调动各方的所有积极因素和优势，并按照“适合的人应该做适合的事”的原则，突出强化政府、军队和企业各方的职能和使命。总体而言，政府应从自身职能出发，服从国家战略，着眼于星融工程远景规划，明确制约因素；合理确定市场准入门槛，引导优势企业参与建设；严格控制安全，排除所有重大隐患产品；组织协调、监督和控制星融工程的宏观发展，及时解决重大问题。军方应积极参与国家对星融工程的愿景规划，以及企业对星融工程的规划和论证，更要积极参与解决关键的核心项目，并承担某些与军事有关的重要项目，将星融工程的军事需求融入其建设和开发的总体设计中，并落实到具体的工程工作中。企业应在政府的总体规划和规范下，遵循总体规划、分开同步发展的思路，重点对大项目展开攻关，增强国家责任意识，坚持质量第一、安全第一，努力实现星融工程的良好、快速和安全发展。要实施这种建设思路，应把星融工程作为国家级工程，并成立专门机构，核心决策部门由政府、军队和企业按适当比例组成，形成星融工程的科学决策机制，加强对相关安全产品使用情况的审查和监督，强调星融工程安全的一票否决权，确保实现星融工程的自主可控性（申荣，2018）。

第二，建立一个依托本土、全球部署、天地一体和动态重构的系统框架。星融工程是一个复杂的巨型系统，要最大限度地实现对其自主可控，客观上对其要求最大限度的控制。一是星融工程要植根于本土。尽可能在领土和领海内建设星融工程的各种地面控制设备和基础设施，是最有效确保星融工程安全的基本措施。在技术条件允许的情况下，应优先勘测和选择国内位置作为卫星地面控制设备和设施场所。二是将海外基地作为星融工程体系的重要保障力量。服从国家战略布局，将星融工程海外地面站建设与海外基地建设相结合，实现星融工程全球覆盖，同时确保全球地面站的整合和可靠性。三是有机整合“天星”和“地球网络”。将星融工程纳入国家整体信息化战略，统一设计技术架构和各项标准，使“天星”与“地球网络”相互补充、融合。四是突出网络体系结构的灵活性和重组性。针对保障海上、高原和山区等复杂地理环境中的畅通，特别是确保战场军事网络的稳定性和可靠性，充分考虑可能的敌军或其他恶意破坏情况，对功能组件进行模块化设置，做好冗余备份和迂回路径，以改善星融工程的稳定性和可生存性。五是开发星融工程及其安全体系结构。进行总体架构设计时，将安全架构置于其体系结构的关键位置，将星融工程整体架构设计和安全架构设计同等重视，同步开展，为卫星建立技术保护措施，例如硬件安全、网络安全和数据安全等，防止冒充合法身份来访问、病毒植入和伪造路由信息等恶意操作及其危害。

第三，建立纳入国家网络安全体系、监控常态化和健全应急处理突发事件的工作机制。网络空间具有无界连通和光速抵达的性质，网络安全威胁极难独立处理，必须依靠整体力量。星融工程是国家信息网络系统的重要组成部分，应将其纳入到国家网络安全系统中以进行统筹运营管理。一是建立星融工程网络安全中心。主要职责是负责卫星互联网和卫星测控网络的安全性和稳定性，并专门组织诸如安全威胁分析、预防措施和紧急情况处理等相关活动。将星融工程网络安全中心纳入国家网络安全领导和指挥体系，与有关军地部门和机构建立一致化的行动机制，使星融工程网络安全中心成为网络安全的重要节点；同时坚持军主外部防御和民主内部防御原则，将军、地相关部门及机构的职能分开，以确保协调运转。二是共享国家网络安全威胁分析和情报资源。一方面，针对有效保障和应对星融工程中的网络安全威胁，共享军事和民用网络安全情报信息，建立网络安全威胁的协作研究和判断机制，并迅速识别其性质、范围、特征和可能对网络安全造成的影响；另一方面，根据国家网络安全防御需求，及时向有关军事和地方有关部门和机构提供有关网络安全威胁的情报信息，协助研判网络安全威胁，逐步推动星融工程军民联合监测和预警的实现。三是快速有效处理各种网络安全威胁和攻击。根据实际的战斗经验，结合技术发展，设想各种威胁和攻击情景，制订多套应对计划，根据实际情况组织实战演练，并不断完善计划以增强应急响应能力；一旦发现星融工程的网络安全威胁或攻击入侵便迅速激活预案，协同军地有关部门、机构，并在国家网络安全系统的支持下稳妥处理。

星融工程怎么用

驰峰：雪山老师，通过您的讲解，我们对星融工程提出的背景、什么是星融工程、星融工程体系怎么构建、星融工程建设目标和实施途径都有了比较深入的了解，请您讲一下星融工程究竟怎么用呢?

雪山：未来，星融工程将与经济社会发展重大需求有效衔接，实现星融工程综合应用效能有效发挥，牵引落地基于星融工程的战略性新兴产业重大应用示范工程。

第一，资源、环境和生态保护的综合应用。对国土、测绘、能源、海洋、气象学、农业、减灾等领域进行综合应用论证，解决资源开发、环境安全、海洋战略和全球战略等重大战略的需求问题，为资源和环境动态监测、预警、评估、治理等重大任务提供及时、准确、稳定的空间信息服务，支持保障资源、能源、海洋和生态等战略安全。

第二，防灾减灾和应急反应综合应用。面向地震灾害多发地区、西南多云和多雨山区地质灾害，西北华北干旱和寒潮、城市灾害、东南沿海台风风暴等典型易受灾害地区开展综合应用示范，与民政、气象、海洋、地震、能源、城市市政基础设施、交通和环境保护等领域的防灾减灾和处理突发事件的需求相结合，着重支撑重大自然灾害的监测与预警、应急响应、综合评估和灾后重建等核心任务；建立空间信息服务平台，为综合防灾减灾、自然灾害监测与评估、城乡应急指挥信息通信服务等提供快速的、实时的、准确的定位服务和应急管理决策信息服务。

第三，社会管理、公共服务和安全生产的综合应用。面对市政公用、交通、能源、民政、农业、林业、水利等领域的基础设施的安全生产和稳定运行的需求，开展综合应用试点，着眼于保障社会的精细化管理，扩大星融工程核心关键基础设施在重点目标的动态监测、预警和精细化管理中的应用，提升社会管理的水平。

第四，新型城镇化与区域可持续发展、跨领域综合应用。结合智慧城市、智慧能源、智慧交通以及数字减灾等卫星应用协助制订城镇化布局，解决住房城乡建设，能源、交通、环保等部门的业务和社会服务需求。开展面向促进西部地区可持续发展需求的区域卫星综合应用；开展针对京津冀、长江三角洲、珠江三角洲等地区的跨区域、跨领域综合应用，解决对于区域生态环境保护、城市化以及可再生资源的开发利用等问题。

第五，大众信息消费和产业化的综合应用。为了促进我国空间信息服务产业化、商业化发展，充分利用卫星遥感、卫星通信广播、卫星导航技术和资源，不断创新业务和服务模式，探索、培养和开发信息消费应用服务，满足公众对空间信息的多层次需求，例如大众旅游、定位服务、通信、文化、医疗、减灾和统计等，在诸如中西部地区等地面通信基础设施薄弱的地区扩展卫星通信和广播服务，并开发综合信息应用以造福人民。

第六，全球观测与地球系统科学的综合应用。促进虚拟卫星星座和全球性探索计划的应用，在全球变化、防灾减灾、地球物理学、碳循环等前沿领域进行先导性研究、监控和应用，充分利用相关国际合作机制，增强我国科研能力和国际影响力，为全球化发展和人类的可持续发展做出贡献。

第七，国际化和“一带一路”空间信息走廊服务与应用。通过开展广泛的国际合作，建立一个集卫星遥感、卫星通信广播、卫星导航和地理信息技术的全球综合信息服务平台，将重点支撑我国“一带一路”倡议，为全球测绘、全球海洋观测、全球资产管理、粮食安全、环境监控、林业矿产资源监测、水资源监测、物流管理、安全与应急管理等提供技术支撑和信息服务。着重建设北斗全球广域增强系统，增强北斗的国际竞争力。不断拓展国际市场，与其他国家共同开发空间基础设施应用产品和服务，综合保障、综合减灾、应急救援、资源管理、智能交通等需要国际合作的领域，积极支持在地球观测组织框架内，推动全球卫星遥感数据的共享。

第八，在非战争军事行动中和“灰色冲突领域”提供支撑和保障。“灰色区间”冲突应对战略旨在处理一系列介于执法行动与军事行动之间的冲突。针对“混合战争”这一新型作战样式，组建联合太空态势感知中心，形成整个太空领域的“公共活动态势图”。通过提升卫星“自动化识别系统”的信号获取能力，实现对空域资源的实时追踪。通过星融工程中全网融合、全域覆盖的空间信息网络实时分享情报、监视、侦察数据，完善“公共活动态势图”，降低态势感知能力不足引起的分歧。联合太空态势感知中心，将有助于掌握敌方政府和军队的各种军事和非军事的行动迹象，而且可以对激进分子等有意或无意占领太空资源所诱发的国家间的冲突进行跟踪。

第九，在未来战争中发挥补充和替代作用。星融工程将太空中各类卫星信息平台与近空、空中和地面信息平台融为一体，为空天攻防作战提供必要的信息支持，对空天攻防作战实施作战管理指挥控制，构建基于星融工程的体系作战能力是现阶段及未来战斗力生成的有效途径和模式。此外，统筹通导遥、军民商、天空地三大空间资源，并以此为基础建立国防信息网，实施陆、海、空、天、网电一体化集中监视，使战略、战役、战术各个层次上均可实时或准实时利用各类信息，将可直接支援陆、海、空、天、网电联合作战能力。

通过对星融工程的建设目标、实施途径、应用示范的深刻理解，六位同学更是确定：未来 15 年是实现太空资源共享的关键时期，我们完全可以抓住这一历史机遇，实现战略性的重点突破、重点跨越，创造更多的利益契合点、合作增长点、共赢新亮点，推动世界各国共同参与、优势互补、合作共赢，让更多国家和人民在太空中受惠受益。

不知不觉已经到了中午十二点钟，雪山老师和六位同学一起在月坛食堂用餐。在吃饭时，驰峰同学谈了谈自己今天这一讲的感受和收获，主要有三点：一是信息革命的深入推进，更加印证了新生代替旧有、先进颠覆落后、科学改造蒙昧、开放打破封闭的历史逻辑。今天听了雪山老师的讲课，深深感受到我国信息技术的飞速发展。二是作为新时代青年人，我们不但要深入学习科学文化知识，还要注重科技的发明创造和应用实施，要用钱老（钱学森）口中的“杰出人才”标准去严格要求自己。三是雪山老师讲了“星融工程”的概念内涵、体系架构等内容，对于星融工程的落地实施，请交给我们！接下来，我们一定深刻领会星融工程核心要义，以星融工程建设为抓手，凝聚起构建网络空间命运共同体的强大力量，推动网络强国建设开辟新天地、迈向新高度。

午饭过后，雪山老师亲切送六位同学到楼下，并对他们提出了殷切期望：作为新时代青年，你们有着最好的条件和机遇去提升自我、建功立业，要充分发挥青年人主力军作用，敢于战胜一切艰难险阻，勇于攀登科技高峰，用最精湛的技术、更强烈的责任感和使命感为航天强国、网络强国，乃至社会主义现代化强国建设贡献力量。

第三讲

星云太空战

2020 年 9 月 20 日，西山下的农家小院凉风习习，十分惬意。战鹰、锐羽、守静和抱朴又一次相聚“潜院”，聆听目光老师畅谈他心中未来的太空战场景。

目光老师为学生们泡上一壶珍藏的普洱茶，在浓郁的茶香氛围中，开始第三讲。这一讲重点从五个专题进行讲解和讨论。

星云太空战主要形态

目光：太空是陆地、海洋、天空之后人类探索的第四个空间。探索太空的目的，是进入太空、利用太空和控制太空。太空能力成为衡量国家综合实力的重要标准，是大国的重要标志。

到 2027 年前后，全球在轨卫星总数预计可达 6.27 万颗，其中低轨道卫星 6 万颗。其拥有量为：美国 4.2 万颗，中国 1.6 万颗，俄罗斯 3500 颗，欧盟国家 500 颗，印度 100 颗，日本 50 颗，其他国家 550 颗。这些卫星虽然有民用、军用之分，但民用卫星也可装有军用载荷，民用卫星资源也可以用于军事目的。可见，低轨道卫星已成为天基作战的绝对主力。

太空战是以地球的外层空间为主要战场，以航天器为主要作战对象，以摧毁、致盲、干扰、移轨为主要手段，以夺取制天权为目的的作战行动。太空战不仅包括天基系统之间的攻防行动，也包括天基对空基、陆基、海基以及陆基、海基、空基对天基的攻防作战行动。天基系统主要包括各类航天器，地面设施主要包括地面控制中心、航天发射场、地面应用系统等。

太空能力的核心是进入太空、利用太空和控制太空的能力。太空战的本质是保证己方进入、利用、控制太空的能力前提下，破坏敌方进入、利用、控制太空的能力。

各国高度重视太空能力建设，美国、法国、俄罗斯和中国的太空战部队都独立成军，印度和日本有独立的太空作战力量。

目光： 我将从三个方面为大家介绍星云太空战的主要形态。

首先，我要给同学们讲一讲太空战形态分类方法。

太空战形态有两种分类方法。一种是按照作战域进行分类，分别是在太空进行的太空战、向太空进行的太空战和从太空进行的太空战；另一种是按照作战性质进行分类，分别是太空进攻战、太空防御战。

在太空进行的太空战是指两支攻防博弈的太空作战力量均位于太空，并且在太空作战域实施的太空战。如卫星与卫星之间、星座与星座之间、轨道与轨道之间实施的太空战。

向太空进行的太空战是指位于其他作战域的作战力量向位于太空的作战力量发起的太空战。如从陆基、海基、空基、临近空间和地月空间等作战域向太空的作战体系发起的太空战。

从太空进行的太空战是指位于太空的天基作战力量向位于其他作战域的作战力量发起的太空战。如从天基对地月空间、天基对临近空间、天基对空中、天基对海上和天基对陆上作战域发起的太空战。

太空进攻战是指在太空、向太空、从太空发起的进攻性太空作战。如地基反太空战、海基反太空战、空基反太空战、临近空间反太空战、天基反太空战和地月空间反太空战等太空进攻战。

太空防御战是指在太空、向太空、从太空发起的防御性太空作战。如轨道躲避战、卫星防护战、反太空拦截战、体系弹性战、快速恢复战等太空防御战。

以上太空战形态是星云和传统太空战所共有的作战形态，只是侧重点有所不同而已。星云太空战主要是指在太空进行的太空战和从太空进行的太空战，自然包括太空进攻战和太空防御战。

其次，我着重讲一讲“以天制天”作战形态。

在太空进行的星云太空战也就是“以天制天”作战形态。第一讲我们介绍了破感知层、破传输层、破链路层、破认知层的概念，下面重点介绍破层的手段和方式。

第一，破感知层。

为什么要破星链作战体系的感知层？因为天基 C^4KISR 作战体系的首要使命任务是情报信息、战场态势的感知，是对敌方目标的侦察、预警、目标指示，这是进行太空作战的前提。而这些传感器在低轨道星云这样的一个卫星布局当中，基本上都位于低层 300km 左右这样的轨道范围，只有在这样的轨道范围进行感知，才能够距离地球更近，看得会更清楚，作战效能会更好。

要对星链感知层进行破坏或者干扰，首先要明确一个前提，战场和战争是有限的，虽然星链是覆盖全球的，但是敌我在一个战场，比如东南沿海地区、台海地区、南海地区这样类型的一个特定局部战场，那么只需要对重点关注的局部战场立体空间范围内的相关的卫星传感器实施干扰和压制，使敌方在己方所主导战场窗口下，得不到有效的战场态势信息，就能达到“以天制天”的作战目的。这是典型的“轨道战”。

一是低轨道天基集群干扰。利用比星链感知层卫星轨道更低的轨道优势，星云卫星环绕地球轨道的周期更短。利用干扰机形成向上的立体空间干扰场，可以扫描其轨道上方的卫星星座，从而对其雷达、光学感知传感器形成持续地干扰。例如星链雷达体制星座部署在距离地球 360km 轨道上，星云网电攻击卫星网部署在 300km 轨道上，绕地球轨道周期比星链卫星更短，根据星链雷达星的频率及信号特征，向上对星链卫星雷达主波束实施干扰和压制。网电攻击卫星网始终不断地接替工作，在一个稳定的作战空间范围内形成干扰场，星链卫星通过干扰场就会处于被干扰状态，其侦察能力会被削弱，实现特定的战场免受星链雷达卫星的侦察，达成特定战场的态势安全。举一反三，针对其他侦察体制的干扰和压制原理是相通的。将来我们在构建星云天基体系时，要有意识地把网电攻击卫星网部署于比星链感知层更低的轨道，根据作战需要控制干扰机开机的时序和范围即可形成对星链感知层的干扰压制。这里需要强调的是，在 150 ~ 300km 的轨道部署卫星，涉及亚轨道维持的特殊技术问题，只要攻克这一技术关键，占领亚轨道，就会为“轨道战”创造更加丰富和灵活的可能性。

二是高轨道天基集群干扰。利用轨道比星链感知层卫星轨道更高的轨道优势，卫星环绕地球周期更长。利用干扰机形成向下的立体空间干扰场，可以扫描其轨道下方的卫星星座，从而对其雷达旁瓣形成持续的干扰。这种高轨道干扰的好处是，可以让我们的感知层兼具干扰能力，建设和运用的效能更高。例如星链雷达星星座部署于 360km 高度轨道，星云网电攻击卫星网部署于 400km 高度轨道上，绕地球轨道周期比星链更长，根据星链雷达卫星的频率及信号特征，向下对星链卫星雷达旁瓣实施干扰和压制。高轨道天基集群干扰也存在明确缺陷：无法对目标卫星雷达波束主瓣实施干扰，干扰效果不如低轨道天基集群好，但好处在于可以实现雷达感知和干扰的功能兼顾。

第二，破链路层。

天基作战体系的重要支撑是链路层。星链低轨道卫星有多种链路：一是星间链路，星链的星间链路是激光链路；二是星地链路（天基 WiFi），天基 WiFi 形成一个 5G+/6G 天基互联网的通信网络，用于天基信息传输；三是指控链路，用于传输各种指挥控制指令等。链路不仅是保证天基 C^4KISR 作战体系有效运转的关键，更是星链太空战的前提和保障。星链链路被干扰，星地、星间的数据传输会受到很大的限制。星间链路被干扰，星间的协同探测能力、协同智能能力就会受到严重的削弱，会导致天基作战体系的探测能力、智能能力和通信能力也会受到影响；天基 WiFi 的信号受到干扰和压制，支撑其他作战域的通信能力、互联互通能力，包括带宽的有效性、可靠性、可信性都会大打折扣。破链路层是“以天制天”的关键。

对不同的卫星链路可利用不同的干扰手段。一是针对星间链路，星链卫星采用了激光链路。激光链路的优点是抗干扰能力强、定向性好，缺点是受传输条件影响很大。未来要设计一种星载的专门用于干扰激光传输链路的特殊的“迷雾”工质，通过星云卫星向星链卫星抛洒“迷雾”工质，这些弥漫的介质对激光的传输产生很严重的干扰，同时将会始终伴随着星链卫星一起运动，可长时间对该层星链链路产生持续稳定干扰。二是针对星地链路，可以研发星云通信干扰装置（如同 GPS 干扰机），在特定作战区域内投放这种干扰装置，就会使敌方的作战装备难以可靠稳定地接收星链卫星传输信号，从而达到干扰压制星地链路的效果。三是针对指控链路，大家都知道作战中，最重要的打击目标是指挥控制节点，如指挥所以及指挥所的通信设施。指挥链路有一个特点，一定要从卫星到作战“端”，比如说卫星到航母、到地面指挥所、到空中预警机，也就是说指挥链路必须要连到一些关键节点。这就为压制指挥链路提供了一种方式和思路。战争的起始阶段，在不能够打敌人的作战平台的情况下，可以在敌人作战平台出没的区域，通过星云时刻看到航母在什么地方、预警机在什么地方、指挥所在什么地方。在这个区域，通过各种手段投放指控链路干扰装置，使得这个区域里的作战平台的指挥控制受到极大的干扰和压制，导致这个区域内的作战平台难以可靠和稳定地接收卫星发出的指挥控制信息。

第三，破定位导航授时层。

定位导航授时层是星链重要的功能层，用来替代 GPS。GPS 是中高轨道卫星，星链定位导航授时层主要是低轨道卫星。对星链定位导航授时信号的干扰采取的是和干扰通信链路同样的手段，破坏敌方在这个区域内稳定可靠接收定位导航授时信号的能力，可以有效削弱在这个区域内敌方的作战能力。

最后，我再讲一讲星云防御作战形态。

“以天制天”对攻防双方都是相互的。在受到敌方“以天制天”威胁时，需要对己方的星云进行防护。这就是既要消灭敌人，又要保护自己。保护己方星云可以有三种方法。

一是备份感知层。在星云作战体系中，将星云感知层布设在多个轨道高度，各轨道高度的感知层都能独立工作，支撑星云天基作战。在常态化运行中，只启用一个轨道高度感知层，其他轨道高度感知层处于备用状态。当常态运行感知层遭受攻击，并导致其失效时，迅速启用备份感知层，形成连续稳定的星云感知能力，支撑星云作战体系持续作战。

二是复用感知方式。在星云作战体系中，感知层卫星通过加装多种体制感知传感器可以兼具雷达、光学和红外等多种感知能力。当雷达感知层受到干扰和压制，则光学和红外感知层仍能遂行作战任务，满足作战要求。

三是替补感知手段。继续建设发展传统感知手段，如中高轨道、临近空间、空基、海基和陆基感知手段等，将传统感知手段作为星云感知层的备份。在星云感知层遭受攻击导致失效情况下，迅速启用传统的感知手段弥补低轨道卫星感知能力，保存可靠、有效的感知能力，支持持续作战能力。

战鹰：目光老师，我们注意到一些报道，说星链将来可用于弹道导弹拦截，这是可行的吗？

目光：星云作战体系在太空中执行攻防作战，总的原则是消灭敌方天基作战能力，保存己方星云作战体系。数万颗星云卫星在 500km 轨道高度上平均布设，100 ~ 200km 间距就有一颗卫星，构成了一个密密麻麻的低轨道天网，将会对进出大气层和进出太空的飞行器形成一种封锁、阻拦、压制能力，从而可以实施太空拦截战。从技术上讲，原理是可行的，没有太大的技术障碍，但应受到与限制天军事化利用、防止太空武器化相关的国际规则制约。

首先是拦截上升段弹道导弹。敌方弹道导弹上升段在穿过星云低轨道天网过程中，飞行速度较低，弹道较为固定，星云利用预警侦察卫星网提供的目标信息，指挥距离最近的星云卫星展开直接撞击拦截行动，破坏、损坏敌方导弹，导致其在再入大气层过程中受热自行解体，形成可行有效的导弹防御能力。

其次是拦截天地往返飞行器，美国 X-37B 是典型的天地往返平台，在往返天地的过程中，需要多次穿过星云低轨道天网，特别在返回的过程中，星云可以对其进行压制和打击，破坏其隔热外形，致使在返回大气层中烧毁，实现拦截天基往返平台的目标。同样的道理，也可以拦截垂直回收的运载火箭助推器。

锐羽：目光老师，您前面提到从太空进行的太空战中包括从天基到地月空间的太空战，您能具体说一说具体含义吗？

目光：星云太空战的主要载体和目标是低轨道卫星星座，但低轨道卫星星座并不是唯一目标。星云作战体系还可以对中高轨道卫星、地月轨道空间和月球上目标等外太空目标开展干扰和压制行动，形成星云外太空战能力。美国正在大力发展天军事能力，未来可能在月球上建立军事基地，从而对我太空能力造成威胁。星云地月空间战可在更高的高度上，更遥远的空间夺取制太空权，夺取战略制高点。

守静：目光老师，您曾经给我们介绍过导弹作战的“三差”制胜机理，这种制胜机理对星云太空战还适用吗？

目光：星云太空战的制胜机理依旧是夺取“三差”——空间差、时间差、能量差。在太空作战域中，星云和星链都分别部署于低轨道上，距离上相对传统的陆基、海基、空基和临近空间太空战更近，所以星云太空战对夺取空间差的优势更明显。因为离得近，毁伤能量到达的时间就更快，因此也更有利于夺取时间差。星云卫星的能量主要来源是太阳，在太空中可以从太阳能中获取源源不断的能量，从而让星云获得持续不断的毁伤能力，这就赋予星云能量差又一个特殊的优势。因此，星云太空战更有利于夺取“三差”。“三差”制胜机理不仅适用于导弹战和星云太空战，对一切作战样式和战争形态均可适用。不仅如此，对带有竞争性和博弈性的商业行为也同样适用。

在这里，我向同学们再强调一下，星云太空战贯彻战争全过程。星云太空战不会因为一攻一守而终止，一定是覆盖整个战争全过程，只要战争不结束，太空战就一直在进行。星云作战体系里有监视云，监视云的目的就是对星链进行全天时、全天候、全球域的持续不间断的监视，使星链始终处在己方星云密切的监控之下，意味着星云太空战实质上不存在平时状态和战时状态的区分。战争何时、以何种方式发起的决定权在星云太空战能力优势的一方，这就颠覆了传统的战争形态。

另外，太空网络电磁战主要利用星云的杀伤云实施。下一讲我将专门阐述这一问题。

基于低轨道卫星星座的未来太空战新形态，为四位同学打开了一扇窥视未来太空战的窗户。同学们既感到惊喜，又产生了一些新的疑惑和问题。

星云太空战主要特征

目光：我重点讲一讲星云太空战的主要特征。

星云太空战的特点是由星云作战体系的特点所赋予和决定的。换句话说，星云战有什么样的特点，星云太空战也就会具有什么样的特点。星云太空战主要有五个特点。

一是全覆盖特点。由于星云作战体系具有全天时、全天候、全球域覆盖的特点，因此星云太空战可以在任何时间、任何条件下、在太空的任何一点发起并持续实施。

二是强弹性特点。由于星云作战体系由数万颗低轨道卫星组成，因此星云太空战具有强大的弹性和稳定性。星云太空战的强弹性体现在三个方面：一个方面是对部分卫星实施的太空战不会对星云作战体系整体的能力和功能产生重大影响；另一个方面是即使对星云作战体系整体能力产生一定影响，也可以通过太空星云作战体系重构或者是快速补网发射等措施，快速恢复体系的整体能力；还有一个方面是如果难以短期内对受损的星云作战体系进行恢复，也可以通过天地一体作战和地天一体作战方式保障作战任务的需要。

三是强威慑特点。由于星云作战体系的高密度特征，这就决定了对低轨道卫星的攻击难以采取传统的硬毁伤手段。传统的硬毁伤手段必然会造成太空碎片的连锁反应，“城门失火，殃及池鱼”，己方和第三方低轨道卫星星座会一损俱损，造成太空灾难。因此，对己方而言，星云作战体系本身是一种不对称的威慑；对敌方而言，对其太空战作战行动也是一种不对称的威慑。

四是高自主特点。由于星云作战体系的全覆盖特征，体系的管理、控制、运行和运用都是高自主的活动。因此，利用星云作战体系发起和持续实施太空战，也必须具有自主可控、敌变我变、服务战争需要、控制太空战规模的自主的和智能的能力。太空战的体系对抗是两个分布式作战云体系的博弈，这种博弈既是局部的又是整体的，既是独立的自主对抗作战行动，也是与其他作战行动相协同的自组织活动。从这一点讲，没有自主智能的星云作战体系，也就没有星云作战体系的实战能力。

五是高安全特点。体系的功能、性能、能力和可靠性、鲁棒性，必须建立在体系高安全性的基础之上。如果存在体系的安全漏洞，敌方就可以利用这些漏洞来瓦解体系的能力。体系的安全能力是固有的，是设计所赋予的，体系的广域性和分布性特征对体系的安全性设计提出了空前的挑战。这就需要星云作战体系必须具有自查和自纠安全漏洞的能力，必须在强攻防条件下具有修复安全漏洞和重组安全体系的能力。没有安全性，也就没有星云作战体系的实战能力。

抱朴：目光老师，星云太空战具有全覆盖、强弹性和高威慑的特点，那与传统太空战的区别是什么？

目光：星云作战体系部署于太空 300 ~ 500km 轨道高度之间，星云和星链，绝大部分都部署在这个轨道空间中，星云和星链之间属于近距离，这样的近距离就为天基的作战提供了新的可能、新的形态和新的作战样式。因此，星云太空战和传统的太空战会有非常大的差异，具体包括两个方面。

一是传统的反太空作战手段失效。首先，传统的直升式反太空战方式就面临失效，由于一次只能对付一颗卫星，但是星云作战体系有数万颗卫星，传统方式就无能为力；其次，地基新概念武器也将面临失效，利用地基激光去干扰卫星上的感知传感器，或者用高能微波武器去干扰卫星的链路、感知传感器，这两种方式一次攻击只能针对一颗卫星，攻击目标单一，对卫星集群的干扰效果不理想，因此可以预判，传统的地基反太空作战手段将失去用武之地。

二是星云太空战更强调“以天制天”的作战模式。传统的反太空作战手段更多是向太空进行的太空战，从陆基、海基、空基和临近空间发起的太空战。而对星云太空战来说，两支攻防博弈的太空作战力量均位于太空，作战的主战场也位于太空，是典型的卫星与卫星之间、星座与星座之间、轨道层与轨道层之间实施的太空战。

锐羽：目光老师，我认为高功率微波毁伤可以造成大面积的毁伤，在星云太空战中，为什么您认为传统的高功率微波毁伤会失效呢？

目光：传统的微波毁伤是高功率脉冲体制微波，要保持对一个目标的毁伤能力，有两个必要条件：一是精准，高功率微波需要高精度雷达和光学设备引导来保证对目标的聚焦，这和激光是一样的，能量如果不聚焦，它的干扰和杀伤能力会受到很大的局限，因此一次高功率微波打击只能对单一目标实施毁伤，对于数万颗星云卫星来讲，难以构成有效的功能杀伤；二是高功率微波武器在攻击时容易被星云作战体系发现、锁定、打击，高功率微波武器一旦开机工作，就会被星云精准发现和锁定，星云可以通过攻击其引导雷达和光学设备破坏其引导能力，从而使高功率微波能量难以瞄准被攻击的目标，也可以直接打击、摧毁高功率武器系统。因此星云太空战对高功率微波武器形成一种不对称优势。

守静：目光老师，星云太空战相较于传统太空战具有如此强大的优势，但其天基软杀伤过程中是否会对己方星云卫星正常工作产生影响？

目光：干扰本身就是一把双刃剑，尤其是大功率干扰。微波武器杀伤很困难有两个原因，一方面是需要消耗能量，未来将利用小型化来解决；另一方面是大功率发射高功率微波会对自身的雷达或通信系统产生损伤，杀敌一万自损八千。星云干扰不同于传统的大功率干扰，因为卫星无法提供那么大的能量；星云干扰是瞄准式的，可以沿着雷达主波瓣进行瞄准式干扰压制；星云干扰不同于传统的阻塞式干扰类型，而是一种欺骗式干扰。因此，星云干扰对己方星云卫星的影响就会小很多。当然也会存在干扰，但不能因噎废食。

特点是一个事物本质和规律的外在体现。任何特点都具有两面性：一面是优点，一面是缺点，缺点是优点的另一面。通过对星云太空战特征的了解，四位同学更加深了对星云太空战本质的认识，以及如何立足特点、扬长避短，才能更好地发挥星云的固有特征，夺取未来太空战的主动权。

星云太空战与星云网络结构

战鹰：目光老师，未来星云网络结构会怎样发展，是以传统的树状结构，还是去中心化的结构，网络结构的不同会对星云太空战产生什么样的影响？

目光：这个问题至关重要。星云是一个网络化的结构，我们传统的作战体系是有中心化的作战体系，形成一个树状的、有明显层级的体系结构。星云的网络结构肯定是网络化的，但不是绝对网络化的。在第一讲中我们提出星云作战体系包括“八网一体”“十三类云”，每一个网或者每一类云，形成一个独立的“军种”，“八网一体”就相当于八个“军种”在太空组成一个联合的作战力量，但每一个“军种”就会有一个自己的中心，例如遥感气象卫星网和监视防护卫星网混在一起是不行的。需要把相同功能的或者相类似功能的卫星组成一个云的整体。另外，这个中心可能控制不同的功能层级，也可能控制不同的轨道面。这样才会使每一个功能网或者每一类能力云形成的这种“军种”力量，具有相对独立性。在调用、利用联合作战力量的时候，“军种”与“军种”之间就需要有调配，就需要有协同的联合运用。联合的运用需要形成一个类似“联合作战司令部”的中心形态，这种形态可能靠实体，一颗星或者若干颗卫星；也可以是软的、虚拟司令部，具有抗打击能力强、弹性强的特点。

传统的网络架构有三种：第一种是树状结构，这种情况是传统体制下的逐级指挥体制，一旦有一层被打掉了，整个流程就中断了；第二种就是非常理想化的纯网络化、扁平化、去中心的结构；第三种是混合模式结构。实际上，理想的网络化在现实当中是不存在的，大范围的整个覆盖全球的数万颗卫星都互相联通是不可能的。这种网络架构一般是一个混合网络结构，或者叫星状网络结构。在星状网络结构中，实际上仍然存在若干个中心节点，发现和摧毁这些节点，对星云太空战来说是至关重要的。

抱朴：目光老师，在星云太空战中，打击混合模式下的中心节点是否就会造成星云一个网或者云的瘫痪？

目光：星链卫星的轨道高度有 300 多千米的、500 多千米的，还有 1500 多千米的，两三千千米的就少了，越高的越少。为什么会有两三千千米这样的轨道高度的卫星？可以确定的是，这肯定不是作为情报、监视和侦察（ISR）或者是天基 WiFi，实际上就是一种居高临下的对星云的管控。因为在更高的轨道高度上，对低轨道的星云网络进行有效的管控，就可能是一个中继节点，可能是一些“司令部”，但是它绝对不是一个，而是一个星云层。在星云层上的数百颗甚至上千颗卫星形成的这种中心能力，就和传统的树状节点不一样。所以这种云形态，相对传统的平台，例如信息化、机械化时代常用平台，就出现了不对称性，因此就不能用传统的作战理念、概念去对付星链。传统的太空战和现在的星云太空战，实际上是理念的转变，理念的转变使战争理论、作战方式、作战概念、作战手段、作战样式都会产生一系列的革命性变化，所以这种顶层的变化会为未来武器装备发展提供新的演进方向。

联想到组织架构会影响组织的效率，四位同学明白了一个道理，架构设计实际上是体制设计。好的体制，能够极大地发挥每一个组成要素的主观能动性，能够实现 1+1 ＞ 2 的整体系统性涌现效果。无中心的网络架构虽然具有无与伦比的固有优势，但也会带来技术实现难度提高和网络构架复杂的双重代价。

星云太空战与太空碎片

锐羽：目光老师，星云太空战之后会不会造成严重的太空碎片问题，太空碎片会对太空造成什么样的影响，会对星云太空战造成怎样的影响?

目光：近年来，太空碎片一直是一个热点话题，星云太空战不可避免，也将会遇到太空碎片问题，下面我们从太空碎片的危害和太空碎片的防范两个方面阐述星云太空战与太空碎片问题。

首先，我讲一讲太空碎片的危害。

因为低轨道卫星高密度的态势布局，对卫星之间的距离是非常敏感的，数万颗密密麻麻的卫星分布在相近的轨道面上，一旦一颗卫星产生碎片，就可能对轨道面上所有的卫星产生连锁反应，会造成整个星云体系结构的坍塌。当某一个轨道面整个卫星星座坍塌以后，碎片将会对其他高度轨道面产生连锁反应和灾难性影响，整个太空都将瘫痪。这将会是整个人类的灾难，所以星云的太空碎片问题将会危害整个人类的空间安全。

其次，我给大家讲一讲如何应对太空碎片。

一是恐怖的太空战略平衡。爱因斯坦曾经说过，我不知道第三次世界大战是怎么打的，但我知道第四次世界大战是怎么打的，人类将重新回归冷兵器时代，甚至又回到原始石器时代。太空碎片就可能带来这样的问题。从这一点出发，星云太空战就类似于核武器。冷战时期，美苏双方在 20 世纪 80 年代鼎盛时期各自拥有数万颗核武器，足以毁灭人类数十次。任何一方发起核打击必将遭受对方的核报复，整个人类都将面临毁灭，因此核战争下是没有胜利者的。那我们是怎么遏制核战争的?用“核”遏制“核”的核遏制战略，以及核威慑战略。核遏制和核威慑是相同的，核心就是谁也不敢打第一枪。任何国家打第一枪就会遭受不可承受的损失，这就是恐怖的核平衡。美国曾经有一个核战略——相互确保摧毁战略，就是能在己方受到核打击之后对敌方进行核反击，并确保彻底摧毁对方。拥有了相互确保摧毁的能力，也就保持了核态势的均衡，就有可能遏制核战争的爆发。星云太空战也是同理，当美国有了几万颗星链卫星，欧洲也有了几万颗低轨道卫星，俄罗斯还有几万颗低轨道卫星，我们国家也会拥有几万颗星云卫星，这时就会形成恐怖的太空平衡。毁灭性的星云太空战也将是没有胜利者，真正受伤害的是人类自身。

因此，谁也不能采取硬毁伤的方式，对卫星实施杀伤。这是一种远期的情景，必须是到了一定的能力和水平规模的情况下，才能实质上形成的态势。星云军备竞赛，最后形成这一个平衡，实际上就变成了大家都相互克制、相互制约。拥有星云太空战能力的双方之间的未来战争，就变成相互都是透明的战争。在这种平衡态势下，对进行的太空战、空战、海战、陆战都将产生深远的影响，未来可能会出现星云威慑条件下的局部战争，但这个还需要长期的发展。

二是无碎片伤害手段。利用卫星需要维持系统才能保证在轨道上正常运行的机理，可以通过星云网络战手段侵入星链卫星网络，通过发送伪指令让其离轨，降低轨道后再入大气层中烧毁或者坠毁；还可以通过对星链卫星发送 GPS 虚拟信息，利用欺骗技术使其轨道降低，直至再入大气层烧毁或者坠毁，当然发挥这种功效必须建立在对敌方低轨道卫星星座作战体系的其他定位、导航、授时手段进行有效压制前提下；还可以通过杀伤云转移到星链感知层轨道，利用轨道操作技术对其星载传感器喷洒非透明物质，导致星链卫星看不清，加速其失效，大幅度降低其使用寿命，最后导致其坠毁。无碎片伤害手段将会催生一系列新的武器装备、新的作战概念、新的作战理论、新的作战手段。

三是太空碎片的有效控制。太空碎片的危害众所周知，可以利用现有成熟技术减少太空碎片的产生。例如利用汽车防爆玻璃相关技术，可以使破碎的卫星碎片吸附在特殊材质上，从而减少碎片的产生。还有一种方式就是建设发展碎片收集云，像清洁工一样专门负责收集碎片。这些手段可以尽快地把危害控制在非常有限的范围之内。

太空碎片问题是一些专家诟病星云的主要关切点。同学们认识到低轨道卫星星座与太空碎片是一对矛盾的对立统一体。矛盾在对立中相互转化，推动星云的建设与发展。矛盾在相互转化中取得均衡，促进星云战形成战略制衡的均势。

星云太空战的法律思考

守静： 目光老师，我们现在已经有领土、领海、领空的概念，未来的太空战能否催生“领天”概念？

目光： 在回答问题之前，我们先了解“领土”、“领海”和“领空”的概念产生的动因。国家领土分为领陆、领水（包括内水和领海）和领空三个部分，上及高空，下及底土。

首先是“领土”概念。“领土”是主权国家管辖下的全部疆域，属于空间的范畴。包括陆地和河流、湖泊等内陆水域及其底下层，以及与陆地相连的海港、内陆湾、领空和领海。国家的“领土”概念处于演变和争议之中。领土的起源可追溯至公元前。部落拥有自己的农田、活动范围，且阶级制度开始形成，渐渐形成势力范围。势力范围是一个部落的管控地区，领土的基本概念形成。后来，势力范围便转变成领土，部落转变成国家，首领转变成皇帝或君主，领土正式形成，成为国家的一个象征。从古代到现代，国家的领土划分最根本的依据是国家实力，一些小国、弱国的领土边界甚至成为大国、强国的势力边界，最具代表的就是朝鲜和韩国的“三八线”，战争的停火线通过停战协议成为两国最后的军事分界线（焦洪昌，2009）。

其次是“领海”概念。1958年《领海及毗连区公约》规定：国家主权及于本国领陆及内水以外毗连本国海岸之一带海洋，称为领海。1982年，联合国通过《联合国海洋法公约》规定：全球沿海国家除拥有12海里领海权以外，其管辖海域面积可以向外延伸至 200 海里，作为这个国家的专属经济区。“领海”概念的背后是各国海上军事力量的比拼，12 海里领海的演变过程是世界各国通过军事、政治斗争得出的。我国在中华人民共和国成立之前通过炮击“紫石英”号，宣布近代以来“列强军舰有权进入中国内河”的国际惯例完全无效；中华人民共和国成立初期决定采用 12 海里领海权取代蒋介石政府的 3 海里领海权，同样是通过军事斗争争取到的。所以，“领海”概念产生背后更多的是军事实力和政治博弈体现（赵微和王赞，2015）。

最后是“领空”概念。“领空”是指一国领土和领海范围内的全部上空，是一国领土的组成部分，是一个国家的全部空气空间。在第一次世界大战期间，飞机开始成为战争的工具。不论交战国或中立国都禁止外国飞机不经允许飞越其国土的上空。第一次世界大战后，1919 年在巴黎缔结并于 1922 年开始生效的《巴黎航空公约》，是国际上第一个关于空中立法的条约。公约承认“每一国家对其领土上的空气空间具有完全的和排他的主权”。同时，缔约国承允对民用航空器在和平时期相互给予无害通过的自由。1944 年在芝加哥缔结的《国际民用航空公约》遵循《巴黎航空公约》这一原则，实现了领空概念的确定。领空概念及主权虽然已经确定，但国际法中并没有统一规定领空高度。在冷战时期，美国研制出 U-2 和 SR-71 侦察机，前者利用超高的飞行高度非法进入其他国家领空执行侦察任务，后者以其 3 倍声速的飞行速度也可以非法穿行于其他国家领空执行任务。在冷战时期，中国、苏联利用防空导弹击落数架 U-2 侦察机，捍卫了国家领空主权。这表明，虽然条约没有明确规定领空的高度，但一个国家所能制空高度，就意味着这个国家领空的高度。所以，“领空”主权也同样是军事实力和政治博弈的体现（钊作俊，2004）。

以此类推，未来“领天”将可能会出现两种概念：一种是以卫星为中心的、以一定的半径形成的太空区域的“领天”概念。也就是说，本国卫星为中心的一定距离范围内为该国的太空“领天”，其他国家的航天器不得侵入，如果侵入就是视同侵犯该国国家主权，被侵犯国家可以采取措施进行反击；另一种是“太空专属轨道层”概念。例如某一卫星星座运行于300km轨道高度上，那么该国在特定期限内实际拥有轨道面的专属使用权，其他国家航天器只享有无害通过权，没有运行于该轨道的权利。对第一种概念而言，能够发现和拒止外来航天器侵入范围，实际上就是一个国家的领天范围。对第二种概念而言，只有真正能够发现和拒止外来航天器侵入该轨道，才能拥有该轨道的主权。因此，“领天”主权也同样是军事实力和政治博弈的体现。

伴随着人类进入太空步伐的加快和航天器部署数量的剧增，太空资源、轨道资源、频率资源的争夺将会更加激烈，围绕制天权的斗争将会演变成为未来战争的重要形态。国际社会绝不会允许少数几个国家瓜分太空的主权，一定会通过政治斗争和国际条约的形式争夺和保护各自的太空主权。因此，作为太空资源争夺的最终妥协结果，领天的概念就会逐渐地确立和明晰，而斗争的结果取决于争夺和保护太空资源的军事能力和国家实力。

这就是第一讲中我为什么要强调加快建设和部署星云，加紧抢占太空资源的真正意义所在。只有充分实现太空主权，我们才有可能在未来的发展中占据主动和有利地位，才能够打赢未来的太空战，才能够真正拥有制天权。

抱朴：目光老师，我们知道可以通过星云太空战推动“领天”概念产生。因此我想到一个问题，网络电磁空间的争夺也非常激烈，未来会不会引发“赛博空间领地”的概念？

目光：网络电磁空间是继陆、海、空、天之外的“第五空间”，是人类活动的新领域。网络电磁空间与物理空间虚实映射、相互交织，现实世界的国家边界决定了网络电磁空间也必然存在利益边疆。赛博空间领地是国家主权在网络电磁空间的拓展和延伸，是国家主权的重要组成部分。

2013 年 3 月北约合作网络防御卓越中心（CCDCOE）正式推出了《塔林网络战国际法手册》(以下简称《塔林手册》)。《塔林手册》认为：一国有权对其主权领土内的网络基础设施和活动行使控制权；在不违背相应国际义务的情况下，一国对在其属地内从事网络活动的人员、位于其属地内的网络基础设施，根据国际法在属地范围以外享有的管辖权的人员或基础设施行使管辖权；位于外层空间网络基础设施，其管辖权属船旗国和注册国；对于享有主权豁免的平台，无论其位于何处，一国对该平台上的网络基础设施的任何干扰都构成主权侵犯。《塔林手册》对国家网络利益范围划分进行了初步探索，但其仍是从地理意义上对网络基础设施和人员等网络实体部分划分了网络边界，没有充分考虑到网络的互通性特点，也没有对网络的虚拟部分进行划界（袁艺，2016）。

有学者研究认为，未来赛博空间领地可以借鉴国际上对海洋的通常划界方法，以网络访问权限作为网络空间划界标准，可将网络空间划分为“公网”“领网”和“专属网”三部分。“公网”对应“公海”，是指国际互联网上，不受国界限制，各国公民均可以自由随意访问的新闻网站、社交网站、公共组织网站等，是属于全球公域的一种；“领网”与“领土、领海、领空”相对应，是指工业控制网、政府内网、金融内网、电力内网、军队内网等实施严格物理隔离或逻辑隔离的各类网络，未经授权绝对禁止访问，擅自进入即视为侵犯了一国的网络主权。例如，美国、以色列攻击伊朗核设施内部网络就可视为一种网络侵略；“专属网”对应“专属经济区”，介于“领网”和“公网”之间，是指各类网络中用于网络商务、网络金融、网络政务、设备远程网络诊断等作用的逻辑隔离网络区域，是网络中需要与外界交互信息，但又严格控制其访问权限的部分。例如，各大银行的外网，只对本银行的用户开放办理各种网上业务，但不得越权操作（袁艺，2016）。

以网络访问权限为标准，清晰划定国家的网络边界，对于如何科学合理地界定一个国家的网络主权，如何判断一国对另一国实施了网络侵略，如何对网络冲突和争端进行国际仲裁等，都提供了可操作性的具体标准，因而具有十分重要的理论和实践意义（袁艺，2016）。

也还有一种观点认为，网络电磁空间不是一个独立的作战域，而是存在于目前所有的作战域之中的。网络电磁信号可以在陆、海、空、天作战域中进行发射、传输、感知和作用。失去了传统作战域的依托，网络电磁信号就成了无源之水和无本之木。

战鹰：目光老师，为确保太空的和平利用、保护各国领天主权，未来星云太空战能够促进太空规则的制定吗？

目光：太空规则的制定也是不能跨越的历史阶段。这就像有了交通工具就相应的有了交通规则一样，太空规则也是航天活动充分发展的必然结果。目前，国际宇航科学院(IAA)空间技术委员会将太空规则定义为：促进安全进入外层空间、在外层空间操作和从外层空间返回地球而不受物理或无线电射频干扰的一系列技术和管理规定。美国关于太空规则的相关政策将其定义为：为了增强在太空环境中安全性、稳定性和操作的可持续性的计划、合作和同步在轨活动。无论是从国内还是国际视角出发，太空规则或管理体系的构建都将是最终诉求，该体系应当包括特定社会关系、手段、路径和目标四个基本要素。

首先，从法理的角度看，太空规则管理关系应当包括主体、客体和内容三个要素。该关系的主体即管理者（一国政府及相关部门）、被管理者（航天活动主体，包括商业航天主体）以及国际治理的协调主体（联合国相关机构和适格的国际平台）、治理参与者（国家、政府间国际组织）；该关系的客体即人、物和行为等管理或治理对象，如航天员、太空游客、空间物体、太空资源、空间发射、在轨操作、再入等行为；该关系的内容则是指形成的各种管理和被管理关系（国内层面）以及共同治理关系（国际层面），前者如许可、登记、通知、赔偿等，后者如透明度、空间碎片减缓要求、太空使用核动力源要求以及国际空间法的基本权利义务（自由探索和利用原则、不得据为己有原则、和平利用原则、国际合作原则、妥为顾及义务、提前磋商义务、避免有害污染义务）等。其次，国内管理手段包括制定政策、法律、行为规范、技术标准、程序要求等。从国际视角看，治理的手段包括单方政治承诺（如中俄倡导的不首先在太空放置武器）、制定准则、守则、倡议、建议和条约等。再次，管理或治理路径可分为以市场需求为主导的自发式或自我管理、治理，以及以政府（国际社会）需求为主导的主动或建构式管理和治理。实践中两者往往是相互结合的，就像市场经济中的市场手段和政府手段，而且最终将呈现螺旋式相伴上升的过程，即呈现为进化与建构二元化的路径。最后，从目标上看，太空规则的制定是为了维护各国及共同的太空安全、保障太空活动长期可持续发展，以及地球的可持续发展的一种国内航天管理机制和太空国际治理机制（李双元，2009）。

我认为一个完整的太空规则必然要包括立法、守法、执法和护法四个方面。一是立法，就是要建立太空航天器运行规则；二是守法，一旦有了太空规则，各国都要自觉、强制执行；三是执法，要建立太空“警察”队伍，维持太空秩序；四是护法，各国要建立维护领天主权的力量手段。

太空规则的制定同样不是一蹴而就的，而是各国政治、军事和科技力量的博弈和较量。实际上，哪个国家拥有更强大的进入太空、利用太空和控制太空的能力，哪个国家就在太空规则的制定方面拥有更多的发言权和主导权，这是“丛林法则”在太空领域的生动体现。

锐羽：目光老师，中高轨道卫星群的建设也可以进行上述天战，如果未来有低轨道星云，那中高轨道卫星是否就没有意义了？

目光：低轨道和中高轨道之争一直是一个热点问题，形成了两种主要的学派：一种学派认为未来的太空力量是以中高轨道为主、低轨道增强的形态；另一种学派则认为以低轨道星座为主、中高轨道增强的形态。这两种学派实际上有一个共同点，就是中高轨道和低轨道并行不悖、相互增强。这表明，中高轨道和低轨道卫星各有其独特的优势，并不能够完全相互替代。

低轨道星座的优势在前面我们分析得比较充分，在这里我不再重复。我们现在可以分析一下中高轨道卫星的优势和特点。中高轨道卫星最突出的优势是可以用少量的卫星覆盖全球，这也是几十年来世界航天发展的主流。但为了拥有这一优势也付出了较大的代价，如卫星轨道高、重量重、价格贵，需要更大的运载能力和更昂贵的运载器才能实现部署；不仅如此，随着太空战能力的逐步提升，也暴露中高轨道卫星体系弹性弱的弊端；同时，远距离的卫星部署也造成了到达地球的信号比较弱、可靠接收难度大，使用中容易受到干扰。

中高轨道具有低轨道无可比拟的优势——“高”，正所谓站得高看得远。部署于地球同步轨道的通信卫星，3 颗就可以覆盖全球，所以中高轨道派坚持以中高轨道为主，低轨道增强。中高轨道部分做不好、做不到的任务就由低轨道卫星弥补。而低轨道卫星星座可以通过“量”的优势和距地球表面近的优势，实现体系的强弹性。随着卫星和运载成本的不断降低和商业航天深入发展，低轨道卫星星座的优势更加凸显，实现了从量变到质变的历史性跨越。

我是以低轨道星座为主、中高轨道为辅的坚挺派。我认为这样的部署和运用方式，才能真正地实现优势互补，才能够满足未来社会和战争的需要，才能够引发进入太空、利用太空和控制太空方式的根本改变，才能够引领新一轮的军事变革。

学习的时光总是过去的很快，午时饭点将师生从星云太空战世界拉回现实世界。目光老师为同学们煮上一锅热气腾腾的鲅鱼馅饺子，同学们又享受一顿思想和物质饕餮之餐。

午饭间，战鹰谈了谈这一堂课的收获和心得：目光老师从星云太空战的主要形态、特征、网络结构和太空碎片以及法律思考五个方面进行介绍，为我们展示了未来太空战的画卷。可能每个人心中都不愿意发生战争，但是只有深入学习战争，研究战争，具备用理论和实践提升维护太空主权的能力，才有可能维护太空的安全和和平，才有可能阻止太空战的发生和升级，这就是只有能战才能止战的道理所在。

饭后，目光老师拿出了一套《指挥员案头必备——经典战例评析》，这套书全面、翔实地对历史上世界各国的经典战例进行了介绍，目光老师希望几位同学深入学习其中的战例，并将其与星云战联系起来，思考星云下传统战例的新变化，为后续的讨论奠定基础。目光老师与同学们约定一周以后再次相聚“潜院”，进行星云战的第四讲，第四讲的主题是星云网络电磁战。

第四讲

星云网络电磁战

2020年9月27日，秋高气爽。眼望云天，清爽释怀。西山“潜院”传来朗朗笑声，战鹰、锐羽、守静和抱朴围坐在目光老师周围，倾听目光老师讲解未来星云网络电磁战。

目光老师沏上一壶醇厚浓郁的金骏眉，在茶香四溢的桌前，开始第四讲，这一讲的重点是从五个专题讲解和讨论。网络电磁空间是一个新型的作战域，这个作战域不同于太空、空中、海上、陆上这样传统的物理域，它是一个看不见的、虚拟的战场，因为其虚拟特性，所以网络电磁战就产生了与实体物理域作战一些不同的特点和性质。同时，网络电磁作战也具备和其他实体物理域作战一些相同的规律，比如夺取制空权、制海权、制陆权，对于网络电磁战来讲就是夺取制网络权和制电磁权，目标是要获得在虚拟作战域里面的控制权，所谓的控制就是“消灭敌人，保存自己”。第四讲从网络电磁作战和其他作战相同的规律出发，着重讲不同的地方，特别是基于星云作战体系下网络电磁战的形态。

星云电磁战

目光：在详细讲解星云电磁战之前，我先给大家讲一讲网电空间作战域的基本情况。

与传统的陆、海、空、天作战域不同，网电空间融合于物理域、信息域、认知域和社会域，以互联互通的信息技术基础设施网络为平台，通过无线电、有线电信道传递信号、信息，控制实体行为。网电空间是一个较为宽泛的概念，学术界在定义上还没有达成共识，但从网电空间的通常定义出发，可以发现网电空间与网络安全、网络舆论、网络情报和电磁频谱几个领域有着紧密的联系（刘兴堂和刘力，2018）。

电磁频谱主要对应于网电空间的物理域，网络安全主要对应于网电空间的信息域，网络舆论和网络情报主要对应于网电空间的认知域和社会域。网络舆论、网络情报和电磁频谱都是传统作战形式在网电空间的延伸。但由于网电空间的重要性和特殊性，使得这些延伸部分成了相应作战形式的主体，从而在网电空间作战中得到某种程度上的统一。

另外，网络安全领域涉及信息和网络自身的安全，以及主要通过信息网络开展的物理域的攻防作战，是一个全新的领域。网络安全是网电空间作战最核心的领域，与网络舆论和网络情报有着广泛的交集。网络舆论战的作战活动在网电空间展开，与网络信息安全密不可分，但又属于舆论战的重要组成部分。网络舆论战主要是各国传播机构在网电空间开展的舆论作战活动，是网电空间战与舆论战的交叉部分，其力量体系组成比较松散，军方无法全面控制，有其特殊性，因而可以视为一个相对独立的领域。网络情报作战是在网电空间开展的情报战，除了包括网络司令部开展的网络情报活动，主要还有国家其他情报体系的网络情报活动。电磁频谱战将电子对抗的传统概念进一步向“电子战＋电磁频谱管控”，甚至向整个电磁频谱域的斗争拓展。电磁频谱战核心能力包括电磁空间的侦察、进攻、防御和电磁战斗管理能力，是电子战向网电空间的延伸，是物理域向信息域的延伸（常壮等，2020）。

信息技术的发展和经济社会的演化是相关领域作战需求产生的客观条件。不同的作战力量在各个领域中依次独立产生，并在联合作战需求的引导下逐步走向整合统一，这是网电空间作战力量体系发展的总体趋势。

接下来，我先从四个方面给同学们具体介绍星云电磁战。

首先，我讲一讲传统电磁频谱战发展历程及概念内涵。

一是电磁频谱作战的发展历程。从“无线电之父”意大利的古列尔莫·马可尼发明了无线电技术之后，无线电技术就开始应用于军事中，具体包括：无线电频率，用于与友军进行通信联络、指挥控制；微波，可用于战术数据链路、雷达和卫星通信；红外线，用于情报获取和瞄准敌人；激光，用于通话、传输数据以及摧毁目标。

1904 年 4 月 15 日，日军舰队进攻停靠在旅顺的俄国舰队。俄军舰队一名电报员故意发射电磁波干扰日军用于校正炮弹弹着点的无线电通信，使得当天日军的炮击未对俄军舰造成毫发之损。为了纪念俄军电报员这一奇迹般的举动，俄国把 4 月 15 日定为“电子战专家日”。

第一次世界大战中，英、德两军的无线电通信干扰变得炽热化。第二次世界大战中，无线电通信对抗、导航对抗和雷达对抗全面展开。在著名的诺曼底登陆战役过程中，盟军利用锡箔条对德国飞机雷达进行无源干扰，掩护 6000 多艘船舶执行登陆行动，成功掩盖行动意图，以较小的代价取得诺曼底登陆战役的胜利，为第二次世界大战欧洲战场的全面胜利奠定基础。越南战争中，美军通过给战斗机加装电子干扰吊舱来应付地空导弹的搜索、制导雷达，大大提高了战斗机的生存概率。

克劳塞维茨认为：军事对抗中的双方都有将对抗推向顶点的趋势。原子弹、氢弹的出现，使武器的物理破坏能力达至极限，反而限制了其使用。电子战的出现，使得在电子战技术和装备能力上占优的一方，可以对在此领域处于劣势的一方实施“降维打击”（即从战场高维度对低维度进行打击），致其通信中断、雷达迷茫、制导混乱……从而失去任何取胜机会。电子战是以电磁波为能量载体和中介的军事对抗，因为电磁波无形无相、看不见摸不着却又像幽灵一样无所不在，故电子战被称作“幽灵之战”。这种战争形态从第二次世界大战到冷战，一直到冷战结束以后的几场局部战争，实际上都是由电子对抗在引领的电子战的理论、手段和战法的发展。随着计算机技术和电子装备的进一步发展，美国率先将电子战发展升华成为电磁频谱战。

二是“电磁频谱战”的概念内涵。从军事行动的角度来看，电磁频谱战是指任何包括使用电磁能和定向能武器来控制电磁频谱或攻击敌方的军事行动。电磁频谱战分为三大类：第一类是电磁保护，指的是通过采取行动保护己方的军事资源访问电磁频谱，主要包括电磁抗干扰、电磁加固、频谱协调、信号保密、反隐身以及其他电磁保护；第二类是电磁频谱攻击，使用电磁能来降低或拒绝敌人对电磁频谱的使用，主要包括电磁干扰、反辐射攻击、定向能攻击、电磁欺骗、隐身等；第三类是电磁频谱支援，识别和分类己方和敌方的信号，达到保护己方或阻止敌方使用电磁频谱资源的目的，主要包括信息情报、战斗报警和战斗测向等。电磁频谱战主要有以下三个层面含义。

第一层含义：电磁空间是一个具有电磁能、电磁场的最基本的物理域。复杂电磁环境的本质是电磁能、电磁场。电磁场复杂是因为电磁场所含的能量更大，更有针对性，所以能带来复杂变化。电磁环境效应定义为电磁环境对军事力量、装备、系统和平台作战能力的影响。电磁环境效应主要包括电磁干扰、电磁兼容、电磁脆弱性、电磁脉冲、电子防护、电磁辐射对人员的危害、电磁辐射对军械的危害和电磁辐射对油料的危害，以及大气干扰等。电磁空间是用电和磁、电磁场来描绘所面临的复杂战场环境，并相应地研发电磁频谱作战的一些手段（谭志良等，2013）。

第二层含义：频谱战。过去的电子对抗主要发生在两个频段：第一个频段是通信频段（3kHz ~ 300GHz）；第二频段是雷达频段（30MHz ~ 300GHz），相应波长为（0.001 ~ 1m），分为分米波、微米波和毫米波，现在还有米波雷达，过去的电子战主要集中在雷达频段上。随着技术发展，实际上现在的研究领域已经拓展到太赫兹、可见光和红外，可见光和红外也是电磁波。从通信频段到雷达频段，到太赫兹，一直到可见光和红外，这些频段统一构成整个的频谱空间，电磁频谱战把它全部涵盖了。现在电磁频谱战和过去相比，无论从内涵，还是方式、方法上都发生了很大的变化。

第三层含义：夺取电磁频谱控制权或者称为制电磁频谱权，这是未来电磁频谱空间作战的一个非常重要的作战原则。不仅如此，电磁空间本质上是与传统的陆、海、空、天、网络空间融为一体和不可分割的，没有制电磁频谱权也就不可能夺取制陆权、制海权、制空权、制天权、制网络权的优势。制电磁频谱权和制陆权、制空权、制海权、制天权、制网络权的相同点：一是必须要进入到电磁频谱空间。我方的能量、电磁波和频谱能够有效地介入，占领这样的电磁空间，因为电磁空间是有限的，能否占据电磁空间是夺取制电磁频谱权的必要条件；二是要利用电磁频谱，占据电磁频谱空间之后，还要很好地利用它。利用电磁频谱为我方进行探测、通信、指挥、控制，包括压制敌人等作战行动，并且需要得到充分的、有效的利用，不仅如此，在敌人的干扰破坏下，我方仍然能保证基本的电磁频谱作战能力；三是要控制电磁频谱，所谓控制就是指我方可以进入和利用电磁频谱空间，而不让敌方进入和利用电磁频谱空间，控制的目的全在于运用，即我方可运用，而敌方不可运用。

从无线电技术的产生，到军事应用产生电子战，再到升级为电磁频谱战，虽然是名词上的变化，实际上它的内涵发生了深刻的变化。这一点需要同学们有深刻的认识。

其次，我再讲一讲“星云电磁频谱战”的概念内涵。

伴随着电磁频谱战向新型作战空间渗透，不断创新作战样式和拓展太空作战领域，促使太空电磁频谱战优势由传统战争的防御方转向攻击方。战争的实践表明：战争往往首先从太空发起，在太空传感器截获翔实的情报信息后，开始展开打击行动。因此，传统军事强国在长期天军事力量制衡中面临太空传感器对被首先打击的现实情况同样心存畏惧。在新时期大国之间太空战略制衡中，面对强大的空天军事威胁，果断以电磁频谱战达成有效进攻反制以抢得先机，是取得多域战场主动权的有效手段。

大家记得我前面介绍星云的时候，星云中“十三类云”的杀伤云，就是负责太空电磁频谱作战的卫星群。它工作的轨道高度也是在低轨道，距离地球300 ~ 500km 高度区间。星云电磁频谱战，这是我们提出的新概念，在低轨道小卫星星座上对战场的电磁态势进行感知、对电磁目标和威胁进行捕获和识别、对电磁作战行动进行规划和指挥，然后利用卫星上搭载的电磁装备，对处于临近空间、空中、海上、陆上的敌方电磁目标进行干扰压制和破坏，这样的一种作战形态，我们就叫作星云电磁频谱战。星云电磁频谱战还包括保护我方自己的星云，因为我方星云能够感知电磁形态，居高临下地感知电磁形态，当敌人对我方发动电磁干扰和压制时，我方就能采取提前的预防和对抗措施。从攻和防两个方面，共同构成了星云电磁频谱战。

再次，我给大家讲一讲星云电磁频谱战的特点。

星云电磁频谱战与传统的空中电磁频谱战、海上电磁频谱战以及陆地电磁频谱战有哪些不同？这些不同点就是星云电磁频谱战的特点，主要包含以下几个方面。

一是星云电磁频谱战占据了太空的制高点。它对其他物理作战域都是俯瞰式的、单向透明的，这是星云电磁频谱战最大的优势。地球上任何电磁信号都会向太空存在旁瓣的辐射，主瓣未必会对着太空，但存在旁瓣的辐射肯定会进入太空。星云在几百千米的轨道高度可以敏锐地、精准地把它捕获到，电磁信号就逃不过这种“天眼”的侦测。我认为这是星云电磁频谱战最突出的优势。电磁频谱侦测行动在空中、海上、陆上都会受地球曲率、受地形、受战场环境的局限性影响，但是在太空中不存在这种局限性。

二是星云电磁频谱战具有广域性特点。星云是全球覆盖的，可以感知全球的电磁态势，特别针对敌方。星云电磁频谱不只是关注某一个特定战场，比如南海、东海，或者是中东等特定区域，而是与此区域相关联的全球的电磁态势都可以捕获到，把参战的和准备参战的以及潜在的参战对象都能捕获到，这是一个过去的电磁频谱作战所不具备的能力。

三是星云电磁频谱战具有针对性特点。由于可以居高临下的、高灵敏度的、实时的、精准的感知电磁信号和电磁态势，因此星云就可以对目标信号进行针对性的压制和干扰，甚至是摧毁。无论目标是在陆上、海上还是在空中，无论目标是一个什么形态的目标，是什么雷达（警戒雷达、搜索雷达，还是制导雷达），是属于哪一类舰艇（巡洋舰、驱逐舰，还是护卫舰），无论目标属于哪个国家（美国的、日本的，还是澳大利亚的），由于这些电磁信号普遍存在“脉内特征”，也叫“雷达指纹”，只要我们加强平时的侦察和大数据的处理，就可以做到只要对方雷达一开机，我方就知道这是什么雷达，这个雷达是装在什么舰艇上的，是否是宙斯盾系统雷达，甚至可以具体到舷号。同型雷达因为“雷达指纹”不一样，就方便己方精准定位到目标信息，后续就可以进行针对性的打击、干扰。星云电磁频谱侦测为敌我识别、威胁程度的识别等都提供了非常好的前提条件和数据基础。

四是星云电磁频谱战具有有效性特点。由太空发起的网络电磁战有一个优势，就是我在上一讲星云太空战中提到的制胜机理中的夺取“三差”——空间差、时间差和能量差。在太空战场进行的网络电磁战中，近距离对星链等目标的电磁干扰和压制一定具有有效性，这种有效性也可以体现在针对中高轨道的电磁战，因为杀伤云部署在低轨道，距离中高轨道卫星比距离地面空中距离更近，所以它的作战效能就会得到提高。同理，星云距离临近空间、空中、海上和陆地作战域最大距离也就 500km，这种距离对实施电磁信号压制、干扰都是非常适合的，再加上星云电磁频谱攻击的精准性，所以它的有效性与传统的手段和传统作战域相比又会有大幅度的提升。例如在应对空天飞机、临近空间飞行器等高超声速目标时，星云电磁频谱战的高时效性特点将有助于应对此类“时间敏感”目标，在快速反应、捕获瞄准、打击加固目标的能力上具有明显优势。而且这种提升还体现在不仅对军事目标的电磁信号，还可以针对民用的电磁目标，比如战争潜力类目标中的电磁目标，包括电视台、广播等，凡是可以用于敌人宣传的电磁目标，都可以进行打击，这就是电磁心理战和电磁舆论战。在这两方面星云电磁战都会产生重大的影响。

五是星云电磁频谱战具有可控性。大家知道传统的电磁战有一个最大的弊端就是会对自身产生干扰。例如，当一艘水面舰艇发射强的电磁干扰用于干扰对方的时候，也对自身的雷达、通信、指挥控制或者干扰方向上己方装备产生同步干扰，会造成“杀敌一万，自损八千”的效果，这是长期困惑人们的问题，这也是美国开展电磁频谱管控的原因。这就衍生出电磁频谱管控问题，电磁管控实际上就是电磁控制。为了保证作战任务的完成，能否有效管理、分配、控制电磁信号频段，也是一种很重要的作战样式。

因为星云居高临下具有全域性，所以无论是对谁发起的压制和干扰，首先是发起的强度都是可控制的，而且对己方作战平台影响是最小的；其次是天基的干扰波速性很强，方向性非常强，所以它对己方卫星群和作战周边的作战平台、作战力量的影响是非常小的。综上我们可以发现可控性是星云电磁频谱战非常重要的一个特点。

要了解星云电磁频谱战作战形态，在概念内涵研究的基础上，还需要重点抓住其独特的地方，特点就决定了战斗力，将深刻影响战争形态和走向。

最后，我讲一讲星云电磁频谱战的作战样式。

我先介绍电磁频谱作战的一般作战流程。大家都知道 OODA 作战环，任何一个作战行动都遵循这样的作战流程。电磁频谱战的作战流程也是一样的，一是侦察发现对我们有威胁的敌方电磁信号。战场电磁态势感知是一个前提，因为知己知彼，方能百战百胜。对战场的态势，尤其是宏观态势、整体态势不了解的一方，就无法取得战争的胜利。从这一点来讲，首先必须要做到侦察发现，进行战场态势感知。二是根据掌握的电磁态势进行部署和兵力调整。这种调整指的是对各种态势进行分析和判断，然后对威胁目标进行具体分析和威胁分级分类，针对不同等级目标，将我方的电磁作战力量进行有效调配。比如将原本全球平均分配的卫星通过变轨实现对某些局部地区的控制。通过调整，让己方在某一些方面、某一个方向或者某一个战场区域的电磁力量得到加强，改变我方和敌方在局部战场电磁力量对比，使得电磁频谱作战更加有效。三是决策。决策就是这个仗怎么打，由谁来打，什么时候打，目标怎么分配，同时打多少个电磁目标，打击先后顺序等。四是行动，就是展开电磁频谱作战行动。星云电磁频谱作战也遵循 OODA 环的基本流程。

然后介绍电磁频谱作战的物理本质问题。我在前面提到电磁频谱作战的本质是电磁波、电磁场和电磁能，电磁能是自然界一种基本的能量形态，利用电磁能杀伤敌人，或者干扰压制敌人，它的机理是什么？我将能量作用机理总结为“三转”——转移、转化和转变。

第一种能量作用机理是转移。我方从太空上发射一束电磁波攻击一个电磁目标，这种电磁波是带有能量的，能量有一个转移的过程，把能量转移到目标身上，目标能够接受能量。比如通过目标的主瓣或者副瓣把电磁进攻能量注进去，这就是能量转移的过程。目标接收这种能量，就可能把原来正常收到的信号压制住，或者欺骗掉，或者干扰掉，实质上就是接收了进攻的能量，原本该接收的能量接收不到，或者影响了其接收正常的电磁能量或者电磁目标的能力。

第二种能量作用机理是转化。电磁波能量到达目标以后，目标不是直接吸收电磁能，而是转化成其他方式的能量。我举一个极端的例子，电磁脉冲弹毁伤目标有两种机理，一种是“前门”，一种是“后门”。“前门”就是通过一些传感器，目标雷达本来就有传感器和缝隙，通过这些缝隙，能量就传进去了；“后门”包括长线干扰，弹体里面有导线，电磁波会穿透弹体，会穿过弹体内的长导线，就和电力线切割电磁场的原理一样形成感应电流，这种感应电流就可能把电路击穿，超过其电压承受的上限，导致其产生过流保护或者烧毁，电磁能就转化为电能。当然，电磁能还能转化成热能，电磁能还可以转化为其他能，比如电磁推进，太空中电磁推进将电磁能转化为动能。自然界六种能量形态均可以进行能量相互转化。

第三种能量作用机理是转变。电磁能无论是转移还是转化，必须要转变成实实在在有效的毁伤效果。如果电磁能转移了、也转化了，但对目标没有影响，例如，目标抗干扰能力很强，体系弹性很足，实施的干扰能量对电磁目标能力和功能没有产生影响，这种作战是无效的。所以，必须要实施实实在在毁伤的转变，这种转变体现为目标能力的下降、能力的削弱、功能的丧失等。

电磁波、电磁能、电磁干扰或者网络兵器作战，它们能量的作用机理和物理本质是一种能量的相互作用，而能量的相互作用就是通过转移、转化和转变来实现的。

最后介绍星云电磁频谱战的作战样式。在了解电磁频谱作战一般流程和能量的作用机理之后，我给大家讲一讲星云电磁频谱战的作战样式。什么是作战样式？作战样式就是作战手段的运用方式。电磁频谱作战样式就是怎么运用电磁能能量，这就是它的核心思想。这和生产方式一样，“人类以何种方式生产就以何种方式作战”，运用工具的方式包括手工方式、机械化方式和信息化方式，同时就可以运用这些方式来实施作战，达到消灭敌人、保护自己的目的，因此，星云电磁频谱作战样式分为进攻作战和防御作战。

电磁频谱战进攻作战样式包括以下三种。

第一种样式是压制式作战。当己方并不清楚敌方电磁装备的频谱范围，或者只侦测到一个频点，由于电磁目标具有跳频、扩频能力，这时如果只针对一个频点进行干扰，跳频、扩频以后就避免受到干扰的影响。怎么办呢？己方可以采取一种宽带的、大功率的电磁装备实施压制干扰，事实上也叫阻塞式的电磁作战，使得目标再怎么跳频、扩频都逃不过干扰。实际上这就是一种能量的运用方式，一般采用脉冲式，把对方的电磁能量给压制住。这里我指的是进攻方，一会儿还要讲防御方。

第二种是欺骗式压制。因为任何电磁装备，特别像雷达这样的电磁装备，它发射一个信号，需要接收回波，通过回波信息来判断目标的种类、目标的速度和目标的方向。针对雷达波，我方接收到了以后首先对其进行学习，然后有针对性的返回一个雷达波，在雷达波瓣上把它的相位、多普勒信号、调制改变了，当雷达收到回波会认为是另外一个目标，或者是另外一批目标。欺骗式的干扰作战样式在战场上是非常容易实现的，在天基，这种作战样式将来会是常见的，因为它可以通过旁瓣，把这种干扰信号注入进去。

第三种是干扰式或者扰乱式作战样式。这种扰乱式的作用不是只针对一个回波，也不是以宽带的方式进行压制，而是针对点频段频率，把干扰信号注入电子信息系统，使得目标的防御系统对正常的信号进行压制，致使其不能正常工作，这是一种比较早期的电子对抗手段，现在也比较常用。

电磁频谱防御战作战样式包括以下两种。

第一种是反干扰式。比如当攻击的电磁波来临，被攻击目标通过反干扰手段让其攻击其他目标（一个假目标）。典型的反干扰比如电磁诱饵，使对方卫星探测的目标不是真正的目标。因为毕竟是接受的雷达波，卫星认为这个地方就是敌人的一个舰艇，但实际上只是一个诱饵，所以攻击的可能就是诱饵，这是一种防御方式。具体的手段有很多，例如弦内、弦外干扰，有源、无源干扰，都可以起到这样的作用。在空战中，红外近距格斗导弹攻击我方，我方可以通过抛出曳光弹，诱使导弹攻击诱饵；如果是雷达制导模式导弹，可以通过抛出箔条诱导其进攻。水面舰艇也有类似的一些防御手段。反干扰的机理就是使攻击方的电磁波打击假目标。

第二种是抗电磁攻击方式。通过电子装备来抗击电磁攻击，主要手段包括跳频、扩频、关机、他机制导和分布协同。他机制导手段：比如两架飞机，有一架飞机雷达开机去发现目标，再将目标信息发送给另一架飞机，引导另一架飞机发射导弹，这样才能有效地保存己方的战斗实力；分布协同式方法通过将电子装备网络化部署提高抗干扰能力，当其中一台设备被干扰，其他的装备可以继续执行作战任务，通过网络化的部署或者作战运用来提升抗干扰、抗压制能力。所以说这些基本的样式实际上并没有因为到了太空而发生改变，而是太空为电磁战创造了更有利的条件。

由于太空的开放性和卫星全球覆盖的特性，伴随未来卫星电磁频谱攻击手段的不断发展和战机的突然性，星云电磁频谱战威胁将会加剧。为有效应对这种威胁，除了应加强平台防护和开发抗干扰链路，更应注意提前预警和有效防御。但是快捷主动的防御机制必须建立在两个前提之上：一是必须准确预测攻击的特性，才能瞬间识别并准确预警；二是能够对可能的威胁做出有效的自主防御调适，同时保证即使预警错误，也不会造成更大的不良影响。

锐羽：目光老师，如果对方处于无线电静默状态时，如何对敌方的电磁进行态势感知，星云又将发挥怎样的作用？

目光：首先，要了解什么是无线电静默。无线电静默本质上就是电磁频谱管控，平时和战时都需要进行管控。比如在航母编队中，航母对海警戒、对空警戒雷达是不让开机的，需要开机的是护航驱逐舰或者巡洋舰等保护航母的支援舰只，并且开机是有要求的，例如轮流开机，不能同时都开机；还有通过划分战争等级进行限制，最高级的时候怎么开机；最危险的时候怎么运作，不同的战争等级，对静默的要求是不一样的。静默是应对敌方态势感知，隐蔽自己非常有效的一种办法。比如雷达，无线电静默一般都是指雷达静默，因为雷达的功率太大，传播的距离太远，很容易被对方感知。实际上我们有一种探测敌人航母的办法，不是靠雷达，不是靠卫星，是靠技侦。技侦也可以定位目标位置，可以为反航母作战提供目标指示。所以，静默是非常重要的。比如利用电子侦察卫星发现航母，电子侦察卫星就是接收雷达波，只要它飞过这个区域，只要航母编队雷达开机，电子侦察卫星就可以高精度地发现和识别航母目标。一旦航母编队静默，电子侦察卫星就发现不了目标。而且，由于电子侦察卫星的轨道是固定的，重访是有周期的，借助于精确计算预测卫星过顶时间，在卫星过顶的时候执行静默，过顶后再结束静默。但这种方式无法应对星云感知网络，因为星云是全球域、无缝连续感知的，不存在过顶和重返周期问题。

其次是雷达可以静默，但通信难以静默，必须要保持最基本的通信，例如卫星通信、数据链或者短波、超短波等方式进行通信。过去电子侦察卫星对通信频段不做侦测，因为通信频率低，卫星接收天线就要做得更大，所以电子侦察卫星过去对通信频段没有什么办法和手段。但星云就不一样，距离地面只有三五百千米距离，而且它针对的是全频谱范围，由于布设密度大、数量多，就可以侦测到微弱的通信信号。因此，只要通信或数据链不关机，星云就可以借此发现和定位所要攻击的目标。

目光老师将电磁频谱战的理论和实践相结合，为同学们展现一个电磁频谱构建的虚拟对抗空间。四位同学深刻认识到在无形的战场上激烈的攻防时时刻刻都存在，只有夺取电磁频谱制权才能获得战争的主动权。

星云网络战

目光：下面我们从三个方面一起了解星云网络战。

首先，我们要了解网络战的重要意义。

网络更是一个新型的作战域，虚拟的空间。美国成立了网军，美国的国防部部长叫嚣要打一场让中国人看不懂的战争。网络战，就是一场让人看不懂的战争。因为现在无论是民用还是军用，都高度依赖网络，只不过区别在于是互联网还是专用网，是开放的网络还是内部的网络。但是所有的作战都是依赖网络，例如导弹的控制系统也是一个控制网络。舰船、飞机内部都是一个复杂的网络，通过总线、接口、协议形成网络。所以，有计算机的地方就有网络，依赖于网络的，必定有计算机，特别是未来的智能作战，大数据、算法、计算能力，这些都高度依赖于网络和计算机。

当人类社会、军队越依赖网络，网络战的地位作用就越大，而且网络战的威力就会越大，而一旦产生影响会让你退回到上一个时代。比如我们现如今处于网络信息化时代，一旦网络瘫痪了，银行、铁路、交通、电力系统网络都会瘫痪，普通老百姓的经济、交通、生活等一系列的问题就会产生；军事网络一瘫痪，军事通信将恢复到用狼烟、用旗语、用灯光指挥，用有线电话的时代，退回到一个机械化时代。正因为网络战有着这样巨大的破坏能力，才有如此重要的地位作用。

信息技术的发展，催生了信息化装备和信息化战争形态。网络技术作为信息技术的重要组成和最新发展，网络装备和网络战争也随之成为当前乃至今后相当长时期内战争的重要组成和样式。

军事网络是将军队的所有侦察探测系统、通信联络系统、指挥控制系统和各种作战平台、武器装备，组成一个以计算机为中心的网络体系。利用该网络体系，作战部队可以了解战场态势、交互作战信息、指挥与控制作战行动；各作战要素和系统可以构成完备的作战体系和作战链路；武器装备可以形成智能、协同、蜂群的作战样式（李国亭，2006）。

网络空间成为重要的战场空间，网络力量成为重要的作战力量，网络资源成为重要的战争资源。

战略性网络战是指对敌方的金融信息系统、交通信息系统、电力信息系统等关系国计民生的民用信息设施及军事信息系统进行攻击。战役性网络战是指攻击、破坏、干扰敌军战场信息网络，保护己方信息网络的作战行动。无论战略性网络战，还是战役性网络战，主要手段都是利用敌方接收路径和各种后门，将病毒植入计算机系统；让黑客利用计算机开放结构的缺陷和计算操作程序中的漏洞，使用专门的破译软件，在系统内破译超级用户的口令；将病毒植入计算机芯片，需要时利用无线遥控等手段将其激活；采用各种管理和技术手段，对己方信息网络系统严加防范；遇到网络攻击时进行溯源和反击（祝欣和胡家国，2008）。

网络能力的核心是互通、互联、互操作能力。网络战的本质是在保持己方网络能力的前提下，使敌方丧失使用网络的能力。使敌方丧失使用网络的能力除利用网络技术外，使用火力破击网络节点的破网断链也是重要的作战方式。

网络遍布作战体系的每一个环节，网络战贯穿于战争的全过程。网络攻防作战是体系对抗的重要方面。

其次，我讲一讲网络战具有的特点。

一是，网络战是没有硝烟的战争。这和电磁频谱作战是一样的。网络战士兵坐在办公室里面可以发动网络战，网络也不用近距离作战，比如在美国就可以对任何一个国家的网络进行攻击，因为美国有很多根服务器，在美国本土就可以进行网络攻击。所以，网络战是一场没有硝烟的战争。

二是，网络战很难溯源。谁攻击了我，很难找到源头。比如很多黑客利用盗取的朝鲜或者东南亚等地的服务器实施对美国的网络攻击。美国的溯源能力很强，经常制裁一些国家。但是总体上来讲，网络战还是很难溯源，这就给被攻击方的反制和威胁应对带来很大的困难。

三是，网络的连通性与它的安全性本身是矛盾的。这种内在的矛盾很难平衡。实际上，要追求连通性，往往要牺牲安全性；要提高安全性，又会损失连通性。

四是，我前面提到网络战的基础是计算机，因为没有计算机就没有网络。虽然我们可以把计算机国产化，操作系统国产化，芯片国产化，这样的网络是不是就安全了？不是。为什么？因为计算机的基本架构、标准和协议还是采用了国际通用的标准。比如我们盖楼，用的砖、瓦、水泥、木头都是国产的，但这个楼和别的楼结构是一样的，小偷都可以通过撬门破锁进来，所以这是一个本质上的问题。现在很多人就觉得操作系统国产化，芯片国产化，路由国产化就可以解决这个问题，当然不是。网络战难以进行防御，而且容易遭到进攻的根本原因就在这里。

通过研究网络战的特点，我们会发现过去搞网络建设所存在的一些问题：一是要求统一、标准统一、技术统一、规格统一；二是指挥控制系统被要求上到最高领袖，下到每一个士兵，整个渠道是相通的，而且技术体制是一样的，只有这样才能保证互联互通。但是“统一”会带来什么样的问题？一旦网络被敌人破坏了，或被敌人控制怎么样？那就是损失，这将是全面的损失，模式塌方，共模失效。

根据这些问题，我们可以参考美军的数据链建设，通过建设 Link-4、Link-6、Link-9、Link-11 和 Link-16 等多种多样的手段来实现互联互通。如果用一种通用数据链把各方面都连起来，看似简单，但实战能力值得商榷。因为网络本身具有这种固有脆弱性，所以通过构建多样化的网络、功能性的网络来提高网络的抗毁性是非常重要的，不能仅依赖防火墙，不能靠“一招鲜吃遍天”。

最后，我再给大家讲一讲网络战的典型作战样式。

网络战典型作战样式包括进攻作战和防御作战。网络空间进攻作战，指的是通过网络空间内部和外部的力量的运用来投射力量；网络空间防御作战指的是捍卫己方网络空间，分为主动防御和被动防御。

一是网络战进攻作战样式。网络战进攻作战样式的本质是“破网断链”，有两种实施网络战的方式来支持这种作战样式。

第一种是“破网”。“破网”要利用对方的网络来达到破坏对方网络中信息系统或武器系统的目的，比如病毒。病毒的传播就是利用网络进行传播，像定时炸弹一样埋伏在网络内部，到达合适的时机，发动攻击，全网络就会面临瘫痪。这就是典型地利用了网络的连通性、传播性，把病毒这样一个定时炸弹给对方预埋进去，而且利用对方网络的开放性，把病毒传播出去。如果对方是一个内部网，可以通过 U 盘或光盘形式将诸如“震网”等病毒从外边侵入到内部网，从而达到病毒入侵内部网的目的。这就叫作“破网”。

第二种是“断链”。“断链”指的是什么？把对方网络的中心节点给摧毁掉，比如用导弹轰炸或者特种部队奇袭等方式把服务器、通信站、管报中心、指挥所等军事中心节点摧毁掉。因为这些中心节点被摧毁，那么对方网络就瘫痪了，这就是“断链”。“破网断链”就是网络战两种典型作战样式。

二是网络战防御作战样式。主要分别从“破网”“断链”两个方面进行应对。

一方面是应对“破网”问题。民用领域一般采用入侵检测系统应对病毒，军事中也是通过这种方式来应对病毒，同时还可以采用溯源的方式发现并锁定目标，采取反制措施达到消灭敌人保存自己的目的。

另一方面是应对“断链”问题。这个方面核心发展方向是体系去中心化、扁平化。从树型架构到网络化架构能够带来网络的强弹性。在实战中网络中心节点被打掉一个，因为网络是互联互通的，信息当然可以互通，指挥控制照样可以互通，其基本的作战能力就会维持。但大家好好想一想，要真正做到网络化、扁平化、无中心和去中心也是很难的。因为军队就有这样一个特点，必须要集中统一指挥，不可能允许每个士兵、每个连队各自为战。军队总会有中心的，只不过这种中心更加隐秘化，或者是可以互相替代，相互备份。

战鹰： 目光老师，刚才咱们在讨论网络战的时候，您都在讨论我们利用太空的网络方面进入敌方，如果在同样情况下，别人也用这种方式入侵我们的星云网络，我们的星云会如何应对？

目光： 这就是一个很大的问题。星云是一个数万颗卫星组成的网络，一旦这个网络被攻击，会造成混乱，带来的破坏性非常大。星云的网络不是简单的一张网，它在不同的轨道具有不同的层、网，不同的层、网可能还具有不同的功能，星云的“八网一体”和“十三类云”中不同的层面网络内部可能还会有不同的网络架构。把所有的网联系起来，然后利用统一的一套管理系统把不同层面的网络打通，如同全域作战一样，共同构成整体的星云网络。这一定是一个复杂问题，不是简单的类似于工业互联网的一种架构，此类架构是没有生存能力的、没有市场的。星云网络的弹性更强，适应性更强，抗打击能力更强。我们的星云网络和美国的星链一样，想要破坏天基网络也不是那么容易的。敌方采取某些方法对某一关键层面的网络进行攻击和破坏，是可以做到，但要把整个星云网络完全瘫痪是极为困难的。

《孙子兵法》云：善攻者，敌不知其所守；善守者，敌不知其所攻。星云网络战就兼具这种攻守能力。四位同学陷入深思，网络是连接世界的虚拟桥梁，更是现如今社会交流沟通的超级平台，星云网络战就是要做到防有所防，攻其不足，才能制胜网络战场。

星云网电一体战

目光：这一专题，我主要介绍“星云网电一体战”的概念。

在前面两个专题，我们分别讨论了星云电磁战和星云网络战，现在美军有一种趋势把网络战、电磁战合并。美军参联会在2006年出台的《电磁空间国家军事战略》中将电磁空间定义为：网络化系统及相关物理基础设施利用电子和电磁频谱存储、修改并交换数据的领域。它主要有三部分组成：电磁频谱、电子系统、网络化基础设施。

电磁频谱战和网络战两者的融合主要是因为两者技术能力的相似性。网络空间作战可以达到电磁频谱战的目的，反之亦然。网络空间作战通过软件和计算机代码来阻止对方访问其作战网络；电磁频谱战可以通过无线电干扰和其他频谱控制手段影响网络之间的通信，而网络作战则使用计算机代码对电磁频谱作战造成影响。

网络战和电磁频谱战两者都会影响太空作战。地面控制系统可以控制卫星，但是需要依赖计算机来维持轨道参数和星载传感器，特别是保持轨道稳定；无线电将计算机命令发送到卫星，对系统进行远程控制，从而阻止其他人访问星载传感器或通信系统。敌方也可以通过网络空间进入地面控制系统，并向卫星发送假命令，使其改变位置或关闭重要系统。网络空间也会影响电磁频谱作战。例如有源电子扫描阵列（AESA）雷达（可同时发射数千电磁脉冲波束）和软件定义无线电都依靠计算机系统来管理频谱操作。在软件层面的修改可以轻松地将雷达或无线电设备从接收器转变为发射器。

那“网电一体战”是什么呢？是指综合运用电磁频谱战和网络战手段，对敌网络化信息系统进行的一体化攻击，其目的是夺取电磁频谱空间和网络空间的制信息权。一是电磁作战目的实现离不开网络战。从技术性能上讲，电磁技术和网络技术的发展已经到了一个融合的关口，电磁频谱作战需要依赖于网络技术的优化组合才能发挥出更大的作用；从战术运用上，电磁战更是需要借助网络的协调配合才能达到整体的攻防效果。二是网络战的整体效能的发挥也离不开电磁频谱作战。网络的正常运行离不开电子技术，网络攻击手段的使用更是有赖于对电磁频谱的控制，绝大部分信息必须依靠发送和接收无线电电磁信息来完成网络系统的连接，实现对己方部队的指挥控制，面对敌方网络的破坏也将主要通过电磁战手段在电磁频谱领域展开。因此网络电磁作战域需要电磁频谱战和网络战来共同承担夺取和保持制信息权的重任，电磁频谱战和网络战两者相互融合、相互依存、互为对方提供作战效能创造条件，从而形成网电一体战（刘尚富和王英，2016）。

太空作战域和网络电磁空间相比，既有相同点，也有不同点。太空作战域有物理、可定义的边界，网络电磁空间更加抽象和广阔。同时两者也具有很多相同点：全球覆盖、不受地理界限限制、作战行动贯穿于平战的全过程，不仅可以配合陆、海、空、天其他作战域作战，还可以独立实施并随时发动攻防作战。在星云作战体系的支撑下，星云太空战与网络电磁战联系更加紧密，网络电磁战是星云太空战中主要作战手段，星云也是实施网络电磁战的重要载体，两者的区别就是星云太空战的主战场在太空，网络电磁战的主战场在赛博空间。在未来战争中，这两个战场完全是交织在一起的，后面我们还会讲到海战、空战、陆战，也是交织在一起的。所有这些作战形态没有截然分割的绝对阶段，像太空战阶段、网络电磁战阶段、海战阶段、空战阶段、陆战阶段，这样的划分是没有意义的，它们都是相互交织在一起的，共同对打击敌人、保护自己发挥作用。

守静：目光老师，当星云太空战和星云网络电磁战出现重叠时，两者中处于主导地位是哪一个？

目光：在前面我已经提出星云太空战和星云网络电磁战最大的区别，网络电磁空间无处不在，太空却有物理界限。星云太空战中运用了网络电磁手段来实现攻防作战任务，而星云网络电磁战需要借助星云作战体系实施对其他作战的网络电磁攻防，两者是完全交织在一起。当两者出现交叉重叠时，需要确定主导地位，并由主导一方负责联合作战的指挥控制，以下有五种权限分配方式。

第一种：星云主导任务的指挥控制。星云主导任务以太空作战为焦点，太空作战任务是支援任务，网络电磁作战也是支援任务。例如，当星云正在收集ISR信息或中继通信数据时，太空主导任务应具有优先权。在执行这些任务的过程中，太空任务指挥官应在任务执行的全过程中拥有指挥控制权直到网络空间主导任务完成。

第二种：网络电磁作战主导任务的指挥控制。当网络电磁作战主导任务是受援任务而星云作战任务是支援任务时，网络电磁作战指挥官应在任务执行的全过程实施指挥控制，直到更高优先级的太空任务出现。网络电磁主导任务有可能涉及太空资产，但此时太空资产并不执行核心任务，一般只是完成单纯的数据传输。

第三种：在两个领域重叠的地方切换指挥控制权。当不存在明确的主导任务或当某个任务在受星云支援和受网络电磁支援之间切换时，指挥权应相应地进行切换。最富有经验的任务指挥官应在任务关键时间内掌握指挥控制权。此种方式可能会存在切换时指挥权落空的风险，因此，机构应在任务执行过程中努力维持指挥控制不中断。

第四种：基于任务起始点确定指挥权。当星云作战行动与网络电磁作战行动交叉时，还有一种选择是让任务起始处的地域性作战指挥官负责指挥控制。例如，当美国意图需要在朝鲜开展网络电磁行动时，美国太平洋司令部将负责对任务进行指挥控制，即使任务中的信息涉及太空行动任务领域。

第五种：基于任务终止点确定指挥权。从任务终止的角度出发，如果美国北方司令部意图在朝鲜开展网络电磁行动，太平洋司令部也将负责对任务进行指挥控制，因为任务终止地属于该司令部的责任区域。

抱朴：目光老师，在上一讲星云太空战中，您提出星云太空战没有战时和平时之分，网络电磁战同样具有此类特点，我们如何实现全天时、全天候的网络电磁态势感知？

目光：网络电磁也有各种态势，这是需要一些专门的技术来进行感知。天基星云同样提供了一个制高点，可以居高临下地感知网络态势，包括军用网络态势、民用网络态势。军用网络大部分是无线网络，通过短波、超短波、卫星通信等手段来构建广域的或者是局域的战场互联网。这就和民用光缆网络有很大的区别，因为军事力量是要走出去的，军事力量是运动的，所以说军事无线网络就容易被感知。通过全天时侦测过程的星云感知网，就可感知到对方网络是否在运行，在哪里运行，是谁在运行等态势。

电磁频谱作战中，数据链是什么？是通信协议。数据链传输的手段是什么？是传统的短波、超短波和卫星通信。利用这些手段，把数据打包，通过协议进行传输，在传输过程中就可以进行态势分享、进行指挥控制，这是整个作战指挥的核心。对军事领域电磁的感知，只要对方开机传输，就可以感知传输信号，还可以感知数据链端机，因为每个数据链端机是有编号的。一个航母编队里面，参加的规模越大，起飞的战机越多，通过感知信号，就可以感受到作战力量的密度处于一种什么样的态势。

互联网态势感知有什么技术？可以通过监测数据访问量进行感知。在微信、快手、抖音中都存在网红，由于粉丝量巨大，其主页的访问量极大。在互联网态势感知的过程中，需要重点监测类似访问量大的 IP 地址。

战鹰：目光老师，军事网络态势感知也是关注大流量或者短时间内急剧增长的这种访问数据吗？

目光：军事网络也是一样的，道理是相同的。网络态势感知，可以起到战争预警的功能，监测敌人的兵力变化，可能看不到哪里有航母编队，但是网络信号可以检测得到。监测敌人兵力在哪里集结，研判兵力的动向，甚至可以判断战争的走向，来制定己方作战方案。

锐羽：目光老师，未来在网络电磁空间作战的过程中，会不会形成更多更细致的网络电磁作战规则和作战条令？

目光：肯定会的。任何作战肯定需要作战理论的指导和支撑。这和搞科研、做管理工作一样，不能仅凭着经验、凭着感觉，必须要有理论指导。抗日战争、解放战争时期，我军总打胜仗，就是因为有一套完整的战略战术思想做指导，形成了一系列战法体系，比如三三制、一点两面、三猛战术等。所以当面对不同的情况、不同对手的时候，灵活运用基本的战法思想，就能取胜战争。网络电磁战同其他战争形态一样，都需要作战理论、作战思想的指导。

电磁频谱空间和网络空间都是无形的虚拟空间，又与实体社会紧密相连。综合运用电磁战和网络战手段，进行一体化攻击、一体化防御、一体化保障。目的就是夺取电磁空间和网络空间的控制权。听了目光老师的讲解，四位同学豁然开朗，网电一体将有效拓展作战空间、改变力量集中方式、加速作战进程，提高作战效能。

联合全域作战和星云网络战

抱朴：目光老师，针对网络战的特点，美军研究全域联合作战的思想是将所有作战域的作战力量相连，这种思想是不是也存在着一旦网络被攻破，美军的联合全域作战就将失败的可能性呢？

目光：如果我是美国人是不会这样做的。全域作战中，不同的作战域里肯定有自己的网络，海上有网络，空中有网络，地面有网络，太空也有网络。全域联合作战的思想就是将各军种的网络连接起来。怎么把这些网打通？比如从太空到地面，太空到海上，太空到空中，太空到水面，就可以通过天基互联网把各军种网络连接起来。

战鹰：目光老师，美国空军有一个联合全域作战指挥控制项目——先进作战管理系统，这个是否就是您所提到的“功能网”，通过建立专门的协调机制和管理方法将各军种的网络进行相连？

目光：实际上全域联合的核心是把各军种网给打通，而不在于把这些网的界限取消，变成一张网。这不是一个最彻底的、最革命的、最先进的组网方案，但是的确是最实在的、最高效的方式。作战域间的协同和域内的协同的要求是不一样的。比如跨域打击，从太空要打一个地面目标，这样跨域的打击还是很少的；域内的协同作战才是核心。通过天基互联网可以实现跨域的协同、跨域的作战、跨域的飞行、跨域的打击。

这里我想强调一点是，一旦星云建成，就为联合全域作战提供了打通的链路。星云就是一张网，就是全球 WiFi。不仅天上可以接收，临近空间、空中、海上、陆上都可以接收 WiFi 网络信号。所以，天基 WiFi 实际上就是一张网的手段。美军通过把多种数据链端机装在低轨道卫星上，实际上把地面、空中、海上所有节点都连接起来，就可以不依赖于全球 WiFi 通信卫星提供的信道，因为那种信道容易被干扰，特别是民用的。

联合全域作战与星云网络战，两者既有整体与部分的关系，也有上层建筑与物质基础的关系。网络空间是全域作战空间的一部分，网络战也是联合全域作战的重要组成单位，更重要的是网络是联合全域作战实现跨域融合与多域协同的根基。

从星云网络电磁战视角解读传统网络电磁战

守静：目光老师，在电子战里面有一个很经典的战例，就是第五次中东战争贝卡谷地战例。以色列通过对叙利亚实施电子战取得战争胜利。如果在星云这种情况下，他们双方可能怎样开展作战？

目光：非常好，这恰恰是我要求你们研究的问题。贝卡谷地之战，以色列利用电子战飞机把贝卡谷地 19 个萨姆-6 导弹连的搜索雷达全部压制住。防空搜索雷达通过扫视大区域进行目标搜索，再将数据发送给制导雷达进行跟踪，最后引导导弹进行攻击。搜索雷达被压制以后，叙利亚被迫使用制导雷达进行搜索，制导雷达是相控阵雷达，波束很窄，要进行全方位扫描，需要长时间开机。这个时候以色列就派出两种无人机，一种无人机是模拟战机的，使得制导雷达瞄准这些无人机；同时派出一批侦察兵式的隐身无人机，精确地探测雷达的信号和雷达的位置。最后以色列派出真正执行打击任务的兵力，对其防空阵地进行火力打击。不到半个小时，将叙利亚 19 个导弹连全部摧毁。贝卡谷地之战打开了现代电子战的先河。

那么星云下的电子战又会带来什么呢？首先不需要再派出兵力进行搜索干扰，从星云就可以对其搜索雷达实施压制；同时还可以对所有的制导雷达进行压制、干扰，甚至是直接注入虚假信号，诱导制导雷达开机，暴露其防空阵地；最后通过云端一体作战模式，直接引导火力进行远距离精确打击。先打制导雷达，后摧毁发射车，达成摧毁其防空导弹防御系统的目的。

星云电磁战，完全利用星云的发现能力、侦察能力、火力引导能力、电磁攻击能力进行作战。这种作战样式结合火力就更简单、更快了。另外还可以实施星云网络战，直接侵入到对方防空网络中进行打击。所以在星云状态下的贝卡谷地之战将会完全不一样。

从历史的角度论述军事思想和战争本身之间的关系，就可以发现：没有先进的军事思想，就不会赢得战争。四位同学通过战例分析可以清楚地认识到军事思想决定了战争的走向和胜负。

秋日温暖阳光与“潜院”思想交流遥相辉映。目光老师从田间地头摘取些蔬菜，为同学们煮上一锅香气袭人的大烩菜。

吃饭的过程中，战鹰进行总结：目光老师的讲解综合了网络电磁战的发展历程、概念内涵、作战样式和典型战例、典型作战概念，为我们呈上了一堂星云网络电磁战的“大餐”。让我们感到震撼，深刻认识到无形的网络电磁空间是未来战争的胜负手，也将继续改写战争理论的发展进程。

午饭结束后，目光老师带着同学们来到小院中央的小菜园，亲手摘了新鲜的蔬菜送给几位同学，并叮嘱大家天气日渐变凉，一定要保重身体。四名同学带着目光老师满满的心意离开“潜院”，并与目光老师约定好一周后再次相聚“潜院”，聆听以星云海战为主题的第五讲。

第五讲

星云海战

2020年10月4日，阳光明媚，秋意渐浓，新冠疫情的阴霾已经在中国大地上散去，经济逐渐复苏，旅游业也开始回暖，“十一”黄金周的北京热闹又不失温暖。今天是国庆长假的第四天，也恰逢师母的生日，师母同大家一起来到了“潜院”，还给大家买了当季最新鲜的水果，沏上了一壶淡雅清香的西湖龙井。在充满阳光的房间里，师生一起品着甘醇的龙井茶，即将开始第五讲。

海洋是非常重要的一个作战域，海战是战争中的关键环节。在星云条件下，未来的海战将发生巨大的变化。这一讲目光老师将深刻揭示星云海战的本质与特点，为学生们了解未来的星云海战进行答疑解惑。

海战的概念与发展历程

目光：咱们今天这堂课主要是讲讲基于星云的海上作战，我先给大家介绍一下海上作战的概念内涵与发展历程。

首先，我讲一讲海上作战的概念与分类。海上作战是指敌对双方海军编队、兵力群和舰艇在海上进行的战斗。海上战斗，按基本类型，分为海上进攻战斗和海上防御战斗；按参战兵种，分为海上单一兵种战斗和海上诸兵种协同战斗；按作战空间，分为水面战斗、水下战斗、空中战斗和岛上战斗等。常规的海战的基本样式有：进攻海上舰艇编队战斗、进攻海上护航运输队（登陆输送队）战斗、进攻敌驻泊地域战斗、反潜战斗、登陆战斗、岛上进攻战斗、掩护潜艇突破反潜封锁区战斗、攻势布雷战斗、海军兵力袭击岸上目标战斗、扼守海峡水道战斗、海上护航战斗、岛上防御战斗、海军驻泊地域防御战斗、抗登陆战斗等。海上战斗由来已久，并随着装备技术的发展经历了漫长的发展过程，战斗方式由撞击战、接舷战、使用冷兵器直接搏斗，逐步发展到使用舰炮、鱼雷、水雷、导弹等实施攻击。另外，从海战场这个广域的角度来讲，海战场的作战又包括对空、对地、对天、对网电作战。所以，海战实际上是一种全域战，未来由于深海空间作战域的扩展还会导致海战增加深海作战，极大地拓展海战的作战域。

接下来，我讲一讲海上作战的发展历程。透过这些历史，我们可以更好的看到海上作战的未来。大家知道最早的人类驾驭海洋是从什么时候开始的吗？实际上是从舟筏开始的。因此，海战的第一个阶段是利用舟筏开展海上作战。最早的海战记录为古代埃及人用成捆的芦苇制作战船在地中海和尼罗河上的战斗，此种战船通常由一人负责撑船另一人负责投石。最早的海战形式就是利用芦苇船、独木舟、木排筏，甚至是几个简单的羊皮鼓、水葫芦，组成最简单、最古老的船只，人在上面利用竹竿进行操控，利用这样的形式进行渡河、跨海或者最简单、最直接的海上战斗。就是要把人和人手中的兵器做一个承载，作为一种投送，是一种海上机动的样式。舟筏上面的火力、防护力是人携带的兵器，可能是石头、长矛、刀枪剑戟，利用舟筏在海上进行搏斗的制胜关键并不在于舟筏的速度，而在于舟筏上的火力与防护力。所以说，基于舟筏进行海上作战人和武器是制胜的关键。

由此看来，舰船的本质是什么？是把信息力、防护力放到船上？这不是本质，是形式。那本质是什么？是通过舰船进行机动和投送。利用海洋进行投送会带来投送的便捷性，保证投送的距离更远。相比较而言，陆上投送就会受到各种条件的限制，这也是海上投送的优势所在。所以，综上来看，海上作战平台的本质实际上就是把火力、信息力、防护力进行海上的机动和投送。

海战的第二个阶段是利用木帆船、铁甲船开展海上作战，典型的就是中世纪时期的海战。中世纪时期的战船通常是大型风帆战船，以弓箭作为武器在海上战斗，有时还会发动撞击战和接舷战。荷兰人发现新大陆、征服新大陆的过程就是依靠木帆船，那个时期木帆船的造船工艺已经非常成熟，船体可以建造的很大，风帆的种类和质量也非常好，可以为跨洋出海奠定基础，提供保障。在中世纪时期，火枪、火炮已经得到了发展，所以木帆船上的武器以火枪、火炮为主。但是那个时期的火炮、火枪的射程距离非常近，不能满足海战远距离攻击的目的。因此，在这个时期的海战中，主要依靠的是木帆船的机动力，为这个时期的海战发展起到很好的推动作用。

木帆船之后，出现的是铁甲船。铁甲船时代已经有了蒸汽机，蒸汽机可以为铁甲船提供更强的动力，因此就不再需要船帆提供动力，进而取代了木帆船。但是在这个时期，海上作战还主要靠火枪、火炮等近距离攻击武器，所以它更强调的还是靠铁甲船的机动力。在这个时期的海战战法，从木帆船到铁甲船，它们更多的是强调要抢占有利的作战阵位。比如上风处是非常有利的阵位，因为它有利于火炮进行攻击；再比如，在进攻时候不直接进行正面进攻，而采取侧面进攻的战法，因为侧面火力面积大，更容易达成进攻目的。所以说从制胜机理来讲，实际上木帆船和铁甲船主要是靠机动力的优势来夺取海战的胜利。

战列舰是海战的第三阶段。各个国家的海军非常重视发展和使用的武器装备，因为它具有非常明显的火力优势、机动力优势和防护力优势。在这三种优势中，表现最为明显的为火力优势，借助火力优势可以保证在激烈的海战作战中最有效地消灭敌方有生力量，并同时保证己方作战力量。火力优势就来源于战列舰上装备着的大量火炮。早期战列舰一般在舰艏和舰艉装备大口径主炮，船舷两侧配备中小口径副炮或速射炮。这种大口径主炮与中小口径副炮或速射炮相结合、相补充的方式可以极大地提升战列舰的火力密度，并且可以保证对射程内目标的有效射击。利用战列舰的优势夺取战争胜利的战例非常多。在第一次世界大战期间，英国 3 万 t 的战列舰“雄狮”号就在战争中表现出极其不俗的战绩。该战列舰装备了 8 门 343mm 主炮和 16 门 102mm 副炮，曾在与德国的海战中，依靠极强的火力在 1 小时的时间内将德国 3 艘轻巡洋舰与 1 艘驱逐舰彻底击沉。在海战中，一旦参与作战的军舰在战争中被敌方击中关键部位，极有可能在非常短的时间内使整艘舰沉没，造成装备与人员的极大损失。战列舰在战争中为避免被敌方击中要害部位，一般都配有厚实的防护装甲和水密舱等防护设施。20 世纪初，战列舰的动力系统由燃煤蒸汽机升级为燃油内燃机，战列舰的动力得到了极大的提升。在第一次世界大战中，英国海军首先进行了战列舰的动力系统升级，将蒸汽机全部换为内燃机，这一举动使得英国皇家海军战队的战列舰机动性大大增强，作战能力也得到较大提升，促使英国海军在第一次世界大战的海战中表现极为出色。第一次世界大战结束后，各国纷纷学习英国的做法，将战列舰的动力系统进行升级换代，极大地提升了战列舰的机动性，战列舰的航速从初期十多节到二十节左右，进一步提高到三十多节。这个时代典型的海战代表就是“日德兰海战”“中日甲午海战”“对马海战”等，直到后来航空母舰的大放光彩才终结大舰巨炮时代。

第四阶段是利用航母进行海上作战。航母作战最具代表的时期便是第二次世界大战，也正是第二次世界大战使它在众多舰艇中脱颖而出，大名远扬。中途岛海战就宣告了战列舰退出历史舞台，航母成为海上霸主。第二次世界大战时航母本身没有装备多少远程武器，成就它战斗力的是普遍装备的鱼雷轰炸机和俯冲轰炸机。鱼雷轰炸机，顾名思义就是装有鱼雷的飞机，它的作战方式是飞临敌舰上空后降低高度，然后贴近海面飞行，瞄准敌舰后投放鱼雷，鱼雷会冲着目标航行并摧毁目标。这种轰炸机自身载重较大，导致飞行缓慢。再加上必须低飞投射，所以非常容易遭到敌方航母战斗机的拦截。即使突破拦截，等待它们的还有敌舰强大的防空火力网。中途岛海战时美军的鱼雷轰炸机损失近百架却无战果就是最好的证明。鱼雷轰炸机还有一个妙用就是偷袭没有防备的舰队，珍珠港战役中被击沉的美军舰艇，绝大多数是鱼雷轰炸机的战果。所以，鱼雷轰炸机在敌对双方力量平衡时基本上难以堪当大任。第二次世界大战中成就航母威名的舰载机其实是俯冲轰炸机，它一般装备 1 ~ 3 枚炸弹，作战方式为飞临敌舰上空，然后以近乎垂直的角度对准敌舰艇作俯冲飞行，当到达一定高度后抛出炸弹，炸弹会因俯冲时充分的瞄准而大大提高命中率，一旦炸弹命中舰艇，在巨大的惯性作用下穿透舰艇甲板引发内部弹药库、油库及轮机舱爆炸进而摧毁敌舰。中途岛海战中日本四艘重型航母全是被该种机型摧毁的。列宁格勒城下摧毁“马拉”号战列舰的也是俯冲轰炸机的杰作。由此来看，航母本身不带枪炮以及各类武器，航母作战依靠的是飞机，飞机的机动力强、速度快、机动范围大，所以它的火力并不是它的主要优势，它的主要优势在于机动力，机动力是第一位的。

锐羽：目光老师，目前航母还是在海战中占据主导地位，如果预测未来的海战，您觉得会是什么武器装备主导呢?

目光：20 世纪 50 年代以来，海军装备了导弹武器，舰艇采用了新型的常规动力和核动力，飞机采用了喷气动力和垂直 / 短距起落技术，出现了全球海洋卫星监视系统和远距离的探测设备，指挥、操纵和武器控制日益自动化。现代条件下的海战在战术上也发生了很大变化，战役和战斗的突然性和速决性空前增大。随着导弹、核武器的发展，水面舰艇、潜艇、海军航空兵等装备的不断更新，防潜、防空兵力的加强，海战将会继续出现新的内容。刚刚我讲了海上作战的四个阶段，咱们回顾总结一下海上作战的发展历程，舟筏作战主要依靠的是火力，木帆船和铁甲船作战主要依靠的是机动力，战列舰作战又回到主要依靠火力，航母作战主要是依靠机动力。由此来看，海上作战的发展规律是一种火力、机动力交替发展的发展过程，这是由平台和兵器发展的历史规律，还有海上作战的本质所决定的。那么，咱们目前站在航母是海上作战霸主的这个起点上，再预测未来，可以得出未来的海上作战需要主要依靠的应该是火力。

这也是我论证和提出导弹舰的一个重要出发点，导弹舰的突出优势就是具有极强的火力，它是适应海上作战力量发展规律的。导弹舰依靠的是导弹的能力，它的机动力更强，它的空间覆盖更广，它的作战能力远远超出了航母、飞机的机动力、火力、防护力，所以它就必定会成为海战新的海上霸主。

历史的车轮浩浩荡荡向前，人类探索海洋、控制海洋的脚步从未停止。了解海洋作战背后的历史，能启发我们的智慧，为我们更深入的探究未来海上作战提供坚实的基础。

海上作战的特点与规律

目光：接下来，我再从制海权的要义、海上作战的制胜机理、海上作战的关键讲一讲海上作战的一些特点和规律，因为后面要用到这样一些基本的知识。

一是制海权的要义。制海权指交战一方运用海上力量在预定时间内取得的对一定海洋区域的控制权。战役制海权是指战役军团在一定时间内对一定海域的控制权。在海上作战中，作战双方夺取制海权首先需要做的就是通过海上作战保存己方军事力量和能力，保证己方舰船可以在海上自由地进行航行，同时需要通过火力对抗保证己方的海上运输可以持续、畅通的进行。另外就是要通过海上打击行动，对敌方的海上舰船进行阻止和控制，夺取海上作战的优势。在海上作战中，夺取战争中的制海权是海战取得胜利的要义与关键。制海权的理论是由美国军事理论家 A.T. 马汉在 19 世纪末的著作中提出的，他认为全面制海权是国家战略的目标，是海军的主要和最终目的，主张实现该目标的途径是建立优势舰队进行海上决战和海上封锁。对于制海权争夺的战例在战争史上比比皆是。在第一次世界大战中，德国与美英开展了海上作战，主要目的就是通过潜艇作战和反潜作战夺取重要的海上交通线控制权。在第二次世界大战中，大西洋上的制海权争夺主要表现为反潜作战，太平洋上的制海权争夺主要是美日之间进行的海上封锁作战。随着武器装备技术、信息技术、材料技术的不断发展，导致现代的海上武器装备和舰船得到了极大的发展，在作战能力方面有了极大的提升，海上作战武器装备的升级换代也为制海权的争夺带来了新的变化与新的发展。

制海权顾名思义，就是控制海洋。那么是控制海洋的什么呢？第一是控制海上的要地。比如关岛，关岛是在大洋中心的一个核心岛屿，可以通过这个岛部署整个太平洋地区的作战力量。通过控制大洋当中的这些核心的岛屿，可以为制胜海洋提供战略基础。第二是控制海上交通要道。海洋中的交通要道通常就是海峡，因此控制海上交通要道就是控制海洋中非常重要的海峡，比如马六甲海峡、英吉利海峡等关键海峡，因为在海上作战中把这些海峡控制住了，实际上就切断了敌方的经济运输和军事投送的命脉，保证己方在海战中的有利地位。第三是控制海上重要港口。世界各国在全球分布着大量的关键港口，美军目前有 600 多个军事基地，实际上这些军事基地主要是以港口为主。港口是海洋的入口，利用港口就可以将海上作战力量进行前置性部署，可以提供作战保障，并且可以依托港口进行作战。所以说控制了主要的港口，就控制了主要海洋，进而控制了全球。纵观海战历史，不管是第二次世界大战时期的跳岛战术，还是诺曼底等登陆作战，都是围绕控制这三个方面来开展的，这就是制海权的要义。

二是海上作战的制胜机理。海上作战这种体系化作战的制胜机理仍然是空间差、时间差和能量差。

首先就是空间差。空间差就是敌我双方谁能够在更远的空间实施海上交战，就是谁的炮打得更远，谁的舰艇跑得更远。一旦拥有空间差就可以对敌方的海上目标和陆上、空中目标进行尽远打击，利用空间差优势制胜战场。历史上的海战很多都有这样的情况，比如马岛之战，英国奔袭一万多海里从英国本土到马岛开展作战，通过长途奔袭获得作战的空间差。再比如现代海战中通过航母进行海上作战，获得战争胜利，靠的也是空间差，通过舰载机获得将近1000km 的作战半径，作战范围大大增加，以获得作战的空间差。

其次是时间差。时间差就是取得快速制胜的优势。在海战中，提高飞机的飞行速度、导弹的进攻速度、舰船的航行速度，都可以保证作战的时间差。在作战中，通过高速度导致敌方在速度上跟不上己方装备的速度，保证战争的取胜，这就是时间差。但是，这并不代表着没有高速舰船、装备就不能开展海上作战，在这种情况下，可以通过时空差的转换获得作战优势。这就是典型的海上近战、夜战、游击战，在作战中可以利用大雾悄悄地抵近，利用夜色悄悄地集结、把兵力埋伏下来，然后进行偷袭，实现时空差的转换，制胜战场。这样的时空差转换的战例也有很多。比如在甲午海战中，真正消灭北洋水师的就是日本这样的一些时空差转换的战术，日本在舰船、武器都远不及我国的情况下，通过利用灵活机动的海上作战战术，将北洋水师的主力打败，取得了战争的胜利。

再次是能量差。能量差就是持续保持时间差、空间差优势的能力。在作战中，舰船越大、载弹量越大、火力越猛，海上作战能力就会越强，就可以保证在作战中获得持续的能力支撑，保证战争的优势。航母作战就是能量差的最好体现。航母的作战理论采用的“全甲板攻击”，“全甲板攻击”就是要在最短的时间内起飞最多的飞机，以充分发挥航母的作战能力。因此，要保证航母甲板足够大，保证在航母作战的过程中，可以尽可能多地将飞机停在甲板上，只有这样才能快速派出兵力，并保证获取作战的能量差。但这也是航母作战的弱点所在。

在中途岛战役中日本最大的一艘航母被击沉就体现了航母的脆弱性。当时该航母的指挥官是仅次于山本五十六的南云忠一，在作战中他需要对战情进行判断，如果是攻击中途岛，则需要装载对地攻击的炸弹；如果是对付敌方的航母编队，则需要装载鱼雷；如果敌方进行空中攻击，那么需要起飞的是战斗机。所以他就在战场情况不清的情况下，频繁地更换防御方式，频繁地更换甲板上备战的装备。美军正是利用其这个弱点，对日本正在备战“全甲板攻击”的航母进行突然攻击，此刻日本航母的甲板上载满飞机与弹药，一中弹就造成了巨大的连锁反应，最终导致了日军的溃败。

三是海上作战的关键。在以往的海战中，不管是典型的登陆作战，还是狼群战术破交通，还是像偷袭珍珠港、马里亚纳海战这样的海上的航母大战，都体现了海上作战的关键所在，即抢占核心要地。从偷袭珍珠港、中途岛海战来看，珍珠港、中途岛都是太平洋中心的核心要地，一旦占据就成为连接美国和日本的一个跳板。包括关岛、迪戈加西亚岛，它们在海战中都起到这种非常关键的作用，所以说抢占核心要地是海战的关键。以偷袭珍珠港为例，珍珠港位于夏威夷群岛的中心——瓦胡岛，面积 1574km^2，是美军在太平洋上最大的海军基地，也是太平洋舰队总部所在地。日本发动太平洋战争旨在占领菲律宾、马来西亚、印度尼西亚等资源丰富的地区，并夺取战略要地，以建立占领区及日本本土外围防御。袭击美国太平洋舰队的主要基地——珍珠港是日军南进战略计划的组成部分。早在 1940 年左右，日本就谋划以潜水艇偷袭珍珠岛。1941 年初，日本联合舰队司令山本提出了以海军航空兵实施大规模偷袭计划，并初步研究了实施方案，拟制了代号为“Z”的作战计划。计划编组先遣队和航母为主的突击队，推演使用海军舰载飞机，远程奇袭美国夏威夷珍珠港海军基地，先给美太平洋舰队以致命打击，摧毁其航空母舰，消除对日本的威胁，保障日军随后顺利南进。日军认为，日、美两国争端已非谈判所能解决，如果南进必将遭到美国在军事上的阻碍，双方诉诸武力在所难免。为此，企图利用各大国当时都在注视欧洲、无暇他顾的有利时机，采取先发制人的手段，消灭南进的主要障碍——驻珍珠港的美国太平洋舰队主力，实现其蓄谋已久的南进计划，夺取战略要地，排挤美、英、荷在西太平洋地区的势力，扩大日本的势力范围，并迫使“盟国”早日“解决”中国问题，以争取日本在战略上的主动权（王洪光，2010）。

以中途岛海战为例，美日中途岛海战是第二次世界大战期间太平洋战争中规模较大的一次海战，它与珊瑚海海战一起构成了太平洋战争重要的转折点。位于太平洋中部的中途岛是夏威夷群岛的门户和屏障，如果日本攻占该岛，将可以直接威胁到美军在太平洋地区最主要基地夏威夷。一旦中途岛告急，美军太平洋舰队特别是其航母编队必会驰援，而日军倚仗在战舰数量特别是航空母舰上的优势，将可能全歼美军太平洋舰队主力，将防卫圈推进至中途岛和阿留申群岛一线，以确保本土安全。基于这样的考量，日本发动了中途岛海战。但是在战争过程中由于日军低估了航母的作用，导致日本的惨败。经此一战，日本损失惨重，失去了太平洋上的控制权，并为而后制海权的彻底失去埋下了伏笔（王洪光，2010）。

探究日本袭击珍珠港、中途岛海战之根本，作战目的都是要夺取海上核心要地，所以这两个战例就很好地体现了海上作战的第三个规律特点——海战的关键就是抢占核心要地。

变化无穷，各有所归。事物的发展规律错综复杂、变幻无穷，难于捉摸与掌握，但无论事物如何发展终究会体现出事物的本质特点。洞察事物的来龙去脉，把握事物发展规律，才是认识世界、改变世界之根本，也是我们研究星云海战之关键。

未来海上作战预判

目光：今天的第三个主题我准备讲一讲基于星云的未来海上作战的预判，讲一讲我对未来海上作战力量形态的一个基本的估计，但这只是目前的一个判断，还不是现实，让大家对星云海战有一个初步的、全貌性的理解。

首先，我讲一讲未来海上作战力量的变化趋势。我在前面讲过云端一体化，那么星云海战中海上的作战力量将来就是终端化。海上作战力量终端化体现在哪儿呢？第一是化大为小。未来将不再有航母这种 10 万吨级的海上的庞然大物，因为它代价太大，目标太明显，而且一旦在航母被击沉以后作战体系就崩溃了，还会极大地打击军队和国民的士气，对战争结果的影响非常大。取而代之的是中小型的水面舰艇和无人艇群。第二是化整为零。过去航母编队是密集的编队，未来要实现分散部署、分布式部署，将航母的整体能力进行分散化，保证作战能力的强弹性，这是未来的一个发展规律。 第三是化机动力为火力。按照我前面讲的海战的发展历程来看，火力与机动力是交替迭代的，在未来的海战中占据主导作用的将是火力，更加突出导弹在未来战争中的作用，不是依靠舰船、飞机的机动力制胜，而是靠火力制胜。第四是化有人为无人。未来海战中将有大量的无人化武器装备投入战争中，从无人机到无人船，再到无人潜航器，无人坦克，从单一的少量的使用，走向集团式多样化，在未来战场上就会看到强大的无人军事力量，形成未来海战中海陆空立体无人军团。

其次，我从三方面讲一讲未来海上的主要作战力量——导弹舰和导弹艇。

一是导弹舰和导弹艇的内涵。根据未来海战“四化”发展趋势，提出未来海上作战的主要作战力量就是万吨级导弹舰和千吨级导弹艇。导弹舰，顾名思义就是靠舰艇携带大量的火力，类似导弹母舰，也可以叫火力母舰。“火力母舰”这个概念并不是全新的，第二次世界大战期间就有人提出过，但是那个时期的火力母舰并没有发展起来。究其原因，是由于信息力不足造成的。当时的火力母舰只保证了火力，不能保证信息力，缺乏侦察探测、态势感知的眼睛，所以火力母舰不能有效地发挥作用。在未来星云出现以后，它的全球域、全天时、全天候态势感知能力可以为海上作战提供极强的信息力，在这样的基础上，火力母舰就可以充分发挥它的作用。因此，我在结合未来“四化”趋势的基础上提出了导弹舰和导弹艇的设计。导弹艇和导弹舰除了大量的携带导弹以外，还具有装备无人化的特点，导弹艇和导弹舰将携带大量的无人机、无人潜航器，在作战中发挥巨大作用。以无人机为例，无人机可以有效地对卫星的侦察探测能力进行补充，利用导弹舰上的无人机可以对目标进行抵近侦察、对潜艇进行探测，提升战场的态势感知能力。以无人潜航器为例，未来导弹舰上的无人潜航器可以在某种程度上替代像弗吉尼亚级的核潜艇，通过导弹舰将其带到指定海域，可以极大地提升它的作战半径。未来的海上作战中，导弹舰和导弹艇将会组成编队进行作战，在星云的支持下，火力、信息力都极大提升，它会替代航母成为未来海上作战力量的新霸主。但是航母、两栖作战舰艇、驱逐舰、巡洋舰等这些传统的海上作战力量并不会立刻退出历史舞台，这些传统的作战力量可以嵌入到导弹舰的编队中，焕发出新的战斗力，成为未来海上战争的一种非常重要的形态。

二是导弹攻击编队的编队样式。导弹攻击编队的主要编队样式目前设计了三种：甲级编队、乙级编队和丙级编队。第一种是甲级编队，主要是由一艘导弹舰带数艘导弹艇组成的一个攻击舰编队，可以最多携带数千枚导弹，最远打击距离可达数千千米，其中包括多型进攻导弹和多型防御性的导弹。因此，甲级编队的作战能力非常强。这样的编队在星云的支持下，可以形成极大的作战范围，称之为三层的打击圈和三层的防御圈。如果再将无人潜航器算进去，那么它的前出距离就更远了。在此我稍微多讲一讲无人潜航器，无人潜航器的主要作用有两种。一种是装载侦察载荷，利用无人潜航器进行海底侦察探测，可以对敌方的潜艇、水下目标进行准确探测，特别是可以抵近敌方的港口和海岸实施抵近侦察，这就是它常规侦察探测功能。另一种是装载攻击载荷，即装载进攻武器，装载武器的无人潜航器可以被当作“海德拉”（为一类无人值守长期待机的水下作战平台族系，由若干种不同组成结构、任务载荷、功能作用的作战平台组成）使用，潜伏在一些敌人必经之地，比如说港口的外边、航道的附近，敌人一旦出现就可以进行导弹攻击，虽然它的打击范围很小，只有20海里，但是可以通过这种方式控制一个大的航道、海峡，所以这样的无人潜航器作战能力也是非常强的。综合以上来看，这种编队的作战能力非常强，这就是甲级编队。第二种是乙级编队，由数艘千吨级的导弹艇组成，这种编队没有导弹舰。这种编队也可以装载数千枚导弹，可以进行对岸攻击和支援登陆作战。因为这种编队没有装载长航时的无人机，它不能远距离地发现目标，所以它更适合于执行一些伴随、护航等任务。第三种是丙级编队，就是把航母编队和导弹攻击编队进行混合，利用导弹极强的进攻能力来增强现有航母编队的作战能力，特别是进攻作战能力。

三是导弹艇编队主要作战样式。这样的一些编队形态，在星云的支持下，可以形成四种主要的作战样式。第一种是云端一体化，星云去发现各种海、空、陆上的各种目标、态势威胁，然后星云指示导弹艇编队对各种目标实施打击。所以，这个时候导弹攻击编队只起到火力舰的作用。这是一种典型的作战样式，不管是对海、对空拦截、进攻、防御都是这种作战样式。第二种是天地一体化，就是说未来导弹艇和导弹舰编队有无人机、有无人潜航器，自身舰艇也带有声呐和舰载雷达，这些传统的装备也可以形成自己的OODA环作战体系。和星云海战相互融合，相互弥补不足，进行融合式作战。第三种是地天一体化，就是主要依靠编队自身的信息感知、指挥控制能力，通过编队自身的能力开展海上对抗；星云只是在海上作战中对编队进行一些支援，完成海上作战。第四种是军民一体化，就是利用中高轨道为主、低轨道增强的军民商卫星体系为作战提供信息感知、指挥控制能力，引导导弹舰艇编队对各种目标进行打击。

再次，我讲一讲未来海上跨域分布式协同作战。海上跨域分布式协同作战能够融合陆、海、空、天、网电等作战域搭载平台，构建全方位立体式的态势感知网络，通过遍布各域的军用通信网络和一体化的指挥控制系统，实施武器系统集群/分导饱和攻击的形式提高整体作战与打击效能。此外，未来可以着力构建海上有人平台与无人平台连接体系，实现高效的态势感知网络、强大的进攻网络和弹性的防御网络，从根本上实现分布式协同作战思想。

海军当前的舰队体系结构主要是以航母编队为核心，采用的是集中式指挥与控制方式，有较高的指挥效率。然而，该结构将海上兵力大规模聚集于一点，增加了被对手锁定的概率，且遭受一次打击就可能导致全体系瘫痪。在“海上分布式作战”概念下，小型水面舰艇编队将成为海军前沿威慑和干涉作战的主力，而以航母为核心的传统打击舰队将撤到反舰弹道导弹打击范围之外更加安全的区域，为前沿编队提供空中侦察预警和电子战支援力量。

在海上跨域分布式协同作战中，指挥控制系统尤为重要。战场中舰队分散编成，不再是几海里或者几十海里的分散，而是使相隔几百海里甚至是上千海里。因此要实现分散后的协同打击，指挥控制系统不仅要收集各作战域的态势感知信息，还要在短时间内形成最优战术方案，实现舰船编队的统一协调指挥，科学分配资源、集中发挥武器功能，最终优化作战指挥，提升作战能力。

最后围绕这个主题我想着重讲一讲未来星云海战的进攻作战和防御作战。

我先讲讲进攻作战。进攻作战主要是对海、对陆、对潜、对网电作战，星云海上也是一种多域的进攻作战。

一是对海、对陆进攻作战。我把对海和对陆放在一类去讲，因为虽然战场不一样，但是目标特性是一样的，都是要么是固定的、要么是慢速机动的，所以对这类目标的打击的样式基本上是一样的。星云下的导弹作战具有 10 种样式。

第一，远程突袭作战。导弹具有较高的飞行效率及较低的油耗，动力航程较现役导弹有较大的提升，可在不依赖卫星的条件下进行海上、陆上远程自主飞行，具备对重点目标的远程突袭作战能力。

第二，自主智能作战。未来导弹具有多模探测、精确定位、自主识别、在线规划及局部打击部位选择的能力，可以开展基于星云的自主智能作战。

第三，隐蔽突袭作战。利用导弹自身的雷达隐身设计及近水面空间水汽混合体对电磁波的不均匀折射、散射特性，实现高效突防，可对海上目标开展隐蔽突袭作战。

第四，特种召唤战。未来导弹具有长时间隐蔽飞行和巡逻待机的能力，能够在战场前沿响应特种部队的召唤，实现“发现即摧毁”，也可响应其他平台召唤实现“前置侦察、前置打击”。

第五，区域封控作战。未来导弹隐身性强，弹道灵活，具备自主态势感知优势，可以压制敌方反舰、防空探测预警系统，对目标实施“发现即打击”，也可以进行隐蔽布防，封锁港口和航道。

第六，饱和攻击作战。未来导弹可以在星云的引导下，对敌方海上、陆上要地目标进行多平台协同饱和攻击，溢出敌方防御系统的阈值，保证精确打击火力的持续性。

第七，信息支援作战。在星云遭受攻击的情况下，可以利用导弹进行目标探测，导弹具有长时间隐蔽滞空和多任务载荷携带能力，可对敌方纵深的航母、指挥中心等大型目标进行侦测，侦测到目标后召唤弹道导弹等快速打击武器，在打击武器接近目标的过程中，导弹可以持续监视目标，提供目标指示保障。

第八，体系协同作战。可以构建导弹群，或者与其他平台、武器协同，实现协同侦察、协同突防、协同干扰对抗、协同制导、协同饱和攻击等作战能力。

第九，拓展运用作战。除了反舰、对陆作战，基于星云的导弹还可以进行反潜、布雷、对空打击等作战运用。

第十，平台拓展作战。平台拓展主要包括“导弹母机”发射、集装箱发射和水下预置发射，在战时可以极大地拓展发射平台的数量和火力打击密度。

二是对潜进攻作战。在我提出星云海战的构想后，很多人都提出了星云如何对潜进攻的问题，所以我着重进行讲解。潜艇在大洋里面航行、在水下航行，目前存在一个深度极限，一般是 300m，超过 300m 的潜艇的安全性就会受到影响。所以潜艇在水下航行的时候，必须保持在 300m 以内。但是潜艇实际的下潜深度还取决于海况，比如在东海就不能潜那么深，在大洋里面可以潜得深一点。另外，潜艇在进行进攻作战的时候必须要抵近，目前的潜艇携带的战斧巡航导弹最远的打击距离是 1500km，所以潜艇要实施攻击必须得抵近目标。那么在作战中潜艇抵近了目标以后，到了浅海、近海、临海的时候，潜艇的下潜深度就大大减少。这样就给卫星发现潜艇提供了可能，卫星的光学、红外等探测装备在特定的情况下就可以直接发现潜艇，这种发现是高精度的，在准确发现潜艇以后，就可以进行跟踪、引导打击，实施对潜艇的有效攻击。

还有几种对潜攻击的方式：首先，利用潜艇的压力波。通过压力波探测潜艇实际上是通过卫星合成孔径雷达（SAR）的成像。在天气好的情况下，通过合成孔径雷达的成像就可以探测到潜艇的压力波。再进一步召唤无人机到潜艇所在区域进行详察，完成定位，再引导对潜艇的打击。其次可以依靠舰壳声呐、拖曳声呐，还有导弹舰携带的反潜直升机直接进行潜艇的探测。最后可以利用舰载长航时、反潜型无人机，跟磁、声联合进行探测。在探测到潜艇以后，可以采用多种方式进行对潜艇的攻击，可以采用舰载鱼雷，还可以通过反潜直升机投放鱼雷等多种方式打击潜艇，完成对潜艇的攻击。

三是对网电进攻作战。实际上海上编队有各类海上机动的网络作战力量，我讲过军队的网络基本就是无线网，特别海上作战。以美国为例，美国海上编队、空中编队用的是 Link-4、Link-11、Link-16 等网络，它有多种多样的数据链，以 Link-16 是最核心的，无线网是海上作战的基础。星云海战中的网络战就是在充分发挥星云网络战优势的基础上，辅之以传统的海上的各类网络作战力量，侵入敌方作战网络，导致敌方网络瘫痪，实现星云海战的网络作战。所以未来网络战将海上编队网络和星云网络战的两种力量结合起来，促使网络战能力得到进一步增强。电磁战也是一样，一方面是利用星云的电磁作战力量，另一方面是利用海上舰艇自带的电子战系统，在云端电子战的基础上，增加了海上的电子战技术，增强了星云海战中电磁战的针对性和有效性。这就是云端一体的星云海战的网络战、电磁战。

我再讲讲防御作战。防御作战重点讲“一防四反”，就是防空、反隐身、弹道导弹防御、反蜂群和反潜。

“一防”是防空。防空是指对传统的三代机的防御作战，比如 F15、F16 等舰载机，隐身飞机不在“一防”的范畴内。在星云海战中，不管是海上飞行的飞机、从岸上起飞的飞机、还是从航母起飞的飞机，星云和导弹舰编队中的雷达都可以直接探测到，进而引导、控制防御性导弹对这些飞机实施打击。在导弹舰编队的设计中，两种舰的载弹量都多达数百枚，这些导弹中有一半的导弹是防御性导弹。所以在星云海战中，防御导弹的密度足够高，可以实现对敌方的多批次、多目标拦截，具有极强的防御能力。并且己方的防御导弹的防御距离也很大，防空导弹的打击距离有数百千米，可以分为三层防御圈。这样的防御距离就可以实现在其他的飞机还没有投放导弹的情况下，就有可能就被己方导弹击中，所以未来海战的防空反导防御能力是非常强的。另外，如果敌方采用电子战飞机对己方进行压制，将编队中的信息力量压制住，在这种情况下，对方很难将己方星云进行压制，所以可以继续利用星云开展防空作战。

“四反”一是反隐身。反隐身的本质就是降维打击。利用导弹舰编队中传统的侦察设备完成隐身目标的发现难度是比较大的，所以在未来星云海战中，对于隐身目标的探测、发现主要是依靠星云。星云在天基，通过“顶视”的视角进行侦察探测，而隐身目标在它的顶部是不够隐身的，因此可以通过星云探测到隐身目标。在星云发现后，引导己方定制毁伤武器来进行降维打击，一旦降维以后，隐身目标就变成了传统的三代机目标，就可以利用己方正常的防空导弹去防御，反隐身作战就转变成正常的防空作战了。

“四反”二是弹道导弹防御。弹道导弹防御实际上是防天。弹道导弹防御不是靠星云去发现弹道导弹的，因为星云主要是向地球方向观测的，虽然它也具有一定的侧视和仰视的能力，如果星云在下面看到了敌方的弹道导弹，那么敌方的弹道导弹已经接近己方的防御圈，再开展防御为时已晚。实际上，对弹道导弹的探测发现依靠的是舰载雷达或弹道防御系统，通过舰载雷达或弹道防御系统完成对弹道的探测与发现。在防御弹道导弹的过程中采用定制毁伤的方式，在弹道导弹进入大气层之前进行预毁伤，这种预毁伤的方式就充分利用了弹道导弹载入大气层的特点。我给它取了一个名字叫“鬼门关”，弹道导弹在前面飞行的时候叫“十月怀胎”，再入大气层叫“一朝分娩”，一朝分娩的时候是最脆弱的时候。就要利用这个弱点，在“生孩子”之前进行预毁伤，“孩子”就生不出来了，这就是弹道导弹防御的原理。

“四反”三是反蜂群。反蜂群是利用“雾霾”战斗部开展的。雾霾是未来反蜂群的典型手段，可以对蜂群形成一种遮蔽效应，这是一种新型作战机理。在星云探测到蜂群后，己方通过抛洒一个遮蔽的类似雾霾的战斗部导致敌方的无人机蜂群链路阻断，从而达到反蜂群的目的。数据链路是蜂群组网的关键，必须保持数据链路的连通，一旦被雾霾阻挠了电磁信号的传播，就会导致敌方蜂群链路失效，进而导致蜂群解构。但是无人机有个特点，无人机上面有一个小惯导，可以起到保持方向的作用，雾霾不能总罩着蜂群，雾霾散去以后，无人机之间又可以继续沟通联系了。所以，需要对敌方蜂群进行持续的雾霾攻击，时间一长蜂群就会解体，蜂群作战能力也就丧失了，这就是反蜂群作战。从具体作战来看，面对敌方的无人机蜂群攻击，首先关闭己军海域的防空制导雷达，利用星云侦察到无人机群态势及信息，采用"势导一体战法"，引导无源式防空导弹携带的电磁雾霾战斗部，持续切断无人机蜂群的协同链路，致使无人机蜂群编队解体，像无头苍蝇一样失去战斗力。

"四反"的四是反临近。对于临近空间高超声速子弹或飞行器，利用其易被发现和防热结构的特点，采用定制毁伤的方法，先破坏其热结构，从而使其在继续的飞行中热解体失效。这是一种二次毁伤的打击方式。

抱朴：目光老师，在和平年代您提出的导弹艇和导弹舰将如何实施撤侨行动、护航、援救等非战时任务？

目光：首先，从威慑任务来看。目前通过航母进行示威与威慑，是依靠航母强大的作战能力来显示威慑。将来如果形成导弹艇编队，与航母相比它具有更强的作战能力，这样完全可以形成威慑作用。从这个角度，导弹攻击编队完全是可以替代航母的。另外，针对护航、支援等任务，传统的护航、支援任务都是通过巡洋舰、驱逐舰、护卫舰、保障船组织编队完成的。目前设计的导弹艇的使命任务，就是要替代现在的驱逐舰和护卫舰，所以驱逐舰、护卫舰能完成的任务，导弹艇都可以完成。还有就是巡逻任务，巡逻是军事上的任务，还有对水下的探潜、对防空的进攻这些都可以由导弹艇进行替代。最后就是对于撤侨、抗震救灾等任务，特别是到一些危险区域里面去撤侨，这种情况下导弹攻击编队怎么用？这确确实实是导弹攻击编队的一个现实问题。过去撤侨直接用航母、两栖作战舰艇，船舱里面可以装载很多人，可以实现数量巨大的撤侨任务。所以将来的撤侨或将来的抗震救灾靠什么呢？第一，靠导弹舰，如果里面不装载无人机、无人潜航器等装备，里面的空间用来装载侨胞，容量也非常大，完全可以代替用航母、两栖作战舰艇。第二，可以说是“术业有专攻”，比如现在有医疗船、保障船等很多辅助的舰船，将来就依靠这些专业的舰船完成相关的任务，用导弹攻击编队伴随着一些辅助舰船来承担这些任务。就是说用专业的船只执行专业的任务，而不是说一个水面舰艇就是万能船。现在的水面舰艇可以说是万能的，战时作战任务、非战争军事行动、抢险、救灾、撤侨等各种任务都由同样的水面舰艇执行，这是复杂性、高成本的根源。未来的发展趋势将会把平战相对分开，可以保证“术业有专攻”，更好地完成不同的平战任务。

守静：目光老师，之前您讲过在星云下，装备体系会发生极大的变化，在今天您讲的星云海战中的导弹舰，与您之前讲的装备体系的终端化是怎么联系起来的，比如说这里面是不是也会有作战 APP 的设计呢？

目光：未来的星云海战中也会有作战 APP 的设计。比如，在星云海战中的无人机有三种形态：一种是对陆、对海探测；一种是对潜探测；还有一种是电子战无人机。未来无人机的功能就用软件来进行定义，根据无人机需要执行的任务类型，通过设计相应的 APP 完成具体的作战任务功能。再比如未来的导弹，可以对陆攻击、对海攻击，还可以对预警机攻击，过去对不同的目标，需要不同的导引头、不同的战斗部，但是在船上不可能实现临时更换引导头和战斗部，如果将导弹装上不同的导引头、战斗部又会造成力量的分散。针对这样的情况，就需要通过 APP 进行定义，比如同一发弹的战斗部、导引头，如果打击预警机就采用比例引导、截获目标、引信引爆、战斗部的破片杀伤等一套对空的作战指导规则。如果打固定目标就采用基于其他的导引方式的指导规则。所以未来可以使用同一个导引头、同一个战斗部、同一发导弹，通过作战 APP 定义来执行不同的作战任务。实际上舰船也是一样，比如说舰船去执行护航的任务，护航的任务的主要威胁来自水面海盗，没有水下和空中作战的需要，所以它需要携带的武器或者舰船的能力更多的是对海上小目标的探测能力的加载。如果是撤侨任务，舰船需要的就是不同能力的加载；如果是航母编队作战，它主要面对的是来自空中的威胁，它需要的能力又是另一种加载。所以，未来舰船对这些任务的适应与完成都可以通过 APP 来进行不同的定义。过去我们的第一代驱逐舰，最早的 051H、051K，H 是对海的，K 是对空的，那个时期的驱逐舰装弹能力很弱，不同的驱逐舰只能装载不同的导弹，导致作战编队规模巨大，不利于作战。后来就发展了综合性驱逐舰，可以实现同时对空中、水面、水下的作战，但是会导致驱逐舰、巡洋舰越来越昂贵。未来通过作战 APP 进行武器装备的定义，需要装备综合的时候就通过软件让它实现综合，需要装备专业时候通过软件实现专业，通过软件来定义武器装备，极大地降低了成本。

战鹰：目光老师，我看过一次军事展览中提到把导弹藏在深海，等到驱逐舰等过去的时候再进行装载。所以您有没有考虑装弹的问题，打完了之后怎么进行呢？

目光：在我目前的设计中导弹舰具有加油能力、补给能力，但是弹药不能补给，导弹艇一般能跑三四千海里，进行一次加油航行里程就加倍了，可以大大提高导弹艇编队的航行范围，为远距离作战提供了保障。最初我也设计了补给弹药的功能，弹药打完了还可以补给，最后我把这个功能删掉了。原因就是导弹舰装的导弹数量非常大，没必要去补给。假设派出甲级编队进行海上作战，可以携带数千枚导弹，一场局部战争或者一次支援登陆作战，这些导弹数量已经完全够用。如果出现不够的情况，再派出新的编队即可，就没必要补给。补给会带来很多新的问题，所以我们可以靠量来取胜。

抱朴：目光老师，在这种日趋复杂的作战中就涉及作战管理的问题，您提出的这种导弹艇和导弹舰的理念怎么进行作战管理呢，能不能给我们讲一下。

目光：作战管理是十分重要的。咱们就以导弹艇为例讲一下。导弹艇包含了很多任务系统，进攻系统、防御系统、雷达系统、水下系统、救援系统、人员系统，一艘导弹艇就是将几十种作战任务系统集合而成的，但如果这些系统是分离的将会是一盘散沙，必须将这些系统集成起来，才能形成一个体系。作战系统一个很重要的任务就是作战管理，即把这些任务系统集成为一个整体，使得 1+1>2，这就是作战管理的一个主要功能。第二个任务进行不同功能的协调，当遇到有些任务不能同时进行时，就是通过作战管理系统来对这些作战任务的安排提供管理。作战管理非常重要，它和作战运用不太一样。作战管理是为了把这些任务系统的矛盾性回避掉，这就是作战管理的主要任务和意义。

当目光老师带着同学沉浸在星云海战的世界中时，师母已经开始忙碌起来，为同学们做上一锅美味可口的海鲜打卤面。

在吃饭的过程中，战鹰代表四位同学向师母致以生日祝福，也对这一章的内容进行总结：目光老师从海战的发展历史中探究海战的特点和规律，在此基础上，提出对未来海上作战的预判。战争与和平是人类社会发展的特有现象，只有深入学习战争、研究战争，用理论和实践提升维护海洋和平的能力，才有可能实现海洋的安全与和平。

饭后，目光老师叮嘱同学们认真整理讲课内容，四位同学依依不舍，同老师约定一周后再次相聚“潜院”，聆听老师的第六讲，重点讲述星云空战。

第六讲

星云空战

2020年10月11日，十月的西山，宁静致远。几声鸡鸣，几次狗吠，萦绕在晨曦的天空，唤醒生机。战鹰、锐羽、守静和抱朴早早到达“潜院”，等待着目光老师的第六讲。

目光老师为每位同学削上一个苹果，沏上一壶色泽红润的大红袍工夫茶。在香气四溢的桌前，目光老师开始星云战的第六讲。这一讲的重点是四个专题的讲解和讨论。

传统空战及其发展历史

目光：下面我将从三个方面介绍传统空战及其发展历史。

第一，我要给同学们讲一讲空中作战域和临近空间作战域的划分问题。

一是空中作战域。空中作战域指海拔0～20km的空域。这是传统的航空器飞行的空间，一般为有人驾驶的航空器，包括大部分作战飞机及民用航空器，比如我们熟知的战斗机、轰炸机和民用客机，基本都在这个空间进行飞行。

按国际大地测量和地球物理联合会（IUGG）所规定的标准术语，大气层分为对流层、平流层、中间层和热层四个层次。传统的空中作战域包括大气对流层的全部区域和大气平流层的下部分区域。对流层位于大气层最底层，紧靠地球表面，平均厚度约为12km，存在着复杂的大气现象。其主要特点包括：第一是空气对流，因空气对流很明显而称为对流层，空气对流形成空气的水平运动；第二是温度、湿度等各要素水平分布不均匀，导致气流做垂直和水平运动，形成雨、雪、冰雹、霜、露、云和雾等一系列天气现象；第三是温度随高度的增加而降低，每升高1000m，气温下降约6.5℃。对流层还存在日趋复杂的电磁环境。因此，对流层并不是一个非常适合飞行的气流层。位于对流层之上的平流层下半部分非常适合航空飞行。平流层因其能量主要来源于太阳紫外线，导致其温度随高度升高而升高；平流层空气密度低，状态相对稳定，气流主要呈现水平运动；平流层天气总是晴朗少云，能见度非常高。所以现代航班起飞后会先爬升至平流层，再进行水平飞行（顾行发等，2013）。

二是临近空间。临近空间是一个新的战略制高点，国际上公认的临近空间是指距地面 20 ~ 100km 高度的空间区域。航空器通常在距离地面 20km 以下的空域范围运行，人们习惯于将该空域范围称为航空空间。在距离地面 100km 以上的空域范围，为航天器的运行空间，这一空域范围被人们称为航天空间。可见，距地面 20km 接近了国际公认的空中作战域的上限空间，距地面 100km 接近国际公认的太空作战域的下限空间，临近空间则刚好位于两者之间的空间高度范围，即处于航空飞行器最高飞行高度和航天飞行器最低飞行高度之间，故临近空间也被称为空天过渡区（鲁芳，2010）。

由临近空间高度范围可知，大气平流层的上部分区域、中间层的全部区域和热层的下部分区域均属于临近空间，该区域和大气物理学研究的“中层大气”（距地面高度 10 ~ 100km）基本重合。临近空间是地球大气空间的重要组成部分，同对流层和电离层及以上空间一样，临近空间内部也存在复杂的大气现象，这些大气现象与日地关系和气象变化有着密切的关系。临近空间与低电离层和对流层之间存在着耦合，其与太阳辐射引起的大气能量和动量传输强弱有密切关系，光化学反应占有明显优势。临近空间飞行器的航空航天活动受到临近空间中的大气温度、密度、气压、动力学扰动及风场的变化的直接影响（邓潘，2018）。

当前，对航空航天空间环境的研究已经比较成熟。太空空间是一个超低温、零重力、高真空的空间环境，并存在来自宇宙空间的微流星体、宇宙射线、各种带电粒子以及各种空间碎片，这些对飞行器存在极大的威胁。介于航空层和航天层之间的临近空间，自下而上跨越了大气平流层、中间层和热层的低层区域，其自然环境多变，环境因素严酷复杂，临近空间环境问题相对于航空空间环境和航天空间环境有很多不同之处。临近空间具有相对较小的空气流动，地表气候无法影响临近空间。具有稀薄大气的临近空间，其温度变化非常大，并且有流星残片、宇宙射线以及带电粒子的存在，这些环境因素会对临近空间飞行器的高效、可靠工作构成严重的影响和威胁。

在这个空间飞行的飞行器，称为临近空间飞行器，主要特点为：一是高超声速飞行，一般在 5 马赫以上；二是临近飞行器采用的气动外形一般是乘波体，主要是为提供升阻比，因为临近大气密度相对于空中大气密度更低一些，所以需要更高的升阻比。

第二，我讲一讲“空战”的概念及其发展历史。

通俗意义上，“空战”是利用飞行器在空中进行战斗，以击落对方、夺取制空权为目的的一种战争形式，是敌对双方飞机在空中进行的战斗。战斗机是消灭敌机和其他航空器的主要手段。其他飞机进行空战的情况大多属自卫性质。空战按参战兵力的多少分为单机空战和编队空战；按飞行高度分为低空空战、中空空战和高空空战；按作战时间分为昼间空战和夜间空战；按气象条件分为简单气象条件下的空战和复杂气象条件下的空战；按攻击距离分为近距空战和中、远、超视距空战等（龙沛，2018）。

传统战斗机空战阶段通常包括搜索、接敌、攻击和退出战斗等阶段。搜索阶段，是指进入战区，在指挥所的引导下，用机载设备或目视，为发现和识别空中目标所做的机动飞行阶段；接敌阶段，是为占据有利的攻击起始位置所进行的机动飞行阶段；攻击阶段，是直接用火力消灭敌机，这是空战胜负的决定性阶段；退出战斗阶段，是空战的结束阶段。空战也要遵守 OODA 作战环的基本规律。

要了解空战的发展历程，首先要正确认识空军、空中作战力量的使命任务。空军具有三大使命：一是进行空中作战，夺取最主要的、也是永恒的制空权。什么是制空权？“制空权”是指战争一方在一定时间内对一定空域的控制权。掌握制空权，可限制或剥夺敌方空间行动自由，保护和保障己方空间行动自由。美国经常设立禁飞区、禁航区，就是在夺取制空权。二是对其他战场的支援行动。对陆战场的支援行动就是空地一体作战；对海战场的支援行动就是空海一体作战。比如，在朝鲜战争上甘岭战役中，美军对志愿军阵地的轰炸就属于对地面战场的支援作战；第二次世界大战中美国海军航空部队在海上对日军航母编队的攻击就是对海面战场的支援作战。对其他战场的支援作战真正要达成最终目的是帮助陆军夺取陆地战场的控制权，帮助海军夺取制海权。三是执行空中遮断作战。遮断是什么概念？将敌人的前线的作战力量和后方的作战力量分隔开，致使其后援部队无法对前线的部队进行支援，己方地面部队就可以在空中力量的支援下完成控制权夺取，实现战场的胜利。空中作战力量具有机动能力强的特点，缩短时间差，在夺取制空权之后实施对其他战场的支援行动。

在明白空军和空中作战力量的使命任务之后，我们根据飞机的发展更新来探究空战的发展历程。空战靠什么呢？靠的是飞机能力。所以，提出的三代空战发展历程接近于飞机的发展历程。第一代到第二代飞机追求的是速度的提升。过去的螺旋桨式飞机因为只能进行低亚声速飞行，所以其机动能力、机动速度及航程都受到很大的影响；随着涡喷发动机的出现，推动飞机突破音障，超声速飞机就此诞生。速度的提升让战机的机动能力有了质的提升。因此，第二代飞机的优势是高空高速。在当时的空战中，哪一种机型飞得越高、越快，就越占据优势；相反，飞得速度慢、飞行高度低的机型就会陷入被动挨打的地步。在抗美援朝战争时期，我志愿军空军使用的战斗机是苏联支援的米格-15喷气式飞机，其高空高速能力赶不上美国主力战斗机，但是米格飞机的机动能力要强于美国飞机。当时双方装备都是第二代飞机，主要火力是航炮。因为航炮是直瞄式的，所以在空战中是靠飞行员驾驶能力和飞机机动能力进行空战。机动能力越强的一方就越能获得空战的主动权。飞机的发展跨过二代飞机，进入三代飞机时代，约翰·伯伊德提出能量机动理论。伯伊德是一名参加过朝鲜战争和越南战争的二代机飞行员，后来成为美国空军上将。他提出疑问，在高空高速的第二代机基础上，三代机的发展方向在哪里？还是高空高速，还是有其他方向。根据问题他提出能量机动理论，将评价战斗机机动性的标准用简洁、优美的数学公式表示：战斗机的单位剩余功率（SEP）=（推力 – 阻力）× 速度 / 重量。在飞行包线里任何一点，单位剩余功率较高的一方占优。得出结论：空战的关键是飞机的机动能力。所以三代机发展的重要方向是提升机动能力。例如，三代机中典型代表：俄罗斯的苏 -27 战斗机拥有超级机动动作——普加乔夫眼镜蛇机动。这个机动动作可以用于躲掉导弹、航炮的攻击。四代机部分延续了这种理论，第四代战斗机具有四超能力，即超隐身能力、超机动能力、超声速巡航能力和超信息感知能力，超机动能力是其重要标准之一（王春峰等，2010）。

第三，我再讲一讲空战的制胜机理问题。

这是我提出导弹中心战的缘由。平台的作用就是载体，未来空战需要依靠火力的密度和火力的机动力，夺取火力的时间差、空间差，进一步夺取制空权。星云下的空战将会更深一层加强该理论。空战的发展历程不能只看到飞机的发展历程，还需要关注其他武器系统、信息能力等，甚至整个空战体系。从信息能力上，我们可以发现一代飞机靠目视，伴随着雷达、光电装备的出现，现在的四代机 F-35 信息能力已经可以充当预警机。还要从空战体系看空战形态的演变，空空导弹和地空导弹是夺取制空权的两种手段，前者是以空制空，后者是以地制空。典型战例是第五次中东战争中的贝卡谷地空战，叙利亚依靠以地制空，部署了19个地空导弹连。以色列选择在作战体系的支援下，以空制地。最后以色列仅用时半个小时就把19个地空导弹连全部干掉，夺取了制空权。所以，引发空战形态变化的过去是靠飞机，从第一代、第二代、第三代，包括第四代都是靠飞机的能力为主。伴随着导弹技术和信息技术发展，以飞机、导弹为核心的体系能力成为制空权争夺的重要基础。星云的出现会彻底改变空战形态，云端一体作战样式将改变空战演变进程。

空空导弹的出现让战斗机空战能力得到质的飞跃。国外有个统计，在没有空空导弹的时代，靠航炮打下来的飞机数量与由地面高炮打下来的飞机数量基本持平；有了空空导弹以后，击落飞机主要的手段是空空导弹和面空导弹。有了中远程空空导弹以后，代表型号有美国的AIM-120、射程超过100km，远程空空导弹可以打得更远，超视距攻击能力让空战的形态彻底改变。在后来历次空战中再也没有一架飞机是被航炮击落的，没有一架是被近距格斗弹击落的，在中、远程就已经决出胜负。

过去的空战是靠机动能力夺取时间差，靠能量差来实现机动优势，获得空战胜负的平衡点。现在的空战依靠导弹夺取空战的胜利，在历次的局部战争中得到充分验证。

战鹰：目光老师，您前面讲了四代飞机的发展历程，第五代飞机的发展趋势是什么样的呢?

目光：目前，世界主要军事大国的第四代战斗机已经进入现役，但还需要时间进行普及化。第五代战斗机的研发工作早就已经开始。虽然五代机的发展方向并没有明确，可以通过分析探究其发展的一些趋势。

一是将会兼顾无人和有人两种驾驶模式。第五代战斗机将基于无人机技术，实现有人驾驶和无人驾驶两种模式的兼顾。飞行员既可以进行座舱驾驶，也可以远距离控制飞机。座舱里不一定要有飞行员的存在是第五代战斗机的基本标准。通过研发智能化的控制系统，提升战机的自主性，使其能够在没有人参与的情况下独立实施空战。

二是出现有人 / 无人协同作战模式。在未来天基 WiFi 的支撑下，第五代战斗机可以与无人机组成有人 / 无人集群编队，执行协同作战任务。有人机作为指挥机，位于敌防空系统火力范围之外。无人机可以前出深入敌防区，对敌地面纵深高价值目标进行攻击，重点摧毁敌指挥控制网络和防空导弹防御系统等。天基 WiFi 将利用其“制高点”优势统一调配有人机 / 无人机作战，提高毁伤效果，提升作战效能。

三是具有更加全面、强大的隐身性能。在四代机的基础上，五代机的隐身能力将进一步加强，并且更强调多频段隐身、多方向隐身能力。四代机的隐身主要是针对雷达，采用隐身外形及涂层将其正面视角的雷达截面积（RCS）减小，但对红外、光学及天基探测的隐身能力相对较差。

四是配备更加强大的导弹装备。在主动防御能力上，五代机装备的空空导弹射程更远、速度更快、价格将会更便宜，形成协同化、智能化攻击能力；在对面打击方面，五代机一方面将装备体积更小、杀伤能力更强、射程更大和更智能化的空面导弹，形成智能化的协同饱和攻击能力；另一方面将装备高超声速导弹，形成远距离快速精确打击能力。

锐羽：目光老师，飞机不断发展更新，空战的制胜机理还是不是老师提到的时间差、空间差和效能差？

目光：是的。实际上，无论飞机的性能有多好，也无论其配备的武器系统多先进、多智能，制胜机理不会发生变化，依然是时间差、空间差和效能差。但飞机能力的提升和武器系统的更新迭代将提升夺取“三差”的能力。例如，五代机隐身性能提升，敌方防空系统发现目标的时间将会更晚，提高攻击的时间差；五代机装备的高超声速武器可以进行远距离快速精确打击敌方重要目标，提高了攻击的空间差；五代机装备的体积更小、精度更高、杀伤能力更强的导弹系统对敌目标实施精确攻击，可以用尽可能小的代价取得尽可能大的战果，这就是提高了效能差。所以，不管武器装备如何发展进步，战争的制胜机理本身不会发生变化，变化的是夺取制胜机理的强弱。

浪遏飞舟，鹰击长空。从古至今，人类为了竞技天空历经千辛万苦，但从飞机的诞生开始，就与战争紧密联系在了一起。四位同学仰望云天，宁静深邃。空中对抗不会因为片刻的宁静而停止，技术革新和理念迭代会不断推动空战向未来发展。

星云空战

目光：我们从以下四个方面来讲述星云空战。

一是星云空战体系。在上一个问题中，我们总结出空战的发展不能仅关注飞机本身，而应该更多地关注整个空战体系。星云下的空战体系将是在星云的支撑下天、空、面和网络电磁空间共同构建的体系。首先，星云作战体系是未来空战“大脑”。为己方战机提供预警探测能力、指挥控制数据信息、导航制导信息、目标引导指示信息和网电对抗能力。不仅如此，还将负责统一协同调度制空作战体系、防空导弹防御网络和空面作战系统；其次，星云空战将不再是空军“单打独斗”，而由星云作战体系、制空作战体系、防空导弹防御网络和空面作战系统共同构成，利用星云优势，实现察打并行、多链并举、星云调配。强调云端一体，天、空、面多域一体化对抗，进而夺取制空权；最后空战平台向“端”发展。在星云的统一调配下，空战体系将为空战平台提供态势信息能力、侦察能力、火力引导能力、网络电磁对抗能力，空战平台将重点发展机动力、火力和防护力，以无人机、无人蜂群为代表的无人系统将在星云统一调配下成为星云空战的主力。未来的空战体系还将综合星云云端一体化作战模式和导弹中心战思想，重点突出展现火力优势，低成本、更小、更快、射程更远的空空导弹、空面导弹将配合无人系统出现在未来战场。

二是星云将引发空战形态变化。首先，不管空战如何变化，空军及空中作战力量的使命任务不会改变，制空权的任务还将会加强。制空权将和制陆权、制海权、制天权和制网络电磁权紧密联系，形成一个特定作战区域控制权，更加突出体现进入空间、利用空间和控制空间的重要性。传统的制权争夺也将由绝对性制空向穿透性制空，最后还将向共融性制空发展。其次，空战的重点将由单纯空中武器端对抗向陆、海、空、天、网电等多域一体化对抗方向发展。夺取制空权的方式不仅要打击敌人的空中力量，更要打击、限制对方星云，破坏、摧毁对方空战体系。最后，智能化作战形态将初见端倪，在星云的支撑下，分布式无人系统装备将走向空战战场，天基 WiFi 为有人 / 无人作战模式、无人蜂群模式提供网络基础。

三是星云空战样式更新。未来星云空中作战将更多依赖空中的导弹作战。空空导弹更加强调空中火力的预置和待机；空对面作战更加强调选择性打击；防空作战更加强调打击平台端；导弹防御作战更加强调交换比；体系作战更加强调在星云统一协调下多个作战域联合作战。因此，将会导致空战装备形态的变化，装备形态变化会引起作战形态变化，将会产生全新的作战样式。

星云空战的作战样式分为进攻作战样式和防御作战样式。进攻作战样式包括：以空制地、以空制海、以空制空、以空制临和以空制天。以空制天主要利用激光武器或者导弹进行跨域作战，空中作战域可以向其他作战域进行跨域作战；反过来也是成立的。星云空战防御作战样式就包括：以地制空、以海制空、以空制空、以临制空和以天制空。未来空战就有 10 种作战样式。这类作战样式就体现了跨域作战思想，不仅能跨物理域，还能实现跨网络电磁域。网络电磁域同样可以对空中、对临近空间实施作战。因此我们可以得出结论就是星云空战将会演化成为联合全域作战的一部分，星云就为跨域战和全域战提供了最有力的保障。

在第一讲中，我们介绍星云导弹作战的十一种打法。这十一种打法不是针对空战的，也不是针对临近空间的。它是指在星云支撑下，导弹作战可以有十一种战法。当将其应用于对空、在临作战时，这十一种打法都会得到不同程度的体现。

四是星云空战的特点。主要包括以下三个方面。

第一，星云是“天眼”，空中作战平台不再需要超信息感知能力。这对未来的飞机的发展影响非常大。因为空中作战平台的信息感知能力再强，也没有星云感知网络强。所以，空中作战的飞机将成为一个作战端口——飞机端，这可以让飞机的成本大大降低，还可以加强其他能力，比如机动能力、隐身能力及装载的火力密度。我认为未来基于星云下的飞机概念将会变得更简单。

第二，由于星云提供的高实时性信息，速度时延级别将降低到几十毫秒以内，容量将会达到 5G 超高容量。这种信息交互是实时的，同时是高容量的。这种情况下，飞机将不再需要人去驾驶，因为，驾驶员坐在远程驾驶舱中可以实时感受到战场态势，甚至更加全面。未来的星云空战将向无人化方向发展。星云可以支撑无人空战、空中分布式协同作战、空中的马赛克战、空中的智能作战。平台端和武器端都不再需要智能，因为星云是智能的。

在这里，我还要强调：空中、临近空间和太空没有截然的分隔界面。空中作战，临近空间作战，包括太空战，往往是交织在一起的。它们不是截然分开的，而是同时进行，并没有很清晰的作战阶段。从全域联合作战的角度上思考，虽然我们从空战、太空战和网络电磁战等不同作战域进行分开介绍，但是清楚的、明确的、单纯的空战、太空战和网络电磁战将不会存在。

第三，我还需要强调的是星云的能力也不是无法撼动的，在各种战争的对抗条件下，星云的能力也会有所降低，甚至有所丧失，这是必然的。此时，临近空间作战和空中作战又对武器端提出要求。所以，武器端也不能太弱。星云一旦遭受破坏，武器端能力太弱，将会失去战争的控制权。对武器端能力需要进行权衡，既要考虑到星云正常运行时，云端一体能发挥战斗力；也要保证武器端基本能力。例如作战飞机配备低成本传感器；作战飞机也可以适应有人驾驶模式；还可以形成有人 / 无人协同的作战样式。在第一讲中，我们介绍四大作战样式。云端一体，完全靠星云的 C^4KISR 能力保障作战；天地一体，靠云和端 C^4KISR 能力不分主次、共同保障作战；地天一体，当星云不能正常运行时，只能提供部分作战能力，同时武器端还可以具备独立作战能力，此时星云作战体系对端进行支援，形成以端为主、地天一体的作战模式；还有一种军民一体，利用军民商天基体系保障未来作战。

我在第一讲中提出的十一种打法是在云端一体情况下的作战样式。天地一体下也会产生一些新的作战样式，地天一体、军民一体下还可以产生一些新的作战样式。这四类作战样式合在一起形成星云空战、星云临近空间战的丰富且不断发展的作战样式。

抱朴：目光老师，您前面提出星云下空战飞机将向“端”发展，那么如何实现这些“端”多功能特性？

目光：我们以航母为例，航母上狭窄的空间中要容纳多种机型，在作战运用过程中，装备体系非常复杂，成本非常贵。在星云支撑下，同样一个机型，通过装载不同的武器或者传感器，匹配下载不同的 APP 就可以形成不同种类飞机的功能。例如装载电子战设备就可以实现电子战飞机的功能；装载预警探测传感器就可以实现预警机的功能；如果装载搜潜、反潜装备就可以实现反潜机的功能。这就是武器装备“端”加作战 APP 应用程序来实现不同的装备能力。

守静：目光老师，未来随着材料技术、飞机制造技术的不断发展，飞机的隐身性必将越来越好。星云能否继续维持高效的探测隐身飞机能力？

目光：我们前面提出隐身的目标不同，隐身的方式就不尽相同。目前，我们通常认为的隐身主要是针对雷达隐身。隐身飞机实现对雷达隐形，必须保证飞机的雷达截面积要显著降低。三代机的雷达截面积是 $2m^2$ 左右，四代机的雷达截面积缩小到 0.01 m^2。 过去，主要通过地面探测雷达和空中的预警机对飞机进行搜索探测，这种探测都是飞机前视或者前下视。所以，隐形飞机的雷达截面积为 0.01 m^2 一般指的是该隐身飞机正面前下视的雷达截面积数据，但其机身侧面和上面的雷达截面积数据可能就会很大。星云具有俯瞰的视角，可以对隐身飞机的上面进行探测，此时，隐身飞机的隐身效能就会大打折扣。为了应对天基探测，对飞机上面视角进行强隐身处理是极为困难的，将涉及装备形态、材料技术的颠覆性变革，需要几十年技术进步及积累才有可能形成。所以，在星云下，隐身飞机将无从隐身。

展翅高飞砺昊穹，揽云抱雾挽长虹。人类从未停止过对进入天空、利用天空和控制天空的追逐。星云作战体系为制空权的争夺提供新的支撑。构建新的空战体系，颠覆传统空战形态，创新空战作战样式。未来的天空争夺将不再只有战机，而是以星云为核心的空战体系对抗。

星云临近空间战

目光：我想从四个方面来讲解星云临近空间战。

首先，我要给同学们介绍人类对空中飞行速度追求经历的三个阶段。

第一个阶段是亚声速时代。最早的飞机由莱特兄弟发明的，飞的距离很短，速度很低。后来随着技术改进，飞机开始真正投入使用，飞行速度是亚声速，主要受当时飞机动力、飞行器气动外形等总体设计技术的局限。这是人类探索天空的第一步，也是第一次革命。

第二个阶段是超声速时代。美国 X-1 实验飞机于 1947 年突破音障，人类进入超声速时代，这是第二次革命。在军事领域，超声速应用非常广泛。世界各国研制的二代机、三代机在加力状态下，都可以实现超声速飞行。第四代战斗机具有四超能力，即超隐身能力、超机动能力、超声速巡航能力和超信息感知能力，其中超声速巡航能力指战斗机不开加力情况下实现超声速飞行，极大提升战斗机性能。综上得出，超声速性能将会是未来军用飞机发展非常重要的方向。在民用领域，英国和法国联合研制的“协和号”民用飞机也可以进行超声速飞行，但是，由于其较高的成本以及悲惨的事故，导致“协和号”飞机很早就退役。目前还处于第二阶段高潮阶段。

第三个阶段是高超声速时代，航空器达到 5 马赫以上的飞行速度。美国率先开始高超声速飞行器研究。从 20 世纪五六十年代开始研究，历经几起几落，最终在 21 世纪初实现重大技术突破。代表机型包括 X-43、X-51A 等，连续突破 5 马赫、6 马赫最高速度，最后甚至达到 10 马赫。可惜的是美国在取得重大突破之后，并没有引起美军方的高度重视，导致研究工作停滞。俄罗斯和我国依靠体制的优势，把高超声速飞行作为一个重点发展领域，在经过 10 年的研究和发展之后，已经取得突破，甚至超过美国，俄罗斯率先实现装备高超声速武器。

临近空间高超声速武器实现高超声速飞行有两种方式：一种是吸气式的飞行器，利用超燃冲压发动机推动飞行器实现高超声速飞行。实际上，就是飞行器自身携带燃料进行飞行，在临近空间飞行过程中，混合空气中的氧气后进行高速燃烧，然后形成推力，推进的飞行器维持高速飞行。还有一种是滑翔式的飞行器。在 2019 年 10 月 1 日，我国在天安门举行的国庆阅兵中展示的 DF-17 导弹就是滑翔式高超声速武器。DF-17 携带的滑翔弹头外形一经展示就震惊世界，这是世界上首次公开展示的、可用于实战的高超声速武器，向世界展示我们大国的实力。滑翔式高超声速武器通过初始高度和高初速度，在临近空间中，凭借其高升阻比的气动外形进行滑翔飞行。飞行高度在不断地降低，速度也在不断地降低，最后实现长距离的滑翔飞行。这两种高超声速飞行方式都是可以机动飞行。

其次，我讲一讲高超声速武器的重要意义。

一是临近空间具有显著的战略价值。美国、以色列、俄罗斯、日本、英国等国家对临近空间这一空域高度重视，投入了大量的经费，积极开展临近空间的军事应用及武器技术研究。特别是高速飞行的临近空间飞行器，成了世界各国竞相发展的重点。众所周知，临近空间飞行器若要实现高速飞行，必须获得较强的机动能力和足够的升力。临近空间空气稀薄，飞行器在此区域飞行，空气阻力较小，可以实现超声速、高超声速飞行。在空中，飞行器将面对稠密的空气空间，阻力更大，难以做到高超声速飞行。

二是临近空间具有重要的军事应用价值。在临近空间，能够执行特定任务且持久稳定运行的飞行器被称为临近空间飞行器。在美国空军空间战研讨会上，美国空军兰斯·洛德上将曾指出，临近空间飞行器可携带有效载荷进入临近空间，并具有持久的稳定性、高效费比、强生存力和快速反应能力。临近空间高超声速飞行器具有飞行速度快、机动性能强、突防能力强等特点，其在远程预警、通信保障、快速突防、侦察监视、情报收集、远程打击和电子压制等方面具有无可比拟的军事优势。未来空间作战的内涵和概念将因临近空间飞行器的出现而改变，传统的作战模式也将受到颠覆性的影响。为在未来的军事对抗中占据临近空间战略制高点，获取战争的主动地位及优势，世界各国掀起了开发临近空间的热潮。因此，开展临近空间的相关技术研究迫在眉睫。

三是高超声速武器可以夺取制胜机理中的时间差。我举个例子，一枚高超声速导弹，拥有 1000km 的射程，飞行速度 6 马赫，10 分钟就能达到。一枚亚声速导弹，以 1 马赫速度飞行，1000km 需要飞行 60 分钟。这就是超声速和高超声速的区别。对于时间敏感目标，10 分钟可能机动不会太远，但 60 分钟肯定能进行远距离机动。所以，高超声速飞行是夺取时间差制胜机理的重要支撑，可以实现发现即摧毁。这是高超声速武器具有的革命性意义。在未来进攻作战中，夺取时间差，实现发现即摧毁，就会形成对敌方的代差优势。

四是高超声速平台可以在某种程度上替代卫星的功能。美国正在发展的 SR-72 高超声速无人侦察飞机，可以以 6 马赫飞行速度在 30km 海拔高度连续飞行 4000km，飞行时长不到 40 分钟。美国曾经做过一个演示，SR-72 高超声速飞机从日本或者韩国起飞，从我国山东半岛开始，沿着我国的东部海岸线，一直到福建，再返航回到日本或者韩国。在不到 40 分钟的时间里，该机可以实现对我国广大区域实施战略侦察任务。在还没有星云的情况下，此类战略侦察主要依靠中高轨道侦察卫星。目前对中高轨道侦察卫星的侦察进行有效攻击的情况下，高超声速战略侦察平台就有了非常显著的军事意义。美国提出不依赖太空的理念，实际上，SR-72 就是其不依赖太空的一个重要手段。此外，这种侦察手段不需要实时将信息回传，落地以后再把信息进行处理，从而简化了系统配置和作战运用，这属于战略性侦察。

五是高超声速武器具有强大的生存突防能力。临近空间空域的区间是 20 ~ 100km，临近空间飞行器的飞行速度达到 5 马赫以上。对于这一类目标，现在的防空导弹防御系统都是无能为力的。20km 以下空中目标，现有的美国爱国者防空系统和俄罗斯 S-300 防空系统都可以从容应对；100km 以上的大气层外目标，可以利用导弹防御系统进行打击。但是在临近空间这个特殊区域，对高超声速目标实施拦截是极为困难的。原因有两点：一是拦截弹的过载要大于高超声速导弹，但在稀薄的空气中进行高超声速机动，极为困难；二是拦截弹速度超过被拦截目标，速度要达到 5 马赫以上，随着高超声速武器的发展，飞行速度会更快，拦截弹的速度超过高超声速飞行的难度更大。因此，目前临近空间高超声速的防御问题处于空白阶段。但是世界主要军事大国都在大力发展临近空间防御手段，积极应对高超声速武器。我们相信在不久的将来这个问题必然会突破，同时也就意味着临近空间的攻防对抗进入一个新的阶段。

再次，我讲一讲高超声速武器发展难点。

高超声速飞行器包括高超声速飞机和高超声速导弹。首先是结构问题，大家可以设想一下，一个飞行器要在临近空间长时间进行高超声速飞行，最大问题是什么？是飞行过程中高温引发的防热问题。

一是外防热问题。外防热就是飞行器的尖端和机体外表面长期与空气摩擦产生高温，这种温度可以高达 1500 ~ 2000℃。大家都清楚，这样的温度超过了任何金属的熔点，也超过任何普通的材料的熔点，包括典型的碳基复合材料。碳基复合材料作为弹道导弹的弹头材料，通过烧蚀将热量带走。但高超声速武器不能进行长时间烧蚀，烧蚀会造成其气动外形发生变化，伴随着气动外形改变，其控制特性、运动特性也会产生变化，可能会造成飞行器空中解体。所以，高超声速飞行器要求的外防热既要抗住高温，同时还要零烧蚀或者是微烧蚀，这就对防热材料提出极高的要求。西北工业大学曾经研究过碳化硅材料能够满足高超声速飞行的防热需要。

二是内防热问题。吸气式发动机，从进气道开始，一直到燃烧室的温度比外放热的温度更高，同时还有高压问题。所以，内防热面临的问题更恶劣，对材料的体系要求和能力要求更高。通俗地讲，一代材料一代装备，因此，高超声速飞行器必须用新一代材料和加工工艺技术。这就是为什么说高超声速飞行器是革命性的。但问题并不是很轻易就可以实现突破。曾经有业界专家形容高超声速吸气式发动机的研制难度相当于要在 12 级台风下划着一根火柴。高速气流瞬间穿过燃烧室，同时还要利用气体进行燃烧，难度之大可想而知。但功夫不负有心人，近年来，国际上高超声速超燃冲压式发动机取得了很大的进步。

最后，接下来我再讲一讲星云临近空间作战样式问题。

高超声速武器的作战样式主要分为侦察作战、进攻作战和防御作战。

一是侦察作战样式。我们已经提出临近空间战略侦察作战样式。在星云的支撑下，临近空间侦察作战样式不仅包含战略级侦察还包括战术级侦察。临近空间侦察不需要进入对方主权区域，在对方领土、领空、领海外就可以执行侦察任务。例如在我国东南沿海 12 海里外，敌方在临近空间对我执行侦察行动，我方该如何应对？打和不打两种选择都存在问题。当有星云的情况下，可以实施基于星云作战体系的电磁干扰和压制。星云可以实时监视、跟踪临近空间高超声速侦察飞行器。同时星云电磁干扰也可以始终覆盖飞行器飞行区域，削弱、剥夺其战略战术侦察能力，达到不击落飞行器，降低敌方侦察能力的作战效能。

二是进攻作战样式。当作为进攻方时，高超声速武器就可以在星云的控制和目标指示下，对目标实施打击。这时的高超声速武器，不需要加装复杂的多体制导引装置，只需要加装一个光学或红外的末制导装置确保最后 1000m 的攻击精度。这种打击方式就是第一讲中提出的云端一体化打击样式。“云”指星云作战体系，“端”在这里指高超声速武器，“云端一体”指在星云的支撑下实施高超声速武器一体化打击。这样的进攻样式对高超声速武器的要求重点是提高其机动能力和突防能力，剩余的信息感知能力主要依靠星云作战体系。

三是防御作战样式。当星云作为防御手段应对高超声速武器时，星云作战体系是覆盖全球的“天眼”，部署高度高于临近空间。在临近空间飞行的高超声速平台和导弹能够被星云轻易地捕捉到。一方面是因为高超声速飞行器的外表面温度高，红外特性非常明显，相当于一个大火球在飞行；另一方面是其雷达特性也非常明显。这样的气动外形很难做到隐身。所以高超声速武器突防不是靠隐身，而是靠高速和高机动能力实现突防，也就意味着高超声速飞行器容易被雷达或者光学 / 红外卫星在很远的距离上进行快速捕捉。因此，在星云作战体系支撑下，临近空间作战是透明的。因为星云可以实时跟踪高超声速飞行器，同时也可以引导拦截弹对飞行器实施拦截作战。这也是一种典型的云端一体化作战样式。

临近空间防御问题，会产生新的概念。美国的导弹防御和反太空战的主要手段是动能碰撞，直接动能拦截武器依靠先进控制技术结合高机动能力和红外末制导技术对目标实施直接碰撞杀伤。动能碰撞技术对精度链的要求非常高，对从探测目标、跟踪目标到引导拦截碰撞的全过程精度要求高，时间点要完全闭合。这种技术在临近空间实施拦截打击就会带来两个问题：一个问题是拦截弹的技术难度倍增。在临近空间实现动能碰撞，将会面临气动热防护问题，高温对红外和光学导引头的影响非常大；第二个问题是精度链的脆弱性。高精度的距离精度量和时间点，当遭遇干扰时，链路就会受到压制，精度链就会不闭合，导致拦截作战任务失败。美国人选择动能碰撞技术途径，背后是其先进的科技工业体系。俄罗斯选择传统的毁伤技术——破片杀伤，不依赖高精度的、“针尖对麦芒式”的碰撞杀伤，让拦截弹和目标形成交会，利用战斗部形成一个破片杀伤区对目标实施杀伤。

我提出一种新的方式——定制毁伤。2003 年，美国的哥伦比亚号航天飞行器在再入返航过程中解体爆炸，经事后分析得出结论是航天飞机在起飞阶段，防热泡沫掉下将航天飞机轨道飞行器肩部的隔热瓦砸伤，导致航天飞机在返航的过程中，“热”通过损伤部位进行机体内，最终产生热解体，七位宇航员（包括两位女性宇航员）牺牲，直接导致美国提前退役航天飞机。受此启发，可以发展一种云毁伤的模式。

第四种临近空间的防御作战样式是以临反临。攻防双方都是临近空间飞行器，直接在飞行器上搭载空空导弹，在临近空间利用空空导弹直接执行反临空战。以临反临不需要进行跨域机动，是夺取时间差和空间差制胜机理最好的方式。当然，以临反临可以拓展为以临反天。临近空间相对于地面、海上和空中，距离太空更近，从临近空间跨域执行对天基卫星的杀伤将具备天然优势。例如，可以通过临近空间网络电磁战直接对卫星进行压制干扰；还可以通过发射直升式反太空战方式直接攻击目标。这也是将来制天的一种方式。在第二讲中，我们研究以天制天，在这里我们可以提出以临制天作战样式。同理，还可以进行拓展，临近空间作战模式里面还可以包括以临制地、以临制空、以临制海，以临近空间居高临下的优势，跨域执行对地、对空和对海作战任务；以临制临是同域对抗；以临制天是从临近空间向上进行作战。相反，我们可以继续拓展，临近空间防御作战模式包括以地制临、以海制临、以空制临、以临制临和以天制临。这就是临近空间 10 种作战样式。

守静：目光老师，星云支撑临近空间作战拥有上述 10 种作战样式，那么其制胜的机理是什么？

目光：这需要我们将星云临近空间战和传统的空战进行对比。通过对比，我们可以发现高超声速攻防作战具备制胜机理三差优势，即时间差、空间差和能量差。一是时间差，临近空间飞行器具备快速性，要求作战体系要适应高超声速的节奏，会导致 OODA 作战循环非常快。例如针对 1000km 的目标，高超声速武器 10 分钟达到，达到 A 打击行动快的目的。如果 OOD 三个阶段时间很长，A 的时间差就会被抵消。所以，要求 OOD 也要快，发现快、识别快、调整快、决策快，这就会对整个作战体系提出更高的需求。二是空间差，攻防作战，作用距离越远，就能夺取空间差。三是能量差，在星云支撑下，高超声速武器可以进行饱和攻击，同样也可以应对饱和攻击。

高超声速攻防夺取三差优势的需求以完全人在回路的方式，不能满足临近空间攻防作战要求，只有智能化的作战体系才能实现OODA的快速闭环。机械化时代是“in-the-loop”，人在回路；信息化时代是“on-the-loop”，人在回路之上，人可以驾驭控制整个作战过程；智能化时代是“out-of-loop”，人在作战环之外，无人作战的形态可以出现。

抱朴：目光老师，我一直对一个问题疑惑不解，高超声速武器的这种高速性和隐身性是否能合二为一？

目光：探测高超声速武器的手段通常有红外、光学和雷达。一方面，高超声速武器外表面由于具有高温特性不能实现红外隐身；另一方面，雷达隐身主要靠外形隐身，但高超声速飞行器的本质上就要追求大的速度比，无法实现雷达隐身。速度和隐身，这两者是不可调和的矛盾。

针对这个问题，我给同学们讲一讲突防三要素：一是不被发现，靠隐身、靠隐蔽飞行；二是不被识别，当发现一大群目标袭来，无法辨别真目标和假目标；三是不被拦截，发现识别后，无法实施有效拦截。比如弹道导弹突防靠大量诱饵，保证对方无法辨别真假目标；高超声速武器靠什么？对其发现容易，识别容易，但拦截困难。这就是突防机理，不需要进攻武器做到面面俱到，只需要有一个方面特别突出就可以实现“一招鲜吃遍天”。

战鹰：目光老师，我们通过研究可以发现美国在临近空间高超声速飞行器领域发展最早，技术突破最早，但为什么现在武器装备阶段处于落后位置？

目光：这是值得所有人深思的问题。实际上，真正的根源就是“空军的傲慢”。美国空军凭借其强大的空中作战力量已经可以独步天下。从第二次世界大战开始，发展了一代又一代作战飞机，引领世界航空发展潮流。机型种类最全，发展了战斗机、运输机、轰炸机、预警机、侦察机、电子战飞机、反潜机等不同功能种类的飞机，每种机型都处于世界领先位置。在实战方面，从第二次世界大战到越南战争，再到近 20 年的局部战争，空中优势一直是美军支柱，是取得战争胜利的关键所在。

“空军的傲慢”使美国丧失了两个战略机遇期。第一个战略机遇期就是美苏争霸初期，第一颗洲际弹道导弹是苏联发射的，第一颗人造地球卫星是苏联发射的，第一个实现宇航员上太空的也是苏联。美国在航天领域一直落后于苏联，原因就是美国空军认为没有必要发展航天事业，利用空军的飞机可以完成各项任务，这种傲慢就导致美国丧失了一个战略机遇期；第二个战略机遇期，就是常规导弹，尤其是战役、战术性导弹的发展。美国原本拥有强大的战役、战术性导弹，但由于《美苏消除两国中程和中短程导弹条约》，丧失了常规弹道导弹能力。与之相对的俄罗斯，因为其舰艇、飞机等平台能力不行，所以通过发展导弹饱和攻击能力去应对美国先进平台装备。俄罗斯的导弹技术一直发展很快，我国更是这样。我们的平台能力目前无法与美国相比，所以我们就要大力发展导弹装备。因此，我国成功发展一系列亚声速的、超声速导弹。一方面，我国通过引进消化苏联/俄罗斯的先进导弹，获得技术和装备；另一方面，凭借自主技术发展形成系列化的导弹武器装备。再依靠导弹的时间差、空间差、能量差去弥补我们平台的时间差、空间差、能量差的不足。最终我们形成了区域拒止/反介入能力，对美国航母等平台及其前沿阵地造成巨大的威胁。在这种情况下，美国退出《美苏消除两国中程和中短程导弹条约》，近年来大力发展导弹，包括高超声速武器。并且美国希望将这些武器部署在我国周边。在最新报道中，其希望部署在日本、韩国、菲律宾，甚至是越南等国家，对我沿海地区形成严密的火力覆盖能力。

综上，我们可以看出就是美空军的傲慢、平台的傲慢，导致其错过两次战略机遇期。目前，美国对这一系列的问题已经开始反思。平台总体战已经落后了，将来平台向无人化、廉价化、终端化的方向发展，星链成为美国下一个发展的重点方向。所以，当一个事物太强大以后，也会带来问题，需要不断迭代更新才能保持持久的核心竞争力。

金庸小说中写道：天下武功，无坚不摧，唯快不破。临近空间高超声速武器就印证了这句至理名言。四位同学若有所思，高超声速武器虽然目前可以驰骋天下，但伴随着防御能力的提升，矛与盾的实力此消彼长，临近空间攻防对抗将成为未来军事对抗的焦点。

从星云空战的视角解读传统空战

守静：目光老师，第二次世界大战初期，英国与德国在英国本土及英吉利海峡上空爆发了规模空前的不列颠空战。空战持续了 4 个月，英国损失 900 多架飞机，德国损失 1700 多架飞机。在未来星云空战中，是否还会存在如此大规模的空战？

目光：丘吉尔对希特勒宣战以后，希特勒的战争计划是跨越英吉利海峡，击溃英国。德国率先实施的就是对英国的轰炸，主要目标涵盖了军事基地、码头、机场，也包括重要城市，比如英国首都伦敦。德军的轰炸机以上百架、甚至几百架的大集群方式实施对英国轰炸。如此大规模的轰炸机集群需要更大规模战斗机进行护航。英国空中力量顽强应对德国的袭击。双方在大不列颠上空展开激烈的空中绞杀战，依靠飞行员的经验和飞机机动能力进行空中搏杀。最后双方损失惨重，但英国守住了国土的制空权。

不列颠空战完全是飞机能力水平的抗衡。英国利用其先进的无线电技术，开发探测敌军飞机的雷达和通信设施，为英国提供防空预警。英军可以在地面雷达的引导下，更快地发现德国战机，更快地占据有利位置，更加有效地实施拦截作战。这是英国空战体系带来的优势。导致德军遭遇第二次世界大战开始后首场失利，更使德国空军实力大减。

不列颠空战的出发点是德国企图利用轰炸机对英国实施战略轰炸。未来星云支撑下，还需要进行远距离、长途奔袭式的轰炸吗？不需要。那是传统的兵力机动和兵力机动后形成的火力优势。云端一体作战样式结合导弹中心战思想，变兵力机动为火力机动，变兵力优势为火力优势。利用远距离精确制导武器对敌防空导弹防御网络和指控控制系统等关键目标实施饱和攻击，结合星云评估打击效果，形成多批次、多体制、多方向远距离精确打击能力，确保彻底摧毁目标，达成以导制空的效果。取得制空权后，星云引导作战飞机再对剩余目标实施轰炸，就会达成事半功倍的效果。

美军提出“穿透性制空”作战概念，目的是要颠覆传统的制空理念。传统制空作战是夺取一个区域的、一个空域的绝对的制空权。首先，要取得一个区域的绝对制空，需要强大的兵力，才能保持，这就必须占用大量的空中作战资源。防空部队时刻保持一级战备状态，作战飞机随时处于准备起飞状态。所以，需要消耗很大的战争资源才能保持绝对制空权。其次，制空权的目的是保护己方区域内的其他作战力量的安全。当在相当大的战场空间范围内，没有自身的作战力量，就不需要制空权。因此，无须争夺或者维持无效制空权。穿透性制空就是穿过敌方防空导弹防御区域，对其纵深关键目标实施打击。因此，不需要维持大面积制空，就可以达成打击任务实现。美军利用其隐身优势，打造一个隐身编队，其中包括隐身的预警机、隐身的电子战飞机、隐身的制空作战飞机、隐身的火力飞机，完成穿透性制空。

空军使命中还有空中遮断和空地支援任务。飞机执行空中遮断和空地支援的前提是必须夺取制空权，没有绝对制空权，就无法实施空地一体作战任务，但导弹不需要制空权就可以实施远距离对地精确打击。所以，从空中遮断、空地支援角度上，也不需要大量的作战飞机去执行此类任务。因此我们可以得出结论，未来不会再出现大规模的轰炸，也不需要进行大规模的空战去夺取制空权。即便再发生空战，在星云的目标指引下，飞机搭载远距离空空导弹就可以进行超视距空中作战，达到在视距外就完成制空任务的目标。

时光飞逝，一上午的时间很快过去。目光老师为同学们熬上一锅小米粥，蒸上一屉香气扑鼻的包子。

战鹰总结了这一讲的内容：目光老师从概念内涵、发展历程及战争形态等方面向同学们展现了星云临近空间战和星云空战。空战伴随着人类科技进步而进步，是未来联合全域作战的重要组成部分，更是连接太空和地面、海上的重要通道，掌握制空权就是掌握战争的主动权。

时值初秋，小院里的柿子熟了，红彤彤的柿子像一个个小灯笼挂在树梢，目光老师拿来梯子，抱朴同学三下五除二爬到梯子顶上，摘下了香甜可口的柿子分给大家。相聚在一起学习、交流的时光总是过得很快，转眼又到了分别的时间。目光老师与同学们约定好，一周后继续来到“潜院”，完成星云战的第七讲——星云陆战。

第七讲

星云陆战

2020年10月18日，金秋十月的阳光温馨恬静，北京西山的秋风和煦轻柔，红叶随着秋意缓缓落下，铺满“潜院”。目光老师散步于院中，一边思索着奥宇深空，一边等待着四位同学的到来。不一会儿，战鹰、锐羽、守静和抱朴如约到来。目光老师将同学们招呼在屋内茶桌前，煮上一壶芬芳馥郁的奶茶，摆上美味可口的点心，在香醇细腻的茶香中，开始第七讲。唐代诗人李白曾写道：烽火燃不息，征战无已时。陆战伴随着漫长人类历史，留下的不仅是断壁残垣，也给文明进程带来进步。星云陆战将从四个方面进行讲解。

传统的陆战沿革

目光：从人类诞生之时开始，理论上最原始的陆战就伴随着出现。陆战是最早的战争形态，也是最主要的战争形态。接下来，我将从两个方面讲述传统的陆战。

首先，我给大家讲一讲陆战的发展历程及每个阶段的特点。

自从有战争以来，陆战就在战争进程中不断地演变和发展。随着科学技术发展所引发的金属化军事革命、火药化军事革命、机械化军事革命和信息化军事革命，持续推动着陆战的发展进程。

一是早期氏族部落之间的斗争开创了陆战的历史。原始社会末期，人口增多，由氏族形成胞族、部落，生产逐渐发展，部落与部落在交往过程中，因利益相同而形成部落联盟，也往往因争夺生存条件、抢婚复仇而发生战争。随着生产力进一步发展，恩格斯认为古代部落对部落的战争，已经开始蜕变为在陆上和海上为攫夺家畜、奴隶和财宝而不断进行的抢劫，变为一种正常的营生。早期陆战的特点：战争形态是有组织的大规模“械斗”，没有明确的作战样式，装备上兵器与生产工具没有严格的区分（张国华等，2005）。

二是金属化军事革命加速了陆战新的发展。人类社会进入奴隶社会后，随着生产力的发展，导致私有制的产生，进而导致阶级、国家、军队的出现。特别是青铜兵器和铁兵器的出现，促进了人类战争史上的首次军事革命——金属化革命，这个时期战争形态发生重大变化，由石器时代原始的“械斗”进入典型的冷兵器时代。主要表现在两个方面：一方面陆战所使用主要武器装备发生质的变化——石质兵器发展到金属化的冷兵器，如弓箭、刀剑、戈戟等金属制武器；另一方面出现骑兵、车兵、弓弩兵等新兵种，显著提升部队作战机动能力，并且出现早期的工程兵种，大量修筑城池等大型军事工程，极大提升陆战防护能力（张国华等，2005）。

在冷兵器形态下，催生出种类繁多的作战样式。首先是步兵、弓弩兵、骑兵、车兵等多兵种开始协同攻防作战，可以迅速提升部队整体火力、防护力和机动力；其次利用部队机动力的提升，出现突然袭击战略、迂回包围战略、偷袭等典型陆战样式，这些作战样式在世界各大战场发挥着决胜作用，至今仍然发挥着重要作用。

冷兵器时代以杀伤有生力量为主，争夺更多的是城池、战略关口等军事重镇和交通要道。取胜的关键还是参战人数，参战人数越多，获取战争胜利的机会也就越大，但是也带来巨大的伤亡人数。例如中国战国时期秦赵长平之战，秦军坑杀 40 万赵军。因此，我们可以说冷兵器时期的战争是极为惨烈的。

三是火药化军事革命推动了陆战发生新的变革。9 世纪末 10 世纪初中国发明了火药，经阿拉伯传入欧洲后广泛应用于军事，开始了一系列的枪械发明，在世界军事领域内掀起了一场火药化军事革命。在中国明朝时期就出现实战化的火器，明代火器主要有两大类：第一类是用手持点放的火铳和鸟铳，其形体和口径都较大，一般前膛装填铅弹和铁弹等物，其射程仅数十步至二百步；第二类是安装在架座上发射的大型火炮，多数前膛装填石丸、铅丸、铁丸等物，俗称“实心弹”，少数火炮装填爆炸性的球丸，射程一般在数百步至二三里，主要用于攻城。西方工业革命的出现，管形火器和前膛枪械的运用，使新的军事技术兵器开始出现。实用化的火枪、火炮等火器代替了长矛、弓箭等冷兵器，陆战形态迅速发生变化，从冷兵器与火器并用向火器为主要使用武器迅速转变，陆战火力有了质的提升；出现炮兵、工兵等新兵种；同时正规的陆军组织体制开始形成，出现军、师、旅、团、营、连等正规陆军的组织体系编制，并随之诞生统一的操典、教范和条令等作战规范。在作战样式方面并没有太大的进步，有了远距离强大火力支撑，会更加有效地发挥传统的作战样式优势。

四是机械化军事革命促进了陆战发生新的飞跃。19 世纪末 20 世纪初，主要资本主义国家先后从自由垄断资本主义发展到帝国主义阶段。由于受 18 世纪中期和 19 世纪下半叶两次工业革命的影响，新军事技术和武器装备大量涌现，新的作战力量不断出现，陆战形态发生了重大变化。在以陆战为主要作战形态的第一次世界大战中，陆战逐步由轻武器和人力占主导的线式静态战争，向机械化武器占主导地位的机械化动态战争发展。坦克、远程火炮、迫击炮、反坦克炮和大量机动车辆不断运用于陆战场，陆军的机动力、火力、突击力以及作战指挥控制能力大大提高，机械化战争形态初露端倪。战争的节奏明显加快，作战样式和方法出现全面和重大的变革，新的作战方式不断涌现，大兵团、大纵深、快速机动作战样式开始横行战场，步兵充分利用机械化装备提升作战能力，实现在战场进行快速机动穿插、分割等机动战略战术；陆地作战平台开始和空中、海上作战平台进行协同作战，产生空地快速突击的“闪电战”、敌后空降、海陆结合的两栖登陆等影响极其深远的作战样式。

机械化战争形态赋予作战力量前所未有的火力、机动力和防护力，一日千里不再成为奢望，但是战争的目的依然没有发生太大的变化，还是以杀伤有生力量为主，没有产生本质区别。

五是信息化军事革命赋予了陆战新的内涵。20 世纪末期，以信息技术为核心的新军事革命开始兴起，信息技术在军事领域运用并与远程制导武器结合，导致陆战形态产生革命性的变化。陆军装备向自动化、信息化方向发展，导弹、电子战武器 、C^4ISR 系统等大量新型信息化武器装备和平台不断产生；传统陆战武器与信息化武器装备的有效结合，推动着陆战战场感知能力的提高；陆军的编制体制向小型化、合成化方向发展，例如，我军在军改之后，取消了师、团作战单元，指挥体系扁平化：采用集团军 - 合成旅的体制，合成旅囊括步兵、装甲兵、陆航、炮兵、野战防空、工程、保障等诸多兵种，提升了联合作战能力。

陆战的目的不再是以杀伤有生力量为主，而是转向剥夺对手战争意志，制信息权和制陆权成为陆战对抗双方争夺的焦点。远程精确打击、空地一体、信息火力战开始成为陆战的作战样式。1991 年的海湾战争，是美军首次依据 “空地一体战”理论筹划、组织、实施的大规模高强度的局部战争。“沙漠风暴”行动中，美军的“空地一体战”初露锋芒，首先空中作战单元摧毁了伊军的精锐部队，使之丧失了战术灵活性，地面部队和两栖攻击编队的威胁迫使伊军不断地集中调动，从而增强了空袭的效果，多国部队在 1000 小时的空中行动和 100 小时的空地一体战中取得了辉煌胜利。伊拉克战争中，控制信息优势是美军赢得这场战争的决定性因素，信息技术渗透到武器装备的各个部分，推进自动化指挥系统、先进作战平台和精确打击武器的一体化，使武器装备的整体作战效能有了质的飞跃，从而使陆军作战机动更加快速，作战协同更加高效。电子作战与地面突击、空中打击、特种作战等结合紧密，有力地促成了美军在战场上的快速突进，美军陆军第三机步师在此次战争中，依靠武器装备良好的机动能力和对战场信息的感知能力，创造了日行上百千米的奇迹。

其次，我再给大家讲一讲陆战的使命任务。

陆战发展历程伴随着人类生产、生活而出现，又深刻影响着人类的生产、生活；先进技术总是率先推动军事武器装备发展，从冷兵器到热兵器，从机械化到信息化，火力、防护力、机动力和信息力依次成为每一次军事革命的颠覆重点，陆战装备的进化推动陆战作战样式的发展，陆战战场的血雨腥风反过来促进装备革新和技术创新。

陆战战场是残酷的，第一次世界大战中全球35个国家和地区卷入战争，据不完全统计，对阵双方动员军队6540万人，军民伤亡3000多万人，直接战争费用1863亿美元，财产损失3300亿美元。第二次世界大战参战国家和地区61个，据不完全统计，动员军队1.1亿人，军民伤亡约7000万人，财产损失高达4万亿美元，直接战争费用13520亿美元。伴随着战争形态的变化，陆战的使命任务从杀伤有生力量向夺取对手战争意志发展，陆战的终极目的不会因此而改变，夺取制陆地权是陆战亘古不变的目标。陆战将技术与武器相结合，促成火力、防护力、机动力、信息力及未来的智能力相融合，达成夺取制陆地权的陆战目标（张久石和童庆平，2010）。

战鹰：目光老师，战争产生以来最大规模的全球大战是第二次世界大战，德国为何能在那么短的时间内横扫整个欧洲？依靠的是什么？

目光：第二次世界大战初期，德军利用闪击战方式迅速占领波兰、丹麦、挪威、荷兰、比利时、卢森堡和法国。在对苏作战的初期，闪击战也取得了成功。

1939年9月1日凌晨，德军以其6个装甲师、4个轻装甲师和4个摩托化师为主要突击力量，在一马平川的波兰西部势如破竹般撕破了波军6个集团军约80万人组成的防线。德国装甲部队与空军构成的快速纵深挺进力量，将数量庞大但装备陈旧的波军迅速撕裂、合围，至1939年10月6日，波兰战役即告结束。在后续作战中，德军势如破竹，1个小时拿下丹麦，23天征服挪威，5天征服荷兰，18天攻克比利时，39天征服号称拥有“欧洲最强陆军”的法国。纳粹德国实施闪击战的主要特点是：重视政治欺骗和战略伪装；先于敌国秘密动员、集中和展开军队，不宣而战；闪击战的基础是机械化，前提是夺取制空权，核心在于空、坦、步的协同配合，战术在于一点两面。在出敌不意的时间和地点突然发动攻击，集中大量飞机、坦克和摩托化部队实施强大的首次突击；在航空兵的掩护下，以大量快速部队实施迂回包围，歼灭敌方重兵集团；以夺取被侵略国家的首都为主要目标，摧毁其指挥中心和抵抗意志，迅速结束战争。由于其战争的非正义性，以及战略企图与实现这一目的的国力不相适应等原因，纳粹德国发动的闪击战最终以失败告终。第二次世界大战后，一些国家对闪击战理论进行了大量研究，并曾在实战中使用。苏联在其大纵深立体作战等军事理论中，也吸收了一些闪击战的思想。第二次世界大战后，特别是随着导弹核武器的发展，闪击战仍被超级大国视为一种有效的战争样式（李兵，2015）。

事物发展到顶点，就往往要走向反面。人类历经五次战争革命，付出的代价是鲜血与生命。两次大战残酷的后果及毁灭性武器的出现，促使世界人民掀起了空前的反战和平运动，和平与发展成为时代的主旋律。但军事手段作为解决国际争端、维护国家利益的最后手段并未过时。只有不断学习战争，才能真正实现和平。

未来的陆战预判

目光：在这个主题中，我准备讲一讲基于星云的未来陆战。主要从星云陆战概念内涵、特点等方面出发，讲一讲我对未来陆战力量形态的一个基本的估计，但这只是目前的一个构想，让大家对星云陆战有一个初步的、全貌性的理解。

第一，未来陆战的变化趋势。陆战形态从冷兵器发展到热兵器，从机械化到信息化，火力、机动力、防护力和信息力都提升巨大，夺取制陆权的能力持续提升。但陆战形态没有跳出陆地领域，还是主要基于单一军种的单域作战。未来的陆战必将打破旧格局，实现新突破，向更广阔的作战空间转变。主要变化有以下五个方面。

一是作战领域向多维空间拓展。陆军传统单域作战模式为什么要向多维空间拓展？因为未来陆军需要真正的多域一体、可快速部署的军事能力。主要原因包括以下几个方面：首先是陆战对手发生了改变，传统陆战面临更多的是单域带来的威胁，未来陆战将随时面临来自太空、临近空间、空中、海上及网络电磁空间多个作战域的攻击，这些攻击可能出现在战争中，也可能直接出现在战略纵深和战略后方，例如太空和网络带来的攻击，如果陆军依旧固守传统必将被未来战场所淘汰。其次是空地一体、两栖作战等传统陆战模式为陆军向多维空间拓展提供技战术基础。传统的空地一体、两栖作战等已经表明陆军通过与其他军种在不同作战域进行跨域协同作战，可以形成能力叠加及优势互补，而未来陆军多域作战可以保证陆军以一个整体形成多域联合攻防能力。再次是星云为未来陆军多维空间作战提供体系基础。陆军执行多维空间作战将面临指挥控制难、跨域通信复杂等诸多问题，以星云作战体系为基础可以构建未来陆军多域作战网络，将各作战域力量链接起来，进行统一调配，实现协同作战。最后是无人系统为陆军向多维空间拓展提供物质基础，随着自动化、机器学习、人工智能等技术的成熟，将打破“人”对陆军多域作战的限制。无人系统可以代替人类在多维空间进行跨域协同和高效作战。

二是作战要素向高度融合转变。未来多领域联合陆战区别于现有联合作战模式的一个突出特征，是各军兵种可以在不同作战域共享信息和资源，甚至同步行动，也就是我们常说的“无缝”链接。随着未来作战空间渐趋一体化，维度单一、军种独占的作战域将不复存在。为整合作战能力、创建并利用优势窗口，构建弹性作战编队，将更加注重军种联合向作战要素融合、能力融合、体系融合的转变，通过作战要素的“多位一体”融合，使各军种能够遂行多元化作战任务，确保联合部队在各个作战域拥有充分的机动自由并保持作战优势（高凯和单春锦，2018）。

三是指挥体制向高效扁平延伸。在未来制陆权的争夺中，各作战域界限模糊，只有建立起更加科学高效、机动灵活的作战指挥体制才能占据主动。第一点是强调任务式指挥理念，即以作战任务为牵引，采取集中计划、分散执行的指挥模式。从指挥官到每位作战人员都要树立任务导向思维，根据自身角色和职能争取主动权。这种更加扁平化的任务式指挥体制，赋予基层作战指挥官更大的战场指挥权。第二点是创新智能指挥体制。依托云计算、无人自主系统、大数据智能化分析等网络技术和信息平台，指挥官可以实时搜集和高效精准分析战场数据，在此基础上做出全局性、预见性、合理性的作战决策，并通过相关网络向各个指挥节点共享信息和传递决策，直至单兵系统（高凯和单春锦，2018）。

四是军队编制向精简多能改变。未来的陆军编制将打破传统陆军编制，第一点是打破传统固定的部队架构，要在多领域联合作战的框架下建立灵活、更具适应性的编队，通过改变部队部署态势加强对敌威慑；第二点是打破军种界限，强调跨军种融合。在小型化、更加灵活和具有弹性的基础上，要实现陆军与其他军种进行融合，纵向要将其他军种优势力量融入自身。军队编制精简的目标是向快速机动、多域部署、独立和多作战域相结合的作战能力发展。可以预见的是，未来陆战的联合作战实现层面将会显著下移，由战役层面逐渐延伸至战术层面，甚至体现在排级作战中，打造“小编制、大能力”部队的新举措，也是联合作战发展演变的必然趋势（张剑龙，2019）。

五是技术装备向整合创新发展。我前面提出云端一体化，未来多领域联合陆战装备也将向多域联合作战支撑下的装备“端”发展。首先是分布式架构，在现有装备的技术基础上进行技术创新整合，在星云天基体系的支撑下进行分布式布局，提升装备灵活性和弹性；其次是装备将向小型化、无人化方向发展。在2020年阿塞拜疆和亚美尼亚的纳卡之战中，阿塞拜疆动用土耳其产无人机对亚美尼亚装甲部队进行察打一体攻击，据阿塞拜疆军方发布的消息，摧毁了亚美尼亚军方的130多辆坦克、25个防空阵地、200多门火炮，创造了辉煌的战果。大型的陆战平台装备造价高、目标大，一旦被摧毁对战争结果影响很大；以无人机为代表的无人系统装备已经走向战场，并在局部冲突中发挥着极为重要的作用，未来多域联合陆战中，无人机、无人装甲车和无人坦克等装备将拥有更强的战斗力和更宽广的发挥空间。

第二，未来星云陆战的概念内涵。

星云陆战是未来陆战的重要发展方向。星云陆战是指在星云作战体系支撑下，陆军将打破作战领域的物理界限，拓展陆、海、空、天、网电等多维空间立体作战能力，运用未来陆军多领域融合编队，实施全域机动、全域控制和全域攻防作战，夺取时间差、空间差和能量差，完成“消灭敌人，保存自己”的作战任务，最终夺取多域作战体系下的制陆权。星云陆战的成功取决于如何有效协同利用每个战场（陆、海、空、天、网电）的独特功能，并巧妙利用敌方的弱点和脆弱性。

长期以来，陆军作为联合作战组成部分已经认识到通过精心编排所取得的协同作用。步兵、炮兵、装甲兵、特种部队、电子战部队、战术ISR及陆军航空兵，还有其他陆军兵种组成的陆军合成作战力量通过有效协同可以实现更高的作战效能，但实现这些协同基本还是以陆地作战域为主，产生合作效应通常并不容易。未来战争中，作战域必将跨越一个或多个领域，需要更加持续、多领域的协调、分层和相互支持的联合战役。尽管陆、海、空、天、网电具有独有的特征，有时彼此似乎是相互独立的，但实际上，所有作战都依赖跨域协同作用的某些方面。

星云陆战还将拓展形成星云混合战和星云灰色战争。

一是星云混合战，随着科技、社会的不断发展，战争形态日新月异，政治、经济、文化、技术和宗教等都可以形成斗争，这就是混合战。例如2010年颠覆中东诸多政权的“阿拉伯之春”就是典型的混合战，一个热点事件通过网络空间传播迅速发酵，造成大规模的游行示威活动，最终颠覆部分阿拉伯国家的政权。又如2019年3月7日，一场大规模电力故障令委内瑞拉首都加拉加斯以及全国大部分地区陷入彻底的黑暗，地铁、机场、医院、通信、互联网、银行等公共服务几乎全部停运。委内瑞拉政府面对的是一场几乎是全国性的、反复遭到破坏的、持续数天仍无法全面恢复供电的灾难，总统马杜罗指责美国对委内瑞拉发动了“混合战争”。未来在星云的支撑下，混合战将更加隐秘、经济并且高效。星云混合战充分体现了未来冲突的多维性，强调综合运用政治、经济、军事、外交等所有国家工具，体现传统战争思想的同时又结合了当今信息时代“灵巧制衡、精确释能”的战争法则（陈航辉和邓秀梅，2019）。

二是星云灰色战争，所谓灰色战争就是在武装冲突的门槛以下开展的战争，这种战争是“国家或非国家行为体之间和内部的、处于战争与和平传统二元对立之间的竞争性互动”，采用介于软实力和硬实力之间的挟制手段寻求战略优势。软实力包括：巧妙的外交、有效的经济援助、传播一国的思想和理想等，通常认为金融制裁、支持敌对国家内部的非暴力政治反对派和进攻网络战是最具费效比的三种挟制手段。星云灰色战争将会呈现两个突出的特征：一个是星云本身就是亦军亦民的，利用民用的手段达到军事的目的，自身就带有模糊性和二元对立的互动性；另一个是星云太空战和星云网络电磁战是开展灰色地带作战的最有效的手段，特别是对信息域、社会域、认知域的灰色地带将产生重要的军事影响力和破坏力。

第三，星云陆战的作战形态。

星云是未来陆战的“眼睛”和“耳朵”，可以从太空去发现各种陆、海、空、天、网电空间上的各种目标，掌握战场态势。星云陆战突破单一作战域，形成多维空间立体作战能力，这种形态看似复杂，但未来陆战形态将简化成三种。

一是一域对多域，是指从一个作战域同时发起对其他作战域的进攻和防御作战，以应对来自多域的军事威胁。在这种作战形态下，一域作战力量的投送，不再单一依靠兵力的投送和平台的投送，而更多的是依靠火力的投送和信息的投送。也就是说，依靠星云获取多域作战态势、提供目标指示和指挥控制，主要依靠导弹等火力手段对多个作战域的目标实施打击和摧毁。

二是多域对一域，是指从多个作战域同时发起对某一个作战域的进攻和防御作战，实现作战能力的倍增。在这种作战形态下，依靠星云获取某一域的作战态势、目标指示，依靠星云联合多域作战力量，对某一域的目标实施攻击和摧毁。

三是多域对多域，是指多个作战域同时发起对多个作战域的进攻和防御作战，以应对来自多域的军事威胁。在这种作战形态下，主要依靠星云作战体系的支撑，形成多域作战的完整作战体系，形成对多域目标体系作战能力。

第四，未来星云陆战的特点。

一是一体化，主要包括五个方面：第一个是作战空间一体化，陆、海、空、天、网电空间共同形成多域一体化作战空间；第二个是作战力量一体化，分布在各个作战域的作战力量融合形成一体化作战力量；第三个是指挥控制一体化，依托星云构建多个作战域的一体化指挥控制网络；第四个是作战行动一体化，多个作战域的作战力量协同形成一体化联合作战行动；第五个是作战保障一体化，依托星云构建一体化的作战、后勤、装备保障体系。

二是体系化，主要是指星云作战体系与多域陆战体系整合成整体的星云陆战体系。星云陆战体系具有全天时、全天候作战，全球域、全战域覆盖，强弹性、强实时性的特点。这些特点是星云陆战形态发生变革的根本动因。

三是多能化，主要是指在星云作战体系的多种作战能力支撑下，陆战体系的功能向软硬一体、攻防一体方向拓展，陆战体系的能力向多域一体、多样化任务一体的方向拓展。软硬一体是指网络电磁空间的软博弈和火力对抗的硬杀伤高效融合，攻防一体指的是攻防体系的有机融合和攻防作战行动的快速转换；多域一体指的是在多个作战域同时展开作战行动，多样化任务一体是指侦察、控制、打击、评估以及传统军事斗争、非传统军事斗争、混合战争、灰色战争等多样化任务的能力融合。

四是远程化，主要是指星云陆战主要依靠导弹等中、远程火力实现作战能力投送的远程化。传统的陆战主要依靠兵力的投送实现远程化，星云陆战主要依靠火力实现作战力量远程投送。而火力的投送的速度更快、距离更远、效益更高。

五是无人化，主要是指星云陆战的手段向无人车、无人机为代表的无人作战系统方向发展。有人装备与无人装备将组成有人／无人高度协同的作战体系，这种人机融合作战体系将在未来作战中提供更加丰富和灵活的作战运用样式。

六是敏捷化，主要是指星云陆战的作战行动向更加快速、更加灵巧、更加分布、更加立体、更加便捷方向发展。这种敏捷能力，一方面由星云的强实时性支撑，另一方面是由陆战火力手段的快速性提供。

锐羽：目光老师，装备好坏对陆战胜负有重要的影响，陆战历史的变迁也是装备的变迁。未来星云陆战装备形态会发生怎样的变化？

目光：前面我们已经提出星云陆战装备具有无人化特点。在这里，我想强调的是星云陆战武器装备形态将向“端”发展。例如装甲车辆将重点发展火力和机动力，星云将为其提供信息力；陆军航空平台将主要发展机动力、火力和防护力，星云为其提供信息力，陆战平台的无人化将使防护力失去意义；陆军防空系统将着重发展火力和机动力，星云为防空系统提供战场态势、目标信息及指挥控制。星云和武器端相结合形成云端一体化作战形态。

守静：目光老师，那星云陆战装备在未来战争中如何进行运用？

目光：星云和多域陆战武器端相结合将会有三种运用方式：第一种是云端多域一体化作战，是指星云作战体系直接、全程指挥多域陆战装备端进行攻击和防御作战；第二种是云端多域融合化作战，是指当星云作战体系受到干扰压制、体系能力下降时，星云与传统多域陆战体系共同指挥多域作战平台进行打击和拦截目标；第三种云端多域支援作战，是指当星云作战体系作战能力大部分丧失时，多域陆战武器端将依靠传统多域陆战体系和星云残存的信息支援能力实施攻防作战。

古有诸葛亮夜观天象，隆中定三分天下。今有目光借低轨道星云，“潜院”畅多域陆战。未来的陆战不再拘泥于陆地，低轨道卫星星座为陆战插上云端“翅膀”，陆、海、空、天、网电空间共同形成多领域联合作战能力，决胜未来立体战场。

星云陆战的作战样式

目光：在这一专题中，我着重讲一讲星云陆战基本的作战样式。主要有八种作战样式。

一是以天制域，云端一体，是指星云为多域陆战装备提供情报数据、战场态势和指挥控制，多域陆战武器端进行攻击和防御作战。这里的“天”也包括网络电磁空间。在这种作战样式下，星云陆战的主动权争夺将率先在太空展开。

二是以空制域，空域一体，是指空中作战力量在星云的指挥下对多域目标实施支援和遮断作战，形成空域一体作战优势。在这种作战样式下，星云陆战的制权争夺将重点在空中展开。

三是以导制域，信火一体，是指以导弹为主的火力对多域目标实施远距离精确打击和防御作战，星云为导弹武器端提供信息力，形成信火一体作战优势，星云陆战的制权争夺将重点在火力领域展开。

四是以无制域，察打一体，是指无人系统装备实施对多域目标的侦察打击，星云作战体系为无人系统装备提供战场态势、目标指示和指挥控制，无人系统在星云支持下形成察打一体作战能力，星云陆战的制权争夺将重点在智能领域展开。

五是以电制域，软硬一体，是指星云网络电磁战对多域网络电磁目标实施的进攻和防御作战，与其他硬杀伤手段协同形成软硬一体作战能力，星云陆战的制权争夺将重点在网络电磁空间中展开。

六是以海制域，海域一体，是指海上作战力量利用投送导弹等火力实施对多域目标的攻防作战，星云作战体系为海上武器端提供信息力，形成海域一体作战能力，星云陆战的制权争夺将重点在海洋中展开。

七是以多制域，多域一体，是指从多个作战域同时发起对多域的进攻和防御作战，形成星云支持下的多域一体作战能力。在这种作战样式下，星云陆战的制权争夺将在多域中同时展开。

八是以特制域，云特一体，是指向敌后纵深战场派遣特战部队，执行多域特种侦察任务。综合星云的详察信息和特战的专察信息，为远程打击火力提供目标指引，形成云特一体作战能力，星云陆战的制权争夺将重点在信息领域展开。

抱朴： 目光老师，星云陆战和美国陆军提出的多域作战有什么区别?

目光： 针对这个问题，我将从以下两个方面进行解答。

一是出发点不同。美军多域作战概念的提出目的有三个：第一个是美国陆军面临边缘化危险。美国陆军经历海湾战争的最后 100 小时打扫战场后，面临被边缘化的危险，引起了美国陆军的反思和自我剖析：随着海外行动越来越多，陆军派往前线越来越困难；在执行“外科手术”式打击中，陆军越来越难以参与其中；在多层面大范围侦察需求中，陆军越来越力不从心；在实时远距离通联标准中，陆军反应愈显滞后。第二个是多域作战迎合大国竞争。“多域作战”的提出和发展正好契合了 2018 版美国《国防战略》中提出的应对大国竞争的总体目标。第三个是未来陆军发展定位。“多域作战”寻求在战场环境的各个作战域都能够采取同步并行的方式实施作战行动，从而迫使敌人陷入重重困境，作战能力遭到削弱，进而使得美军地面力量在激烈的作战环境中能够获得战场优势。

二是美军多域作战和星云陆战是两代多域作战体系。美陆军提出的多域作战依靠传统 C^4KISR 作战体系支撑传统的多域作战，形成的是多域协同作战能力；我们提出的星云陆战是依靠星云的陆战体系，是全天时、全天候以及强弹性、强实时性的多域联合作战能力。

目光老师针对未来陆战形态的变化提出了八种陆战样式，同学们惊叹不已，一方面感叹战争将向更加高级的阶段进步，另一方面也在疑问陆战样式的变化还会不会引起大规模的伤亡问题。

星云陆战的典型运用

目光：首先，我讲讲星云山地战的概念及特点。

山地战是指在高山或类似复杂地形下进行的作战。山地战是最危险的作战形式之一，战斗人员既要和敌军交战，同时也要对抗极端的天候和危险的地形。高山在任何时候都是危险的，山体滑坡、严寒、强风、闪电等情况都会对战斗人员造成额外的威胁。传统山地战的主要特点包括：一是山地环境地形陡峭、河道遍布，不利于大兵团展开，会造成兵力分散；同时，还会限制部队的机动能力，延迟响应时间。二是山地连绵起伏的地形和恶劣多变的天气会削弱直升机、ISR 平台、通信设备、辅助车辆支援能力。例如美军 2005 年在阿富汗战争的“红翼行动”，四名海豹突击队员执行先期侦察和监视任务，因山地环境无法与总部进行通信，导致被围攻，最终仅一人逃脱。三是山地作战易守难攻，防守一方通常利用其对地形和环境熟悉，开展分散式指挥和作战。一方面可以进行有效防御，另一方面还可以利用有限兵力进行隐秘机动，展开突然袭击，对进攻一方实施分片围歼。

谈论完传统的山地作战，我们接着讲讲星云山地作战。星云山地作战是指依托星云作战体系和无人作战装备进行的山地攻防作战。具有以下几个方面特点。

一是星云提供了无死角的、无遮断的预警侦察和指挥控制。星云的“天眼”能力可以不受地形和天候的影响，可以将分散的作战力量聚合成一个整体，可以把山区战场态势变成透明。例如，在朝鲜战争的上甘岭战役中，我军为应对美军大口径火炮直接瞄准攻击，依托山脊构筑了反斜面阵地，在对方执行火力覆盖时有效保存了自己。星云“天眼”的出现可以直接从天上侦察到这些工事，配合察打一体无人机就可以实施有效杀伤，使反斜面的地形优势成为过去。

二是无人装备端可以有效克服山地地形和天候对部队和装备机动的局限。在星云的指挥控制下，无人装备端可以直接实施或引导远程火力对山地交通要道、制高点等重要通道实施有效打击，实现以无制地；无人装备端还可以利用山地地形进行隐秘机动，展开突然袭击，实施察打一体、定点清除。无人装备可以进行抵近侦察，为地面部队提供战场态势，指挥控制分散部队，实施对敌人的分割包围；无人装备还可以提供警戒，防止敌方利用熟悉的地形展开突袭。

其次，我讲一讲星云城市作战的概念及特点。

城市是特殊的战场空间。研究一个战场的普遍方法是：如何进入空间，如何利用空间，如何控制空间。研究城市作战也需要沿用这样的方法。城市具有中心化、网络化特点，街巷纵横，建筑物林立，人群密集，严重影响攻防双方的作战行动。

城市作战有三层含义：一是夺取外围，在城市外围的作战，目的是使被夺取的城市孤立；二是攻城拔寨，指进攻一方如何攻入城市；三是城内作战，主要指在每一个街道、每一个建筑、每一个节点的争夺战。

攻入城市作战有多种样式：一是毁瘫式的作战，利用火攻、水攻、轰炸等手段，通过毁瘫城市基础设施和建筑，来摧毁守方的防御体系，第二次世界大战及其以前的城市作战多采用此种方式；二是围困式的作战，对城市实施严密封锁、拒止增援，使其断水、断粮、断能源、断弹药供应、断援兵增援，消耗防御力量；三是夺志式的作战，舆论战、网络战、瘫痪战，夺取防御意志，迫使守敌投降；四是立体式的作战，陆、海、空、天、网电多域作战，多域攻防，多域控制。

城市防御作战的主要样式有：一是利用城市的天险作战，无论是进攻方还是防御方都可以利用城市及其周边的地理环境、自然资源等实施攻防作战，如高山、河流、平原、海岸等。二是利用城市的城防作战，如防御的一方可以充分利用城市牢固的城墙、城墙外的护城河、护城河外的地雷阵、城墙之间的通道等，实施防御作战，歼灭进攻的敌人。机械化战争以前的城市作战基本上属于这种作战样式。三是利用街巷和建筑作战，是指街巷之间逐街、逐楼、逐屋进行的争夺战，“即使占领了厨房，也要在客厅继续战斗”。这是城市作战最典型的作战样式。

战争进入信息化阶段之后，随着信息作战能力和精确打击能力的提高，传统的毁瘫式和围困式的作战样式逐步减少，夺志式和立体式的作战样式成为主流。立体式的城市巷战具有非常独特的地方。

一是易守难攻，这是城市作战的固有特点。城市作战中，防守一方可以倚仗熟悉的环境，依托建筑物和地下工程设施，构筑坚固的堡垒；可在市区内大量设置地雷和各种障碍物；可以居高临下，以点控面，进行观察和狙击；可以利用楼房、街区，组织交叉火力。而对进攻一方来说，常常需要攻坚夺点、短兵巷战，加之地形、敌情不明，易遭敌伏击和冷枪射击。1980 年以来的几场城市作战，进攻方都付出了沉痛的代价。

二是易散难众，通信指挥协同困难。城市作战中，有线通信机动性不强，无线电通信特别是甚高频和超高频通信，受高大建筑物的影响和声、光、磁的干扰，信号欠佳；旗语、手语等联络方式会受到墙壁和建筑物的遮挡，难以沟通；战斗接触面小，与敌交战的多是班组或单兵，交战双方往往是一路、一墙之隔，兵力分散，不便指挥协同。因此利于“单打独斗”，而不利于联合行动。美军认为，城市作战是“下士（班长）决定的战斗”，是“真正的勇士的搏斗”。

三是易近难远，装备优势发挥受限。城市作战面临的是不规则的、复杂的作战环境。大范围侦察定位系统、空中火力、远距离火力，在有防护、伪装和隐匿的城区，其看得远、打得准的优势很难发挥。例如，1993 年 10 月，进入摩加迪沙市区的美军，虽然拥有绝对的技术优势，但面对艾迪德民兵武装的袭击，也只能进行“步枪对步枪”的近距离作战，其高技术装备几乎无用武之地。经过一夜激战，美军丢下了 18 具尸体狼狈撤退。

四是易轻难重，射击、机动困难。城市作战中，近在咫尺的建筑物遮蔽了视线，致使视界和射界受限，存在大量观察和射击死角，不便于实施侦察与观察，不便于发扬重火力优势；小巷狭窄，不便于坦克等装甲车辆的机动，且在主干道上行驶，易遭反坦克武器的打击，风险比较大；军事目标和非军事目标紧密相连，战时既要摧毁军事目标，还要考虑保护重点非军事目标。因此，便于使用轻武器，重型兵器的使用则极大受限。

五是易外难内，兵力优势或火力优势一方可以通过充分发挥优势在城市外围对敌方实施打击，夺控城市外围，但在城市环境中，传统的作战力量难以发挥优势。

六是易困难夺，城市具有脐带特点，水电、粮油等生活物资需要通过外部进行保障。因此，城市作战中进攻方常常采取“围而不攻”的战术，对防御一方实施断水、断粮、断通信等措施，达到“不战而屈人之兵”的效果。

介绍完传统的城市作战，我再简要地谈一谈星云城市作战，星云城市作战是指在星云作战体系和无人作战装备支撑下的城市攻防作战。

一是体系支撑，信息主导，掌控城市战场主动。通过火力精确打击信息通信节点和星云对城市实施全频谱、全时段的信息干扰，全面断绝城市内外的信息沟通，全面封闭城市内信息环境；以星云为基础的多域作战可以实施全维度侦察监视和情报收集，准确掌握街区建筑、防御布局等相关信息，星云与无人装备相结合可以对城市作战目标提供不间断监视和看护能力，一旦出现蛛丝马迹，就可以分析判断出分散之敌藏匿的地点；星云天基物联网可以提供全面情报共享，实时、准确共享战场态势，为加强己方协同作战提供了有力保障。

二是联合毁伤，精打要害，注重多域火力效能。在星云作战体系的协调下，构成全方位多域一体的火力配系；优化火力运用，远近结合，轻重配合，确保能够提供全天候、全地域的远程火力支援；充分发挥星云“天眼”能力和无人装备端的机动优势，引导火力直接实施精准、低附带损伤的打击。

三是虚实结合，夺点控域，灵活攻坚战法。通过战略、战术佯攻，误导敌方决策，有效分散敌防御力量，为重点方向突破打下基础；通过实施多域穿透式进攻，对防御纵深的重要目标实施快速突破、快速控制，再以点控面，扩大战果；充分发挥无人作战装备优势，对城市中复杂危险地点实施无人察打和斩首行动，打击分散、游击之敌，形成强大的心理威慑。

四是星云混合，以义造势，威慑瓦解，实现心理制胜。发动星云混合战，积极争取民心，宣扬正义，强调己方作战的必要性和正义性；对敌内部实施分化瓦解，通过多种途径进行游说、拉拢、收买敌方骨干，分化瓦解抵抗意志薄弱军民，古人云：用兵之道，攻心为上，攻城为下；心战为上，兵战为下。从心理上击败敌方往往能达到事半功倍的奇效。

接下来，我再讲一讲星云城市作战的制胜机理。

一是夺取空间差。城市外围空间差，孤立城市，拒止兵力、火力、信息力、保障力；城市多域空间差，夺取全部作战域的空间差优势；城市突入空间差，一点两面，出其不意；城市整体空间差，分割守敌，围歼清除；城市巷战空间差，由巷外至巷内，由楼外至楼内，单向透明。

二是夺取时间差。进攻时间差，四快一慢，向敌前进要快，准备工作要快，扩大战果要快，追击要快，攻击发起时机要慢；防御时间差，层层防御，节节抵抗，消耗敌军，迟滞进攻，争取时间，以拖待变。

三是夺取能量差。连续进攻能力，集中优势，瞄准一点，持续进攻，直至突破；多点进攻能力，多点突破，破敌分散，局部聚优；后备进攻能力，强大的预备力量；多域防御能力，立体防御，纵深防御；机动防御能力，快速防御，灵活防御；保障防御能力，家有余粮，心里不慌。

下面，我再讲一讲星云城市作战的一般规律。

一是城市进攻作战。围点打援，辽沈战役；一点两面，集中优势，重点突破；因势利导，水攻、火攻；十面埋伏，围三缺一、虚口以待；空地一体，地察空打、空察地打；控点歼敌，争夺关键节点，歼灭有生力量；OODA，狭路相逢、短兵相接；无人作战，机器士兵、无人战车、无人机、穿墙雷达、特种杀伤。

二是城市防御作战。立体布防，联合作战，利用城市多域优势；层层布防，内外结合，攻防转换；人之为战，分散、独立、各自为战，发动人民战争；展开巷战，每巷、每路、每楼、每点均为战场；城市游击战，打一枪换一个地方；马赛克战，形散神聚。

星云城市作战在未来斩首行动中会产生新的样式和效果。2020 年 1 月 3 日，美国出动包括无人机在内的多种武器装备，利用两枚"地狱火"导弹，在城市道路上袭击伊朗伊斯兰革命卫队特种部队"圣城旅"旅长卡西姆·苏莱曼尼的车队，包括苏莱曼尼在内的两辆车上的成员无一幸免。实际上，使用无人机攻击汽车并不难，难的是如何准确掌握苏莱曼尼的行踪，又如何准确地识别登上汽车的人就是他本人。这就考验了城市侦察和情报获取能力。美军通过情报人员、电子监听系统、有人 / 无人侦察机和其他监视系统等多种手段对苏莱曼尼进行长达 36 个小时的不间断监视和看护，实时掌握其动向，最终引导无人机发射导弹将其定点清除。这种多域协同的城市作战样式将在星云的支撑下更加高效。

再次，我讲一讲星云两栖作战的概念和特点。

传统的两栖作战指的是对据守海岛、海岸之敌的渡海进攻作战，不仅包含由海到陆的进攻，还包括机降和伞降的空降进攻作战，是一种立体两栖作战样式。

现代条件下，登陆作战是诸军种、兵种共同参加的联合作战行动。目的是夺取敌占岛屿、海岸重要目标，或在敌岸建立进攻出发地域，为之后的作战创造有利条件。两栖作战最大的特点就是突然性。选择登陆地点是两栖作战的关键，不仅要选择敌人最薄弱的、最意想不到的地域实施两栖作战，而且还应该能快速扩大纵深，以利于后续部队的跟进及便于随时提供补给和后勤支援。由于预选的登陆场是防御方重点实施反登陆作战的战场，会通过设置各种障碍和火力对实施登陆的部队进行集中的、高密度的杀伤。因此，登陆作战又称为战场的“绞肉机”（姚有志，2005）。

1944 年 6 月 6 日，盟军在法国诺曼底发动的两栖登陆作战就是典型的“绞肉机”。战前，盟军进行大量迷惑性行动，诱导德国在错误的地点进行重点防御，保证了登陆作战的突然性，盟军登陆后迅速扩大纵深，取得了战略性的胜利，成功开辟了欧洲的第二战场。与此同时，盟军也付出极大的伤亡代价，据不完全统计，在这场战役中，盟军总共集结了 278.6 万人，到战役结束，伤亡了 12.2 万人，其中阵亡人数高达 5.7 万人，仅在登陆作战的海滩上，盟军就阵亡了 1 万多人。德军方面，不仅战役失利，失去了战争的主动性，同时也损失惨重，德军在整场战役中总共投入 138 万人兵力，40 个师团遭到重创，伤亡人数 8.7 万人。盟军的指挥官艾森豪威尔在战后表示，诺曼底战场是战争领域所出现过的最大屠宰场之一，被毁弃的武器装备以及人和牲畜的尸体塞满了诺曼底一带的公路、田野。

未来星云两栖作战是指在星云作战体系支撑下的两栖立体作战样式。主要发展趋势有以下四个方面：一是星云作战体系可以提供实时的战场态势、目标指引和指挥控制能力，可以将敌反登陆防御部署情况、主要的火力点和兵力的态势进行标记，为登陆地点选择、火力打击和登陆作战提供情报支撑；二是星云海战、空战和网络电磁战可以率先发起，并会贯穿整个登陆战役全过程，保证登陆作战的制海权、制空权和制网络电磁权；三是登陆前，云端一体作战模式引导导弹、无人机等火力手段对敌反登陆防御阵地、主要防御火力点及防空系统进行远距离毁瘫式打击，在登陆阶段进行火力延伸，对敌纵深关键目标进行精确打击，为登陆部队向纵深拓展打下基础；四是以无人机、无人艇、无人战车为代表的无人装备可以支撑多点、同时、立体登陆作战。星云两栖作战可以增加作战的突然性和有效性，在无人系统支撑下可以极大减少人员的伤亡，彻底改变传统登陆作战面貌。在这里，我要重点强调的是星云两栖作战与传统两栖作战最大的不同就在于：后者强调的是兵力的登陆，而前者强调的是信息力、火力、无人装备的率先登陆，以此彻底摧毁和瘫痪敌方反登陆作战体系，夺取登陆场一定纵深范围内的战场制权，为后续的兵力立体登陆创造更加坚实的基础和更加安全、快速的通道。

1982 年 4 月到 6 月爆发的“马岛战争”是英国和阿根廷为争夺马岛的主权而展开的一场跨越 1.2 万海里的具有信息化特征的战争。在这次战争中，英军参战兵力约 3.5 万人，118 艘舰艇组成的特混舰队搭载海陆空三军从英国本土进行战略机动，实施对马岛的登陆进攻作战；阿军参战兵力约 6.5 万人，包含海军和空军全部主力，作战舰艇 33 艘，飞机 350 余架。在这次战争中，英军在取得局部制空权和制海权优势的前提下实施了对马岛的登陆作战。英军首先利用其海、空军航空兵、舰炮对阿海军舰艇、马岛反登陆防御阵地、机场、雷达站和防空导弹阵地进行海空立体瘫毁式打击，封锁马岛周围 200 海里海空域，特战部队率先利用直升机进行垂直登陆，对马岛阿军防御态势实施详察，对登陆作战实施支援；英军突击梯队约 1000 人搭乘登陆艇和直升机同时进行多点、多批次水面登陆和垂直着陆，占领港口、机场有利地形，构筑工事，在 4 小时之内建立了 $25km^2$ 的登陆场。在 48 小时内，上陆兵力增至 4000 ~ 5000 人，上陆物资达 3.2 万 t，达成战役的突然性和有效性，并通过兵分南北两路依次攻占马岛重要军事据点，完成战役目标，取得战争胜利。英军取胜的关键在于依靠信息优势、空中优势和火力优势，夺取了马岛制信息权、制空权和制海权，毁瘫驻马岛阿军的防御体系，而且实施多点立体登陆，实现对马岛的重新占领，而且在登陆作战中仅损失 17 名官兵，传统的两栖作战的“绞肉机”悲剧没有重现（梁光烈等，2001）。

最后，我讲一讲星云机动作战的概念和特点。

传统的机动作战主要是指利用兵力快速、高效机动形成兵力优势，再利用优势兵力实现对敌的快速歼灭。恩格斯曾经指出：“军队在运动中要比停驻时高 4 倍的价值。”拿破仑也曾提出“运动是战争的灵魂”的著名论断。机动制胜思想是随着陆战形态不断发展演化而形成的，早期兵力的机动主要靠“人”，军队机动能力低，会受地形限制，战斗通常摆“阵”而战；后来因为马匹可以用于作战，骑兵就出现了，军队的机动能力大大提高；机械化时代，以车辆、舰船、飞机等机械化手段颠覆兵力机动样式，才出现了大兵团、大纵深、快速机动作战样式，机动制胜的思想才慢慢得到体现。当我们回顾解放战争时期，中国人民解放军和国民党军队进行战略决战，分别是辽沈战役、淮海战役和平津战役。我军在决战中实施了大规模迂回、穿插机动作战，形成局部优势兵力，进行歼灭作战，最终取得战争胜利。但传统的机动作战对机动效率要求极高，实体兵力的机动要求对战争规模的发展和战场态势的变化准确及时掌握，对指挥员的战略思维、应变能力，指挥体系的高效性和部队执行能力都提出了极高要求，如有一环不到位就可能造成满盘皆输。因此，传统的机动作战存在着极大风险（石纯民，2003）。

未来星云下机动作战会有什么变化？星云机动作战是指在星云作战体系支撑下的机动作战。主要特点有以下几个方面：一是星云作战体系为机动作战提供更为宏观、准确并且实时化的战场态势，为火力打击提供目标指引，为兵力机动提供更加快捷、安全、高效路线，保障作战力量可以在多域战场实施全天候、全维空间的机动作战；二是星云机动作战将变兵力机动为信息机动和火力机动，传统的兵力机动形成的兵力优势已不再完全适用于未来多域作战，信息机动和火力机动比兵力机动更快速、更直接、更有效，形成的火力优势可以方便夺取制胜三差——时间差、空间差和能量差；三是星云机动作战更加强调跨域机动，星云陆战向多域作战空间拓展，因此通过跨域机动更有利于集中多域优势战斗力。

骝马新跨白玉鞍，战罢沙场月色寒。曾经的陆战战场血色残阳，让人无法释怀。星云的支撑，多域作战力量的高度融合，或许我们再也看不到惨烈的陆战景象，但陆地制权的争夺的激烈程度不会丝毫减弱，只有科技兴军，科技强军才能让我们的军队长期立于不败之地。

院外日光弹指过，席间叶影坐前移。一上午的时间很快过去，目光老师结束今天的讲解就走进厨房，为同学们烙上一锅他刚刚学会的牛肉馅饼。

同学们吃着馅饼，意犹未尽。战鹰班长对这一讲进行了总结：目光老师今天围绕着星云陆战为我们做了深入的讲解。从兵器的演变中探究陆战的发展历史及其特点，将星云和多域作战相结合提出未来陆战的概念内涵、特点、战争形态及攻防作战样式。在云端一体作战模式支撑下，无人系统将制胜未来陆战战场。

饭后，目光老师对同学们在学习、工作和生活遇到的问题进行仔细解答，叮嘱大家要多运动、爱护自己的身体，只有强健的体魄才可以更好地学习、工作和生活。最后目光老师和同学约定下周再次相聚“潜院”，讲述第八讲——星云导弹战。

第八讲

星云导弹战

10 月 25 日，飒飒秋风，芦花飞扬，看万山红遍，层林尽染。战鹰、锐羽、守静、抱朴四名同学按照一周前与目光老师的约定再一次早早地来到“潜院”。目光老师把大家迎到了他雅致整洁的书房，拿出了新近烘焙好的咖啡豆，为大家每人制作了一杯香醇的现磨咖啡。在缭绕的咖啡香雾中，目光老师开始第八讲。导弹自 20 世纪问世以来，以其远、准、狠、快的特征，成为继火炮、轰炸机之后，具有划时代意义的重大变革武器装备。导弹已成为决定现代战争胜负和维护国际战略稳定的中坚力量，并且未来相当长的一段时间内，以导弹为主导的战争依然是战场的基本形态。但随着科技革命和军事革命的加速发展，战略前沿和颠覆性技术的不断涌现，战争形态尤其是导弹战的形态也在不断发生演变。

导弹战的发展历程

战鹰：目光老师，您能不能系统地给我们介绍一下导弹战的发展历程，这样我们可以对星云导弹战有更加深刻的认识。

目光：你的建议很好，那么我们首先就来讲一讲导弹战发展历程。

“导弹战”一词最早出现于 20 世纪 80 年代，由国外军事评论家首先提出，认为导弹投入作战即为导弹战，只是各阶段导弹战所起的作用不同。技术决定战术，不同代的导弹投入战场运用，形成了机械化阶段、高技术阶段和信息化阶段不同的导弹战形态。

第一个阶段是机械化阶段。导弹战机械化阶段形态是指第二次世界大战末期至 20 世纪 80 年代末的导弹作战运用。这一阶段的导弹战主要运用第一、二代导弹装备，在近十次局部战争和主要的武装冲突中发挥了重要作用。

机械化阶段导弹战特点：一是仍以平台中心战为主，导弹战是战争的配角；二是导弹战的战法基本沿用火炮战法，其中平台战法起主导作用；三是精确打击体系尚未形成，导弹战尚属于独立作战样式。

第二个阶段是高技术阶段。导弹战高技术阶段形态是指 20 世纪 90 年代初到 21 世纪初由机械化阶段向信息化阶段过渡历史时期的导弹作战运用。起始于 1991 年的海湾战争，结束于 2001 年的阿富汗战争。这一阶段的导弹战主要运用第二、三代和第三代改进型（简称“三代改”）导弹装备，在四次局部战争和主要的武装冲突（海湾战争、沙漠之狐行动、科索沃战争、阿富汗战争）中成为骨干作战力量（目光，2018）。

高技术阶段导弹战特点：一是导弹战成为重要作战样式，地位作用凸显，逐步成为战争中的主角；二是防区外打击是战争初期夺取战场主动权的普遍作战样式；三是精确打击体系初步构建，精确打击链形成并开始发挥作用；四是展示出“察打一体”的能力，“空地一体战”作战样式更加丰富；五是导弹战充分体现了非对称、非接触、非线性作战特点，形成了以这三种作战为主的高技术战争形态。

第三个阶段是信息化阶段。导弹战信息化阶段形态是指从 21 世纪初至今的导弹作战运用阶段。在这一历史时期，世界进入“一超多强”的发展格局；导弹技术和核武器技术加速扩散，恐怖主义猖獗，反恐作战持续不断；第五次科技革命深入发展，计算机技术、微电子技术、信息技术、网络技术等高新技术广泛应用，信息化装备不断涌现；临近空间、网电空间、太空空间的争夺日趋激烈；“网络中心战”“空海一体战”以及一体化联合作战理论逐步成熟，并投入到作战实践中；美国的战略重点开始向亚太地区转移，围绕主权和资源的争夺，应对来自海上的威胁成为主要作战方向。信息化战争深入发展，方兴未艾。这一阶段的导弹战主要运用第三代、第三代改和第四代导弹装备，在三次局部战争和主要的武装冲突（伊拉克战争、利比亚战争、打击“伊斯兰国”行动）中成为主战装备。

信息化阶段导弹战特点：一是 C^4KISR 更加完备，并开始形成网络一体化，网络中心战特点显现；二是信息系统和精确打击体系与导弹战融为一体，体系对抗条件下的导弹远程作战能力和发现即摧毁能力有了质的提升；三是联合作战成为主要战争样式，三军联合的导弹战成为导弹战主要形态；四是精确打击消耗的弹药量已逐步提升到 95% 以上，防区外导弹打击的占比达 10% 以上（刘敏华等，2018）。

高技术导弹装备的出现，引发“打赢高技术条件下的局部战争”的变革；信息化导弹装备的出现，引发“打赢信息化条件下的局部战争”的变革；未来星云化导弹装备的出现，将引发“打赢星云化战争”的变革。随着星云的建设与发展，星云下的导弹战将成为导弹战发展的第四阶段，引领未来战争走向。

“有什么样的装备打什么样的战争”“有什么样的技术决定什么样的战术”。每一历史发展阶段出现的导弹体现了这一时代的科学技术；每一历史发展阶段爆发的导弹战首先取决于这一时代的导弹技术。因此，每一代导弹的发展与每一阶段导弹战的演变密不可分，导弹技术的发展决定导弹战的发展，同时战争的需求和实践牵引导弹技术的发展。

导弹中心战

抱朴：目光老师，在星云空战的讲解中您提到了导弹中心战，老师您能不能给我们讲一讲什么是导弹中心战。

目光：接下来我就围绕抱朴的问题进行详细的讲解。

第一，关于形成背景。导弹中心战是在兵力中心战、作战平台中心战、体系中心战和网络中心战等传统形态发展中逐渐形成的一种新的战争形态。战争的本质特征是“消灭敌人，保全自己”，而在未来相当长的一个时期内，导弹仍然是“消灭敌人，保全自己”的主要手段。从战争形态演变规律来看，兵器和作战平台交替在战争形态中发挥着主导作用，昭示着作为兵器主体的导弹将成为航母之后主宰战争的主要因素。随着导弹技术的发展，导弹在构成作战能力的“机动力、火力、信息力、防护力、保障力、认知力”六个要素方面，都有显著的优势。导弹中心战符合战争受控的发展趋势，能够满足打胜战和规避战争风险的双重需要。可见，导弹是当前和未来作战的“主角”，导弹中心战是战争形态发展的必然。

第二，关于基本内涵。导弹中心战是指将导弹作为核心作战手段的作战形态和作战指导。其核心思想是在作战中构建、利用和发挥导弹作战的“长板”优势，将导弹优势化作攻防对抗优势、体系优势、网电优势、作战平台优势，夺取作战的主动权和胜利。

第三，关于作战样式。一是指导式打击。通过接受雷达信息的方法，实现指导式打击样式。指导式打击是指导弹可接受地面雷达给出的目标指示信息，当满足导弹发射拦截基本距离条件时，发射导弹进行拦截。二是势导式打击。通过接受态势级信息的方法，实现势导式打击样式。势导式打击是指导弹可以利用外部态势级信息对导弹进行制导，实现导弹的制导飞行。三是领导式打击。通过弹间协同数据链的方法，实现领导式打击样式。领导式打击是指依靠导弹自身探测系统获取到的目标信息，引导其他导弹，实现对目标的打击。四是分导式打击。通过弹间协同数据链的方法，实现分导式打击样式。分导式打击是指同时发射多枚导弹，在飞行过程中多枚导弹依靠弹间协同数据链的数据传输，共享目标数据，完成作战任务。五是自导式打击。通过提升弹载探测能力的方法，实现自导式打击样式。自导式打击是指导弹通过自身携带的大威力弹载探测装置，实现制导飞行，实现对目标的打击。

第四，关于军事意义。导弹中心战的核心思想是导弹实现从武器装备向作战能力投送平台的转变。一是丰富作战样式，依靠导弹不同的体能素质、作战技术和作战战术，可以形成灵活多样的导弹作战运用方式，为未来战争和作战提供更加丰富的作战手段和作战样式。二是改变作战形态。导弹中心战是继兵力中心战、作战平台中心战、体系中心战、网络中心战等传统形态之后，又一全新的作战形态。在导弹中心战形态下，兵力、作战平台、体系和网络成为导弹作战的支撑和保障，兵力、作战平台、体系和网络的运用服从和服务于导弹的作战运用。三是形成不对称优势。一方面，导弹的“长板”优势可以弥补己方兵力、作战平台、体系和网络的不足；另一方面，导弹的“长板”优势可以破敌方兵力、作战平台、体系和网络的优势，从而形成非对称的作战优势（目光，2020）。

第五，关于样式特征。一是从集中优势兵力到集中优势火力。集中优势兵力打歼灭战是以往战争的基本指导原则。导弹中心战更加强调集中优势火力打歼灭战。在空间上，兵力是分散化和分布式的；在时间上，火力是集中的。二是从兵力机动到火力机动。以往的战争形成优势兵力靠的是兵力的机动。导弹中心战更加强调导弹火力的机动，依靠不同方向、不同战场、不同作战平台的火力，通过合理的规划和运用，实现导弹火力局部时空的优势。火力机动相比兵力机动更加快捷，更加高效。三是从兵力的联合作战到火力的联合运用。以往的联合作战是各军兵种兵力的联合作战。导弹中心战强调的是各军兵种火力的联合运用，依据作战任务和各种导弹的不同特点形成火力联合运用的优势。

人类的战争经历了兵力中心战、作战平台中心战、体系中心战和网络中心战，目前正在向导弹中心战演进转化，云端一体的星云导弹战也是导弹中心战的一种，导弹中心战的发展带有一种必然性，是一种客观规律，是不以人的意志为转移的。

星云导弹战的十一种打法

目光：星云战体系的即将到来，C^4KISR 的天基化、低轨道化，平台和导弹的终端化、分布化，以及由此形成的云端一体作战能力，由此形成的“提线木偶式”的作战样式，使得探测感知不再遥远，使得作战平台不再巨大。天基体系的云形态，平台装备手段的分布式，两者结合出新的战争形态、新的作战样式和新的装备形态，导弹不再是传统的导弹，增加射程不再是唯一的走向，导弹的发展步入了新的时代。星云导弹战既实现了“天眼”与导弹的直接交联，又大大简化了导弹的技术状态和控制，真正体现了“提线木偶式”的精髓。随着星云的建设与发展，未来导弹作战也将发生巨大的变化。在第一讲中我们提到了星云作战体系能够实现导弹作战的创新运用，提出了未来导弹作战的十一种打法，在这一部分我就将这十一种打法进行详细的讲解。

第一种是看着打。

低轨道星云建成以后，可以对地球上任何地点的目标进行全天时、全天候、不间断地看护。看护的手段包括：低轨道雷达星座和光学星座，低轨道电子星座和遥感星座。把四类星座对地观测融合，就可以形成对全球监视的“天眼”，“天眼”一开，地球从此“透明”。由于星云体系弹性极强，“天眼”难以被全部遮蔽，这种“透明”就变得持久，就变得“坚韧而不屈”。如果敌对双方都建有星云，那么全球战场就完全“透明”，双方全部行动都将暴露在对方“天眼”之下，军事行动将难有神出鬼没。未来，难有“隐蔽突然”，难有“声东击西”，难有“瞒天过海”，难有“十面埋伏”，难有“偷袭珍珠港”。透明化战场催生透明化战争，透明化战争改变战争形态，改变作战样式，改变作战规则，改变战术战法，改变制胜机理，改变军队和装备形态。透明化战争的导弹作战也将呈现崭新的面貌。“看着打”中，这里的“看”不是看见的“看”，而是看护的“看”，是不间断看守监视的意思。星云看护的对象有多种，根据对象不同，导弹看护打具有不同打法。

一是看护据点，露头就打。敌方的一些重要的战略目标，如航母和战略轰炸机等大型平台，如指挥中心和防御系统等重要设施，平时深藏于工事之内，露头就是暴露杀机，露头就会发现打击。利用星云不间断地看护这些重要工事的出入口，只要发现重要目标的出入，就可以召唤导弹实施攻击，形成“露头就打、瓮中捉鳖”打法。

二是看护部队，行动就打。敌方部队平时驻守基地营区，部队一旦拉动往往是战争迹象，利用星云看护部队驻地，只要发现敌军拉动，即可召唤导弹实施打击，形成“以静制动、看门打狗”打法。

三是看护区域，发现就打。既然是透明化战场，我们就可以划出禁飞禁航区，不允许敌方力量进入区域，利用星云看护这些区域，一旦发现敌人出现，立即召唤导弹实施打击，形成“坚壁清野、看家护院”打法。

四是看护盟国，联动就打。敌方利用盟友关系平时频繁调动部队，实施军事联演等行动，可能会以此为掩护对己方突下狠手，利用星云看护敌军在盟国行动，一旦发现异常，即可召唤导弹实施打击，形成“防患未然、联动四方”打法。

五是看护整体，蓄势就打。敌方只要想发动战争和发起战役，总会在多个战场、多个作战域，在政治、经济、外交、文化各个领域都会有所举措，将这些举措联系起来，就会得出一些结论和判断。利用星云进行全作战域看护，对混合战争全区域看护，对灰色地带全行动看护，一旦发现战争征候，立即召唤导弹实施打击，形成“整体观照、蛛丝马迹”打法。

星云的看护能力提供了丰富的导弹运用方式，只要“眼疾”即可“手快”。“天眼”能够洞察的地方，导弹就可以打到。如同全球部署星云一样，导弹也将会在全球部署，以便于星云就近用兵、尽快用兵和高效用兵，全球分布式导弹部署也为导弹打击分布式部署的力量提高了难度和代价。导弹看护战法不仅要求实时看护，还要能够打得着，更要能够打得起，能够打得多、打得久，能够打得狠、打得赢。

第二种是盯着打。

上万颗卫星形成的协同探测，可使星云对不同作战域的目标进行不间断的跟踪和识别，并可提供给导弹火力系统实时的目标跟踪和引导，使得导弹处于“箭在弦上”的状态。这样对被盯住的目标来说，就像达摩克利斯之剑，始终悬在头上，随时即可遭受打击。这就会使敌方目标始终处于高度紧张之中，处于临战警戒之中，处于疲惫和恐慌之中。而为了应对随时到来的打击，敌方目标会时刻处于防御状态，这种防御状态又会使自己更加深刻地暴露，从而形成一个恶性循环。

盯着打是一种引而不发的威慑，这种威慑更具有现实性，更具有可信性和可用性，因此也会具有更大的震慑力。这就会使敌方的行动由于“天网恢恢”而左右为难，甚至会打消他们发起战争、发动战役的企图，这是“临战”而屈人之兵。盯着打是猎鹰捕食的导弹打法，作战反应时间更快，OODA 闭环时间更短，导弹打击更加精准，被攻击目标更加难以防范，或者来不及做出防御，或者大大压缩了防御时空，使得攻击导弹的突防能力和打击能力充分发挥，使得导弹作战的效能更高。

盯着打有多种情况和打法。

一是盯着关键的作战目标。无论是作战平台还是固定设施，无论是军事目标还是潜力目标，利用星云“盯”住目标，将导弹与目标紧密地联在一起，形成“箭在弦上，引而不发”态势，一旦定下打击决心，即可实施有效打击，这是一种“狙击手式”的打法。

二是盯住关键的时空点。如航母甲板上布满飞机之地，随时可能成为全甲板攻击之机；如预警机在机场临时加油，可能成为打击之地和打击之机；如重要的海上战略通道之地，敌方兵力出没之际。这些时空点的交汇构成盯着打的条件，使得导弹攻击发生在最恰当的地点和时间。对特种时空点的打击使得导弹火力有准备，打起来更加得心应手，这是一种“即时定点打击”的打法。

三是盯着关键的事件。利用星云对事件的全过程保持不间断地监视，待到关键过程出现，即可实施导弹打击。如兵力的集结过程，如大型平台释放无人蜂群过程，如隐身战机投放弹药过程，这些过程都产生特殊的节点。利用这些节点特征可为导弹打击创造更好条件，可为取得先机奠定更好的基础，可使敌方的作战行动功亏一篑，这是一种“按事件进程打击”的打法。

盯着打与看着打有本质不同：看着打是先看后打，盯着打是边盯边打；导弹作战的时效性根本不同，盯着打对导弹作战的组织提出更高的要求。

第三种是跟着打。

对于有些战争场景，仅依靠“天眼”的看护和“盯”住仍难以达成作战意图，必须派出兵力或平台紧密跟随敌方目标，特别是那些难以被“天眼”全程监视的目标。近距离跟随敌方目标不仅使敌目标难以摆脱监视，还可以近距离对敌实施打击，更重要的是显示存在和威慑，是云端一体监视打击的典型样式。

一是可以对敌方潜艇目标跟着打。当前和今后相当长的时间内，“天眼”对于水下目标的探测还存在重大挑战和作战局限。但是总存在一些场景，“天眼”还是能发现潜艇目标，如潜艇自离港至下潜的过程，潜艇经过浅水区，潜艇压力波被“天眼”发现，潜艇经过通道等特殊的海域，潜艇上浮出水或处于潜望状态。在这些情形下，如果我们在战场的关键海域预先部署载有无人跟踪艇的母舰，母舰先向目标海域派出无人机，利用无人机跟踪潜艇，同时向目标海域派出无人跟踪艇，无人艇利用声呐技术发现目标；然后持续跟随潜艇目标机动，并实时向“天眼”报告自身以及潜艇的目标位置，在需要打击潜艇的时候，要么由无人跟踪艇发射鱼雷攻击，要么由“天眼”召唤远程火力攻击，这是一种“接力监视打击”的打法。

二是可以对敌方无人蜂群目标跟着打。无人蜂群都是由母舰或母机释放，母舰和母机可以被“天眼”发现，而释放后的无人艇群和无人机群，由于其“低、小、慢”特征，“天眼”会失去监视能力。在这种战场情景下，当“天眼”发现母舰或母机释放蜂群时，即可就近调用无人艇和无人机，跟随敌蜂群目标机动。由己方无人艇或无人机通过“天眼”指示敌方蜂群的位置和动向，并做好打击和防御的预备。“天眼”可召唤和组织防御作战，将敌方蜂群目标击溃于功能作用区域之外，这是一种“随蜂潜入群”的打法。

三是还可以对敌方隐身战机跟着打，对敌方航母编队跟着打，对预警机和电子战飞机跟着打，对陆上兵力和平台集群跟着打。跟着打的场景适用于敌方试图摆脱“天眼”的情形；适用于依靠“天眼”的初始发现能力，进而依靠派出兵力的持续监视能力的情形。跟着打可以弥补“天眼”的不足，可以发挥云端一体监视优势，是应对和制衡强敌的有效手段。

跟着打的战法本质上是“黏缠”打法，在一定距离上纠缠着敌方，进可攻、退可守、总可跟，星云体系提供了作战保障，星云战提供了运用形态，云端一体化提供了作战样式。跟着打的战法可以只“跟”不“打”，可以又“跟”又“打”，可以只“跟”引“打”，可以接力“跟”“打”，运用之妙，存乎一心。

第四种是指着打。

传统的导弹进攻作战需要外部提供打击的目标指示信息，随着导弹射程越来越远，在远距离发现、分类、定位目标变得越来越困难，这一方面是受地球曲率的阻隔，另一方面也是受复杂战场环境的限制。最难的莫过于识别目标的性质，是敌是友或是军是民，是真是假或是此是彼。若长时间难以区分、难以识别，会造成打击行动犹豫不决，决策时间明显拉大，极易错过打击的时机，极易丧失战场的主动，极易在对抗中被动挨打。如果目标是集群或编队目标，那么依靠导弹找到要打击的目标，更是难上加难。技术解决不了，战术也难以解决，抵近侦察易被拦截，导引头长时间工作易被干扰，如何看得清辨得明，成为远程打击的重大问题。

星云依靠强大的低轨道探测能力回避了地球曲率的障碍，可以精准辨别目标性质和种类，为远程导弹进攻作战提供指着打的样式和打法。

一是指明目标的区域。依靠星云广域监视能力，能够始终跟踪敌方目标动向，能够掌握目标活动的区域范围。有了目标区域的指示，导弹作战就可以率先向这个区域发力，同时星云调集力量在这个区域实施详察，而导弹未必先等到详察结果，可以先行发射向目标区域飞行。这样就可以大大地缩短导弹发射准备的时间，待到星云有了详察的结果，导弹再依据具体的目标指示，实施导弹最后的攻击。

二是指明目标的性质。依靠星云高分辨率的侦察，依靠星云主被动联合探测，依靠多源情报和数据融合分析，可以精准区分目标的属性，决不会敌我不分，决不会军民不分，决不会主次不分，决不会真假不分。目标性质一旦被区分，导弹打击就成功了一半，导弹作战就具备了前提。

三是指明目标的位置。低轨道探测的分辨率可以达到 0.1m，目标定位精度可以达到百米级，这种目标指示精度足以引导导弹的攻击，足以实现导弹精度链的闭合，足以使导弹末制导截获目标。而这种目标指引是连续的，连续的目标指引达到跟踪要求就可以支撑导弹防御作战。

四是指明要打击的具体目标。对于集群或编队目标需要优先打击最重要的目标，最起码要给每发导弹分配需要打击的目标，这就需要具备在乱军中取上将首级的能力。星云可以精细地区分每一个目标，给每一发进攻导弹分配最适合的打击目标，而不会出现漏打和错打，更不会出现重复打和盲目打。

五是指明干扰环境下的真实目标。依靠星云的智能体系能力可以轻易地区分各类目标干扰，而不被虚假的信号和特征所迷惑，始终锁定需要打击的真实目标，始终引导导弹避开干扰的陷阱。这使得进攻的导弹主要依靠星云信息导向目标，而将末制导的压力大大减轻，导弹的抗干扰问题就转化为星云体系的抗干扰。而星云体系具有抗干扰的强弹性，拥有了这种强弹性，导弹作战的抗干扰能力就有了质的提升。

六是指明导弹打击的效果。利用星云的持续监视能力获取导弹是否命中目标的信息，获取导弹命中目标部位的信息，获取导弹命中毁伤效果的信息，通过综合分析这些信息，得出是否继续打击的评估结论。这样既可以加快 OODA 循环，又可以极大地节省导弹资源，有效增强持续作战的能力。

指着打的本质是依靠星云的“火眼金睛”，依靠星云体系的“慧眼”发现、分类、定位和跟踪目标，提供目标指示和引导控制，而不仅仅是依靠导弹单兵的力量，在极其不对称和有限信息下，“以卵击石”“螳臂当车”，这是天基体系的优势所在，这是体系对抗的精髓所在。

第五种是领着打。

星云体系的“天眼”能力能够对全球态势进行感知，“感”的是“态”即当前的“势”，“知”的是“势”即未来的“态”，“感”是手段，“知”是目的，“态”已经过去，“势”将要到来，“知”与“势”是星云对未来战场的预判。在透明化战争形态下，这种预判越准确越长远，就会占据主动。而敌方星链体系也在预判，双方比拼的是预判的“三差”：空间差——预判的准确度，时间差——预判的长远性，能量差——预判的持续性。打赢透明化战争的制胜机理是夺取时间差、空间差和能量差。星云体系的这种预判能力为导弹作战指明未来的方向，能够应对未来的风险，打击将要出现的目标。这就同当下的导弹作战产生区别，当下的导弹作战依据的是过去了的态势，瞄准的是曾经在那里的目标，打击的是那时目标的特性和能力，而经过 OODA 任务周期之后（这个时间往往持续数十分钟），我们会发现战场的态势已事过境迁，需要打击的目标已经发生改变。而传统的作战体系难以支撑实时的目标变换，这就出现了一种被动的情况，“计划赶不上变化”的被动，这种被动在透明化战争中就是“后手”，就是“败者”。要在透明化战争中占据主动，就要下“先手棋”，就要“料敌为先”，就要依靠星云的预判能力使得导弹作战始终顺应着战争态势的改变和敌方的应变。这就是“领着打”的灵魂，领着打具有不同的层面，也就拥有了不同的内涵。

一是领着星云体系打。虽然星云体系能够全球域覆盖，但各种资源毕竟是有限的。如果星云能够准确预判敌方的战役企图，即敌方将要进入的战场，敌方试图采取的行动，敌方此次行动的后几步打算，那么星云就可以调配体系资源将感知力、指挥力和网电力等预先聚集于预设的战争空间，预先把握敌方的可能行动，可实现战场感知“点”与“面”的结合，实现“广察”与“详察”的结合，体系的能力会得到最大程度的发挥，会满足各种战略战役和战术要求。

二是领着平台打。所有的导弹都预置在各类平台上，而作战平台在战前预置于不同的战场，这种力量部署主要基于战前对敌方企图和未来战场的预判。但随着战争的推进，战场态势和敌方企图会日新月异，战前预设的战场与最终争夺的战场会发生不确定性的变化，如果作战平台基于战前预测战场，而导弹作战基于当前预测战争，就可能会出现平台导弹火力覆盖不足，而临时调整平台抵近打击又会贻误战机。因此作战平台必须随时处于机动调整之中，根据星云对未来战场的预判，作战平台实时向未来战场聚集，取得局部战争时空的兵力优势。这就是星云体系领着平台打，实际上是将敌人的兵力引入我们预设的战场空间。

三是领着导弹打。导弹打击目标的过程是导弹披荆斩棘的征程，导弹在飞行过程中会遇到敌方的“尾随阻截”，会遇到复杂战场环境的“枪林弹雨”。传统的导弹作战，敌方的目标是事先的标定准备，打击的方案是事先的规划结果，飞行的航迹也是发射前的设计装订。一旦战场情况发生改变，这样的作战规划就会失效，而星云体系可以洞察战场变化，可以实时在线规划导弹作战方案，在线规划导弹飞行轨迹，既避开敌防御火力，又躲开复杂战场环境；既缩短 OODA 时间周期，又可实现最佳打击效果；既实现“天眼”与导弹的直接交联，又大大简化导弹的技术状态和控制。领着导弹打的打法真正体现了“提线木偶式”的精髓，体现了云端一体化的特征。未来的导弹作战星云体系是“上帝之手”，平台和导弹是“木偶终端”，“上帝之手”操纵着“木偶”作战，就是星云领着平台和导弹打。

第六种是护着打。

导弹作战是体系的作战，体系一旦联动起来“动静”就不小，这种“动静”是 OODA 闭环之必需，这种“动静”也会被敌方体系所捕获，从而容易暴露自己，也使体系自身面临被打击风险。传统的导弹作战体系，无论是攻防兼备的体系，还是配有专门防御系统的进攻体系，都存在一个致命的弱点，就是在进攻作战的同时不能并行实施防御作战任务，进攻和防御需要有一个攻防转换节奏，而这一节奏是由作战管理所控制的。这种固有的攻防转换周期使得作战体系总在一定时间内，由于“解除”了防御而被动挨打，好的作战体系和作战管理只是把攻防转换周期压得更短一些。在基于星云体系的导弹作战中提供了一种护着打的作战样式，给体系、平台和导弹以防御力，提高了生存能力、突防能力和打击能力。

一是护着星云体系打。星云体系对战场和目标的监视是常态化的，并没有显著特征。但一旦要构成 OODA 闭环，星云体系和平台与导弹之间就会形成信息链路沟通，这种信息链和指挥链一旦工作，就会被敌方作战体系感知，从而过早暴露己方的作战意图，使敌方有所防备、有所应对，要么在局部战场上对己方天基星云体系实施网电攻击，压制和破坏己方 OODA 闭环，迟滞己方导弹作战行动；要么阻断己方平台和导弹与星云的联系，使平台端和导弹端孤立，得不到星云体系的保障和支撑，使 OOD 与 A 脱节，使导弹杀伤链中断。为此会产生两种护着体系打的打法：第一是防护星云体系的打法。就是利用星云体系的防护云，实时监视来自陆、海、空、天、网电对己方星云的网电攻击和反卫作战。若己方星云体系遭受网电攻击，则防护云进行监视和溯源，指引网电攻击云实施反压制。若发现对己方星云卫星平台，实施各种不同的反卫作战，一方面可实施轨道和频率的机动，规避敌方的反卫进攻；另一方面可以调轨机动防护卫星，对敌方反卫手段实施压制拦截，确保星云体系对任何战场的控制权。第二是防护云端链路的打法，若防护云发现敌对己方链路的压制，一方面可以溯源进行打击，消除干扰源威胁；另一方面采用迂回链路，利用星云体系的网络结构，确保云端一体链路的闭环，确保星云体系可用、可信、可靠。星云体系的弹性和强壮是云端一体化导弹作战的前提。

二是护着作战平台打。作战平台既是攻防导弹的载体，又是云端一体作战链的关键一环。在战场上始终是被追捕打击的对象，作战平台的生存能力是导弹作战不可或缺的基础。护着作战平台打主要有三种打法：第一，对敌星链体系的攻击行动实施告警，从体系的动作中体察攻击的征候，指示作战平台做好应对准备。第二，针对己方作战平台的攻击进行预警，尽远发现敌方的攻击，尽快拿出应对的方案，尽多拦截来袭的目标，尽高提升防御作战的效率。第三，利用星云的监视能力，指挥作战平台攻防一体、能攻善守，在进攻作战的同时也可以并行开展防御作战，使得攻防之间无须转换，进攻和防御无缝衔接，作战平台的生存能力和作战能力会得到显著提高。

三是护着导弹打。使导弹飞行链始终闭合，能够把毁伤能力投送到位，使导弹毁伤链最终闭合，对目标产生有效杀伤。护着导弹打主要有三种打法：第一，由星云体系产生假目标信号，使敌方星链体系难以发现真实目标。第二，由星云对星链感知层实施压制，使敌星链体系感知能力降低，从而迟滞敌杀伤链闭合。第三，压制敌方的拦截和干扰。对来袭导弹进行告警，引导导弹尽早实施摆脱机动，破坏来袭导弹的飞行链和毁伤链，同时利用星云的网电攻击云对来袭导弹作战体系进行干扰压制，使导弹作战失去目标，使导弹引信失去功能，使敌作战体系破网断链，迟滞其任务链、飞行链和毁伤链。这三种打法对导弹作战起到了掩护和保护作用。护着打的本质是保护自己消灭敌人，两者相辅相成缺一不可；保护自己是手段，消灭敌人是目的。

第七种是帮着打。

星云体系对于云端一体化的导弹作战不是帮的问题，而是支撑和保障关系。这里所说的帮着打的打法，主要是指星云体系在支撑和保障外，对导弹作战所起到的辅助作用。

一是帮着压制敌方的作战体系。利用星云的网电侦察和打击能力对敌陆、海、空、天、网电的网络化体系实施网络进攻和电磁频谱作战，压制敌体系的 C^4KISR 能力，约束敌方体系对其导弹作战的保障能力，形成和扩大导弹攻防作战的空间差、时间差和能量差优势，提高己方导弹作战的生存能力、突防能力和打击能力。这是一种“推波助澜式”的导弹打法。

二是帮着在其他方向上形成攻势。导弹的进攻方向也是“一点两面”，借以分散敌方的防御力，形成主要打击方向的力量优势。利用星云全覆盖、全方位的能力，在主要打击方向之外“造势”，形成“万箭齐发”“铺天盖地”的假象，使敌对主要作战方向产生错判，要么错误布势、要么分兵把守，使得有限的防御力量在主要进攻方向上削弱，使己方主要方向的导弹作战更加势如破竹、更易形成突破。这是一种“声东击西式”的导弹打法。

三是帮着在其他战场上形成攻势。利用星云体系全球域覆盖的能力，在主要战场之外，选定几个另外的战场，形成对非主要战场导弹作战之势，使敌对主要战场发生错判，使己方在主要战场上占据相对优势，最终获得主要战场作战胜利。这是一种“明修栈道，暗度陈仓式”的打法。

四是帮着平台或要地实施防御作战。主要有三种打法：第一，利用星云体系制造假电磁目标迷惑敌方的作战体系，使其难以识别真假目标，从而提升打击己方目标的代价。第二，对敌进攻导弹实施网电攻击，破坏其云端一体能力，压缩其导弹感知能力，削弱其导弹进攻能力。第三，利用星云体系生成电磁诱饵，使敌进攻导弹捕获诱饵目标，极大地消耗敌导弹资源。这是一种“釜底抽薪式”的导弹打法。

帮着打的本质是“陷敌于人民战争的汪洋大海”，是星云战形态的人民战争，是透明化战争下灰色地带，利用星云的全球域、全天候、全天时能力可以和强敌打一场旷日持久的混合战争，星云体系同样可以支撑和保障政治、经济、外交、科技和文化的较量。

第八种是联着打。

星云作战体系首先构建的是全球无死角的天基互联网，它是高动态和大容量的，是强实时、即插即入的天基物联网。它是覆盖全球的天基 WiFi，天基 WiFi 组成一张“天网”，将陆、海、空、天、网电作战域中的每一个作战实体链接在一起，形成云端一体的作战体系，形成万物互联的战争形态。这种天基 WiFi 和物联网，既是信息网也是数据链，既是指挥网也是“木偶线”，陆、海、空、天、网电中的每一个实体都与天基 WiFi 相联，都通过天基 WiFi 实现互联，而无须建立两两实体间的链路。安装了与星云体系链接的微型天线，就融入了云端一体体系的“大家庭”，实体终端就变得简单。就像一根藤上的瓜一样，彼此间具有了血脉联系，就有了高度统一的群体意志，就有了步调一致的协同作战。天基 WiFi 是由数万颗卫星构建的，因此它具有对抗中的强弹性，目前的应对手段都很难使其瘫痪，这就形成了未来战争中联着打的基础。

一是联着不同的战争。未来的战争都是混合战争，未来的冲突多发于灰色地带，无论是政治还是经济的较量，无论是文化还是科技的竞争，无论是灰色冲突还是黑色战争，星云可以把各种政治体和经济体，各种科技体和文化体，各种外交行动和军事冲突，全部进行感知和认知，全部进行大数据的收集和处理，整体地进行观照和研判。从而把握不同领域的动态，从而驾驭不同领域的战争。星云体系在平时可以用于服务于人类和平的目的，也可以造福人类的生活。

二是联着不同的战场。未来的战争尤其是大国间的对抗，由于涉及全球利益的竞争，必定会在全球的多个战场时空，进行博弈对抗和战争，形成“全球一盘棋”的战场形态。而星云体系恰恰提供了把全球战场统一整合的手段，由于各个战场联为一体，战争的走向将是由全局所决定，而不是争得一时一地的得失，要把全球战场进行统筹兼顾，利用局部的退换取整体的进，利用暂时的失赢得长久的得。

三是联着不同的作战域。未来的战争尤其是大国间的对抗，一定是充斥在陆、海、空、天、网电的全域战。未来的全域战必定是将分布于各作战域的力量整合为协同统一的整体，进行协调一致的作战和行动。聚集全域的作战力量和优势，在某一关键作战域对敌形成非对称优势，从而取得战争的主动和胜利。而星云体系的天基 WiFi 能力，是穿透和打通各作战域的“木偶线”，能够将不同作战域的作战力量连接形成不可分割的整体，可以将不同运动形态和物理形态，不同作用机理和运用方式的实体统一到一致的时空内进行协同作战。这种打通不仅包括信息链路，而且包括指控链路，星云体系的天基 WiFi 构建了覆盖全域的立体网。

四是联着不同的作战任务。未来的战争一定是多任务的对抗，每个作战任务之间看似孤立，实际上相互联系、相互影响。针对每个作战任务进行的规划，分别的看也许是完美的，但从战争总体上看，多任务的整体规划更为重要。星云可以把不同的作战任务，即使是同时实施的任务，产生联系和关联，制定的多任务规划和方案，既观照整体又保证每个任务完成；既消除任务之间的冲突，又使得任务之间相互增强。

五是联着不同的作战平台。未来的平台作战是马赛克式的、分布式的和蜂群式的。星云将每一个作战平台连接起来，形成完整的蜂群，形成有秩序的整体，从而形成分布式作战样式，形成马赛克战样式，形成蜂群作战样式。正因为星云提供的联系和链接，使得系统整体大于要素之和，使战争形态、装备形态发生变革，综合性的作战平台逐步被单一功能的分布式平台替代，昂贵的作战平台逐步被廉价的无人平台替代。

六是联着不同的导弹。未来的导弹作战已不再是单兵的单打独斗，而是导弹的分布式打击，以及蜂群式作战样式。星云把每一枚导弹联系起来，把每一组导弹形成协同的整体，形成“三个臭皮匠顶个诸葛亮”的效能，形成低成本终端式的导弹装备，颠覆了导弹作战的传统样式，颠覆了传统导弹的装备样式。

联着打的本质是系统观，是化整为零的分解，是合零为整的还原，这种还原不是简单的复原，而是建立起系统新结构，建立起要素新关系的还原，是整体大于局部之和的还原。联着打需要统揽全局的视野，需要驾驭整体的帅才。

第九种是逆着打。

即使星云体系透明化能力再强大，对有些目标的发现仍然是困难的，如地下目标和水下目标，高隐身目标和“低小慢”目标，复杂背景下的机动目标，实施了无线电静默的高价值目标，伪装成民用平台外形的军事目标，安装了军事载荷的民用目标等。不仅发现这些目标困难，而且完成杀伤链的闭合更加困难。那么如何实现对这些目标的打击呢？其实换一个思路就会柳暗花明。

目标存在的意义不在于其平台的特征，全在于其载荷的功能。对有些目标而言，当载荷不工作时，它是隐匿和难发现的，但是只要载荷一进行工作，它就会暴露出“狐狸的尾巴”。比如对于侦察类载荷，只要雷达开机和数据链工作，就会暴露自身的位置和性质；比如打击载荷，只要导弹一发射，无论是从水下还是地下，就会暴露其位置和行踪；比如隐形战机，只要开舱投弹或发射导弹，其雷达截面积就会提升一个量级；比如水下潜艇，只要发射鱼雷和导弹，就会产生大的发射噪声。因此只要能够瞬间捕捉这些稍纵即逝的信号特征，我们就能够发现那些隐匿和难以探测的目标，就会构建特殊的杀伤链对这些目标进行打击，这就是我们要说的逆着打。

一是逆着辐射源目标打。如空中的预警机和电子战飞机，临近空间平台和水面舰艇，地上车辆和雷达站、通信站等，只要这些目标开机工作，我们就可以捕获到这些信号，就可以定向和定位目标源，就可以形成反辐射模式的杀伤链，对这些辐射源目标实施打击。这是一种“顺风耳式”的打法。

二是逆着发射源目标打。隐匿的目标一旦发射导弹或鱼雷，其发射特征就会被我们捕获，发射时的位置就会被侦测，我们就可以就近召唤火力，也可以引导巡飞游弋的火力，对瞬间暴露位置的目标实施快速打击和追击。这是一种“曝光式”的待机打法。

三是逆着弹道源目标打。导弹一经发射和飞行，特别是有动力段的飞行，其飞行弹道和轨迹易被探测到，那么就可以对飞行轨迹进行反演，借以推测出目标的位置和方位，虽然这种推测的位置精度较差，但仍然可以采取导弹协同战法，对目标源实施打击和追击。这是一种“顺藤摸瓜式”的打法。

四是逆着情报源目标打。只要接到战场临机目标情报，无论情报来自特战还是特工，无论来自星云体系还是技侦发现，我们就可以依据情报定出目标的位置和打击的方案，我们就可以在特战引导下，利用特弹一体战法对目标实施打击和追击。这是一种“隔墙有耳式”的打法。

逆着打的本质是不完整杀伤链的打击。不像传统的导弹作战必须事先或事中闭合杀伤链，逆着打追求半闭合的打击，追求不确定性下的攻击。这就会为我们的导弹作战提供更加丰富的场景和运用，而不局限于标准的模式，不局限于规范的条件，不局限于刻板的流程。就可以应对复杂的战场环境，就可以驾驭战争的瞬息万变，就可以化被动为主动，就可以有效地制衡强敌。

第十种是学着打。

星云体系是天基 C^4KISR，所有的作战数据在天基，云计算和云存储能力在天基，各种算法和模型可以注入天基。这就使得星云体系具有了人工智能（AI）能力，星云 AI 来源于作战数据的感知获取，来源于对作战过程的理解认知，来源于非完全信息下的博弈决策，来源于完全信息下的直觉洞察。感知层星云提供了海量数据，星座的云计算提供了快速算力，深度和增强学习提供了 AI 算法，这就构成星云体系学着打的基础。

一是学着经验和教训打。星云每完成一次杀伤链的闭环就会增加一次导弹作战数据积累，根据战前规划和战后评估之差，就可以得出此次作战的成败得失，星云通过理解和学习每次作战过程，找到造成有效杀伤的成功经验，找出影响杀伤链闭合存在的问题。通过学习这些经验教训，提升星云组织导弹作战的智能水平，通过“打一仗、进一步”，提高云端一体化导弹作战能力。

二是学着特点规律打。星云的在线学习只是手段，目的是把后续的导弹作战完成好。这就需要深度学习和研究，研究敌方的作战特点，研究敌方应对的规则，研究敌方行动的规律，研究敌方作战的策略。通过每一次的研究和学习，摸清敌方导弹作战的套路，看清敌方导弹作战的规律，认清敌方导弹作战的特点，从而提高认知和预判能力，提高导弹作战的针对性，提高闭环杀伤链的有效性。掌握了敌方作战的特点规律，己方的导弹作战就可以进入“知其然并知其所以然”的自由王国。

三是学着扬长避短打。通过对每次导弹作战的学习评估，要发现己方导弹作战的“长板”优势，要找到己方导弹作战的“短板”瓶颈，要发现敌方导弹作战的优势，要找准敌方导弹作战的要害。在把握这种长短相比较的客观情况之后，我们就可以在制定作战规划时，学会以己之长克敌之短，学会扬己之长避己之短，学会避敌锋芒挫其锐气，学会抓住要害一击破敌。我们就可以在对抗博弈中，更有针对性地加快杀伤链闭合，更有选择性地制定战法打法。

四是学着随机应变打。战场是瞬息万变的，敌人是狡猾求变的，战争是不确定性的博弈过程，作战是敌变和己变的动态对抗。通过星云的在线学习，要找到战争博弈的均衡点，在恰当的时间点聚优发力，引领作战态势的有利改变；要发现作战过程的转折点，预先做出应对之策，临危不惧应对自如；要挖出敌方生变的因素点，控制这些因素的变化，使敌不敢轻易生变；要找准主动求变的时机点，先敌一步求变在先，陷敌于被动应对之中。

学着打的本质是“打一仗、进一步”“吃一堑、长一智”，善于学习善于总结，通过战争学习战争，这是 AI 可以带给我们的智慧，这是星云智能所能发挥作用的地方。

第十一种是省着打。

评估导弹作战的效果不仅要看是否达到规定的杀伤要求，还要看达到规定要求所付出的代价。这种代价主要包括：部署了多少兵力火力、采用了何种兵力火力布势、运用了什么样的战法打法、消耗了何种和多少导弹资源。规定的要求与付出的代价之比就是导弹作战的效率。导弹作战效率越高，达到同样杀伤要求付出的代价越小；或者付出的代价相同情况下，达到的杀伤要求更高。

导弹作战效率的高低关乎作战计划和方案的科学性，关乎导弹作战样式的合理性，关乎选择弹种和战法的针对性，关乎在有限的火力布势情况下持续保持导弹作战能力的潜力，这就是省着打的意义所在。

一是兵力和火力部署要省。不能“漫山遍野大豆高粱”，不能各个战场平均用兵。要围绕重点战场的选择预判，在主要战场和方向上重兵布势，在次要战场和方向上机动布势，使用最基本的兵力火力，使得重点与一般相兼顾，使得主要与次要相衔接，满足作战的决心意图，适应战争的万千变化，提高导弹作战的效率效能。

二是选择机动方式要省。能使用兵力机动的，不使用火力机动；能使用陆上兵力机动的，不选择海上兵力机动；能使用海上兵力机动的，不使用水下和空中兵力机动；尽量减少兵力机动的代价，通过兵力机动减少火力机动范围，降低火力机动代价。

三是选择弹种和原则要省。在符合杀伤链闭合的前提下，在满足基本杀伤要求基础上，能选择近距离的，不选择远射程；能选择亚声速的，不选择超声速；能选择弹道式的，不选择滑翔式；能选择协同打击的，不选择高密度打击；能选择体系打击的，不选择战术打击；能选择战术打击的，不选择技术打击，通过火力资源的节省增强作战持久力。

四是选择制胜机理要省。能够抵近部署的，要选择时间差的制胜机理；需要火力突袭和破击的，要选择空间差的制胜机理；需要持续作战的，要选择能量差的制胜机理。不追求三种机理同时制胜，而是“毕其功于一役”择其优；不追求全部战场的绝对优势，而是局部战场的相对优势。

五是选择战术战法要省。在作战目的的选择上，重在夺取敌意志和弱敌潜力；在打击目标的选择上，重在指挥控制和防御体系；在打击方向选择上，集中优势火力全力突破；在体系破袭上，重点打击“七寸”和要害；在选择杀伤链闭环上，重在路径最短的环节；在战术战法的选择上，重在扬长避短克敌制胜；在毁伤模式选择上，重在基于目标的定制毁伤。

省着打的本质是火力的“积蓄”，既要量入为出、细水长流，又要合理用兵、以备急需。不能只顾一时打得痛快，而在真正的危机来临之际，造成“无米之炊”的窘境。省着打是指挥艺术的体现，是科学用兵的体现，是作战成熟的体现。

至此我已经将透明化战争导弹战的十一种打法做了较为详细的介绍。透明化战争来源于星云化形态，得益于低轨道星云体系带来的全球域、全天候、全天时透明，得益于云端一体化作战带来的作战样式的创新和颠覆。没有星云体系就没有透明化战场，没有透明化战场就没有导弹作战的十一种创新。只有未雨绸缪才能立足未来，只有面向未来才能拥有未来，只有否定过去才能创造未来，只有改变当下才能赢得未来。

守静：这十一种打法是基于星云体系的，而星云体系又是未来的事情。是不是这种打法就过于超前呢？在作战中对于这是十一种打法如何进行防御呢？

目光：答案是否定的。我们常说温故而知新，研究过去有利于我们了解未来。实际上我们更应该温新而知今，当把握住导弹作战的未来样式，我们就可以更好地认识当前的战法，就可以更好地规划未来的建设，就可以针对未来战争设计武器装备。因此，未来并不遥远，走向未来必须从当下开始。

我们讨论的十一种打法，是在敌我双方都拥有星云（链）体系、战场对双方均是透明的情况下导弹作战可能的新打法。星云体系的透明化为导弹作战开辟了新的局面，提供了更加丰富和灵活的可能性。我们更多地讨论了一方的行动样式，而没有过多地涉及另一方如何应对。实际上透明化战场的博弈，不仅具有现实性的对抗绞杀，更加具有谋略性的暗流涌动，就像围棋和象棋一样，虽然双方兵力和下法都是透明的，但总有取胜的一方，而取胜的机理在于棋胜一筹，在于谋篇布局，在于棋力集中，在于每步棋的效率。研究透明化战争的目的就是要研究未来战争的形态，就是要设计未来战争的装备，就是要掌握未来取胜的法则。因此如果一方采用了一种新打法，另一方必将加以应对。究竟如何应对，希望大家深入地研究和思考，从而形成一些常规的定式和规则。

目光老师在对守静问题的解答中结束了这一次的讲解，课程虽然结束了，但是同学们仍然沉浸在导弹战的新思想中久久不能回过神来。课后，目光老师快速为大家炒了几个拿手菜，作为今天的午餐。

在吃饭的过程中，战鹰班长总结了这一讲的内容：目光老师为大家生动翔实地讲解了星云下的导弹战。在导弹发展的长河中，追溯了导弹战的历史沿革；在导弹作战的战例中，剖析了导弹战的地位与作用；在导弹武器飞速发展的背景下，提出了星云导弹战的十一种打法。星云的建设与发展为导弹战的发展奠定了基础，提供了条件，导弹战将成为未来战争的主要形式。

饭后，目光老师又围绕低轨道卫星最新的发展态势跟大家进行了简单的交流，并叮嘱大家继续认真整理这堂课的内容。与大家约定一周后继续与大家相约“潜院”，进行第九讲的内容——星云下的新型作战概念。

第九讲

星云下的新型作战概念

2020 年 11 月 1 日，寒山转苍翠，秋水日潺暖，深秋的西山景色迷人，层林尽染。战鹰、锐羽、守静、抱朴四名同学如约来到“潜院”，目光老师已经早早地在“潜院”的阳光房内等着大家。待同学们坐定，目光老师给大家拿出了从山东老家带来的无花果，沏上了一壶清甜回甘的小青柑。品尝着香甜可口的无花果，在小青柑的香醇的茶香中，同学们等待着目光老师开始第九讲。著名军事战略家拉姆斯菲尔德曾说过：“如果不是你设计战争，那么你将成为对手所设计未来战争的牺牲品。”作战概念就是战争设计的第一步。所以在星云下，研究各类新型的作战概念将如何演变，能够为未来战争提供先进的军事思想，为制胜未来战场提供理论保证。

星云全域战

目光：今天我想给大家讲一讲星云与新型作战概念。近年来，世界军事强国提出了很多新型作战概念，包括全域战、多域战、马赛克战、蜂群战、分布式协同作战、有人 / 无人协同作战等。这些新的作战概念，有一个共同的特点，它们对网络，特别是作战网络提出了更高的要求。星云恰恰在网络方面具有更强的优势，它的实时性、大容量、高速度、强弹性等特点，能够更好地支撑新型作战概念能力的形成。下面我就围绕全域战为大家进行讲解。

首先，我从全域战的概念与由来、全域战提出的背景、全域战与联合作战的区别、全域战的关键问题四方面讲一讲星云全域战。

一是全域战的概念与由来。20 世纪 80 年代初，美军在深入总结第四次中东战争经验教训的基础上，提出了“空地一体战”作战概念，以应对苏联坦克集群在欧洲平原给北约带来的巨大安全威胁。此概念要求地面部队和空中力量以及部分海军兵力高度协同，陆军主要负责前线进攻性机动防御作战，空军通过打击敌军后方和阻滞其充实前线兵力来为陆军提供战役及战术支援。事实上，这是美军历史上陆军和空军这两个军种的首次深度协作，当时提出的目的是应对苏联对欧洲发动的闪击战。由于当时国际局势的变动，没能对苏联进行实战运用，却在1991年的海湾战争中得到了极致演绎。之后，美军认为随着军事技术的持续扩散，各作战领域将逐步融合，未来战场环境会呈现出前所未有的复杂性和不确定性。一些“实力相当的对手”，将凭借强大的态势感知和精确打击能力，在传统作战空间及网络、太空和电磁频谱等美军依赖的关键领域，同时向美国发难，以非对称方式来限制联合部队的行动自由，削弱其海空优势。为此，美军不断地将此概念深入，推陈出新逐渐发展到现在的美军全域战概念。美军在2012年出台的《联合作战介入概念 V1.0》中首次提出了“跨域协同”思想，强调要通过协调不同领域间的行动，实现能力互补和效果互用，在更深层面增强各作战力量的整体合力。其后，这一思想得到持续发展和推广。在美国陆军协会2016年举行的年会上，时任国防部常务副部长沃克、陆军训练与条令司令部司令帕金斯等高官力推多域战作战概念，美陆军也相继推出了《多域战：21世纪的合成兵种》《多域战：21世纪合成兵种的演变2015—2040》和《美国陆军多域作战2028》等权威出版物。根据相关的文件，多域战要求打破领域和军种的界限，能力要素深度融合并具有灵活性、弹性和敏捷性，其能力从传统领域拓展到网络空间、电磁频谱等其他作战领域，通过协同行动赢得优势窗口、控制关键节点，从而夺取、保持和利用主动权，最终在物理上和认知上战胜敌人。多域战概念提出后，得到美国防部、参联会和各战区司令部的高度认可与支持。目前，这一概念已经写入美军联合作战纲要和陆军《野战手册》，美海军、空军、海军陆战队也陆续将之纳入作战条令或应用于演习中（李孟远和郑大壮，2020）。

全域战的作战概念是在多域战作战概念的基础上发展并提出的，它结合了多域战的特点，又提出新的发展，但是目前还没有正式的概念文件，相关的作战概念文件正在拟制过程中。全域作战可定义为：军队在境内与境外相关战场，或者在陆地、海洋、空中、太空和网络、电磁、认知等全维空间和安全领域，以及深海、量子、人工智能和生物安全等新兴对抗领域，通过多个领域对抗效果叠加、控制新域、夺取战略制权、跨域融合谋取综合优势等方式，与敌有效展开的对抗活动。我们可以从五个方面对全域战进行解读：一是在地理疆域方面，全域战涵盖境内和境外作战，包括国土境内及附近周边陆海战场、海外的国家利益辐射区战场。二是在空间领域方面，涵盖陆、海、空、天、网电以及认知等物理域和虚拟域作战。三是在领域性质方面，涵盖陆、海、空等传统领域和太空、网络空间等新型安全领域作战以及深海、量子、人工智能和生物安全等新兴领域的对抗活动。四是在作战理论发展方面，全域战这一概念，本质上是对“跨域协同”思想和多域战等作战理论的继承、延续和升级。五是从更宽广的视野来看，全域战和多域战一样，都是美军为了适应美国国防战略重心从反恐向“大国竞争”转移提出的作战概念。全域战是美国防部参谋联席会提出的新型的作战构想，现在还没有完全演变成为一个新的作战概念，它是在美国陆军多域战概念的基础上提出的，全域战的核心思想是要在陆、海、空、天、网电所有的作战域部署全部的作战力量，感知全域的作战态势，合理的运用各个作战域的作战能力，最后形成全域向全域、多域向多域、一域向多域、多域向一域等作战样式（张谦一，2018）。

二是全域战提出的背景。一方面，中国不断崛起，国际地位不断提高，国际影响力不断扩大；另一方面，美国实力相对下降。因此，中国自然成为美国的“眼中钉、肉中刺”。为了遏制中国，美国实施了“全政府对华战略”，在政治、经济、外交、军事、高新技术等领域展开了对华的全方位、全时段、全维度竞争。2020 年以来，新美国安全中心、海军研究学会、战略与预算评估中心、布鲁金斯学会等众多智库先后公开发表了对华战略报告，认为尽管当前美国的竞争对手主要有中国、俄罗斯、伊朗、朝鲜等国，但伊朗、朝鲜等国实力弱、技术落后，无法对美国造成威胁；俄罗斯尽管长期与美国处于高强度竞争中，但是俄罗斯经济发展滞后、动力不足，长远来看对美国威胁不大；而中国目前经济、技术高速发展，积极向海外扩展，对美国威胁极大，因此美国的当务之急是采取一切手段，展开对中国的全面压制。对此，美国智库在政治上建议美国政府对外积极强化与印太盟友的关系，拉拢中立国家；对内进一步强化对台湾支持力度，经常挑动涉疆、涉藏问题，制造事端。在经济和高科技技术上，延续对华贸易战争，加强对华技术封堵力度。在军事上，围绕 2018 年《国防战略》目标，改革美军联合作战概念，综合陆、海、空、天、网传统“五域”以及生物战、人工智能、量子、高超声速武器等新兴技术，融合各军种新型作战概念，建设一支“更致命、现代化、彻底改变作战方式”的美国军队，全领域构造军事优势。美军所有军种目前已经达成了这样一个共识，在面对中国和俄罗斯这样的同等实力的竞争对手时，美军需要在陆、海、空、天、网电的所有五个战争领域进行新的协同合作（即多域联合），而为了达到这一点，人工智能、高超声速武器等新兴技术以及指挥控制协调就必须引入，因此就需要“全域联合”。

三是全域战与联合作战的区别。过去美军提出的联合作战，更多的是在某一个作战域上的联合作战，比如说陆战，陆军是陆战的核心，在陆战的过程中联合其他军兵种，比如在开展海对陆攻击时，调用海军陆战队；在开展空对地打击时，调用空军部队，但海军、空军并不是作战的主力，涉及的作战域也没有得到拓展，仍然是以陆地为主体。过去的联合作战概念，更多的是把各个域的作战力量集中到一个作战域上，在一个作战域上形成聚力。这种作战方式相对来讲简单一些，美军近年来进行的一些局部战争，更多采用的就是联合作战的方式。联合作战实际上是一种分时的作战，分时作战就是将整个战役按照时间进行划分，在不同时间开展不同的作战。以对陆作战为例，比如将整个战役划分为 10 小时，前两个小时是第一阶段，主要开展的是网络战和电磁战，对敌方进行网络电磁攻击；接下来是第二阶段，用远程的巡航导弹对目标实施打击，这个时段就单纯由远程的火力对战场目标进行打击；在完成远程攻击后，开展第三阶段的防空作战，夺取战场的制空权；之后开展第四、第五阶段，直接实施对陆的打击或登陆作战。由此可以看出，过去的联合作战是一种分时的协同，按时间协同完成联合作战。这种聚多域于一域的联合作战对指挥控制和网络的要求相对较低。因为在具体的作战阶段，都是由单独的某军种作战力量发挥作用，联合作战司令部只需要对这一个军种进行指挥控制，保证该军种的态势感知能力和作战行动能力即可，大大降低了对指挥控制和网络传输的要求。由此可以看出，这种方式的联合作战是较为简单的。这样传统的联合作战样式对于以往的以强对弱、以大对小的战争是可以成立的，比如科索沃战争、伊拉克战争等都体现了传统联合作战的特点。但是现在美军已经调整了它的军事战略，军事战略重点已经转向与大国对抗。跟大国进行对抗就不是简单的全域对一域，因为对大国竞争对手来讲，竞争对手的作战力量也是全域部署的，双方的交战会演变成在各个作战域上的交战、多个作战域上的交战，甚至全部作战域上的同时交战，因此需要开展全域战的研究与实践。

四是全域战的关键问题。要形成作战力量协同规划的能力。比如，在某次战役中需要攻打敌方的空中目标，在全域战的形态下，己方可以利用己方空中作战力量去防御打击，也可以利用己方地面或者海上的作战力量去防御打击，还可以利用临近空间中的武器进行居高临下的防御打击。但是究竟利用哪种力量进行防御打击，或者究竟采用多种力量、还是全部力量进行协同防御打击，这就需要有整体的作战规划与分配，这就是全域作战的关键所在。第一，要形成全作战域、全覆盖态势感知能力。态势感知是全域战取胜的基础，在作战过程中联合作战指挥部需要对战场的全域态势形成完整的掌握，其中包括敌情、我情以及作战环境的情况，这样才能够为后续战争的部署与开展提供信息支撑。因此，要建设全球视野下覆盖全域的信息基础网络，确保有能力、有手段及时察敌知敌，满足各战略方向、远海区域、海外利益攸关区等任务区域、空间领域作战的战场感知、信息保障需求，同时能够及时获知掌握新型战略领域的发展动向。第二，要形成全域的指挥控制能力。在全域作战的过程中需要同时对每个作战域的作战力量进行指挥控制，这与分时联合作战存在极大的不同。需要同时组织陆、海、空、天、网电作战域作战力量开展作战行动，需要实时掌握全域战况，开展作战评估，随时为下一波次的进攻做好准备。这样的作战流程就导致整个联合作战的形态发生非常大的变化。如果过去联合作战形态是扁平化的联合作战，那么现在的全域作战就是立体化的、完整的联合作战，因此需要具备全域的指挥控制能力才能够为制胜未来战场提供方向与保证。第三，要形成高容量、高速率的全域链接能力。在全域作战中，联合作战指挥部必须与每一个作战域的作战力量保持通畅的沟通，每个作战域的作战力量之间也要保持网络的连接，每个作战域内的所有的作战平台和作战力量也要保持稳定、高效的连接，因此，全域战对作战网络提出了更高的要求。全域作战网络必须具有全域通信的能力。传统的作战网，比如 Link-4、Link-9、Link-11、Link-16 等通信网络和卫星通信网都不能够满足高容量、高速率的全域通信的要求。一方面，由于军种之间的通信存在壁垒，空中到海上、海上到陆上、陆上到天上之间的通信都存在“烟囱”，不同军兵种的通信链路存在较大的不同。另一方面，由于目前的作战网容量较低，不能支撑全域、全兵种、全平台的通信容量，所以现在美军研究全域作战的核心就是在研究怎样建立起全域的、立体的通信网络。面对这样的问题与需求，星云恰恰可以提供这样的通信能力。星云是由大量位于 300 ~ 500km 轨道的低轨道卫星组成的星座，这样的距离可以保证星云实现对空中、临近空间、海上、陆上，包括水下一定深度的全覆盖。另外，在全域作战中形成的联合作战力量的全部作战单元的数量，远远达不到全球卫星互联网容量的饱和度。由此来看，星云的覆盖度和容量足够支撑全域作战的需求（张谦一，2018）。

守静：目光老师，对于星云全域战我们有了初步的认识，您能不能结合一个战例继续深入给我们讲一讲呢？

目光：好，这样说比较概念化，我可以举一个例子，比如 A、B 两个大国，围绕太平洋上的 G 岛开展全域作战，A 方意图攻占 G 岛，B 方旨在保护 G 岛，在这样的情况下星云的全域战将如何开展，是我接下来要讲的内容。 首先可以预想 A 国必定会派出全域作战力量，包括陆上的远程导弹作战力量、两栖作战部队——海军陆战队、海上的作战力量、空中的作战力量以及网军和天军的作战力量，力图将所有的作战力量都投入到攻占 G 岛的作战中。从 B 国来看，要打破 A 国对它的进攻，要做好防御甚至反击，必须要在全部作战域部署防御力量，在各个作战域都要同时和 A 国交战，而不仅仅是传统的登陆与抗登陆、火力打击与防御，必须从全域的角度进行对抗。

再具体一点，比如 A 国的一个海上混合编队正在向 G 岛航行，海上混合编队包括两栖作战舰艇、航母作战群，还有新型的导弹攻击群，兵分三路对 G 岛进行进攻。面对这样的进攻，B 国必须开展防御作战，进行远程的拒止和拦截行动，阻止 A 国海上编队的抵近。首先，B 国通过 B 国星云进行全域态势感知，侦察到对方的编队的攻击力量、攻击路径，同时监视 A 国的水下的攻击力量。在完成全域态势感知后，B 军将领需要提前部署如何应对 A 军的进攻。如果 A 军派航母编队进攻，此时需要比拼的就是双方海上编队的作战能力，需要从空间差、能量差、时间差“三差”进行对比。比如说 A 国有更远程的导弹作战力量，远程导弹可能在数千千米之外就可以直接对 B 国的航母编队进行打击，就会导致

B 国海上的力量不具备优势。在剖析海上力量的劣势以后，可以考虑运用空中力量进行对 A 国的防御作战。B 国可以从 G 岛或者 B 国本土起飞隐身战略轰炸机携带远程导弹来进行反击。这样的方式是可行的，因为隐身轰炸机具有隐身特性，A 国的作战力量很难发现它，可以形成一种穿透性的突防，来实施对 A 国海上编队的防御打击。另外，B 国的网军、天军和水下潜艇部队也都是可以发挥作用的。综合以上考虑，B 国可以充分发动空中作战力量、海上作战力量、水下作战力量和网络电磁、天基作战力量对付 A 国的海上混合编队。作战分析部署完成后，就需要 B 国立即投入到防御 A 国的战斗中。战争中首先开始的一定是天基作战。B 国会首先在天基发起对 A 国的反击，通过 B 国星云压缩、削弱，甚至瘫痪 A 国的星云能力，由于 A 国的海上混合编队是通过星云进行指挥控制和联合组网的，因此通过天基作战可以削弱 A 国海上编队能力。另外，A 国的海上混合编队的武器装备之间是相互协同的，因此需要率先对编队的信息感知能力、指挥控制能力进行压制，可以利用 B 国星云进行网战、天战，或者通过空中、临近空间等多种手段对 A 国海上编队进行压制。如果在天战中取得胜利，A 国的星云对海上编队的支撑能力就会被削弱，云端一体作战就可能变成天地一体或者地天一体作战。一旦变成地天一体作战，A 国就只能依靠传统的武器端开展作战，B 国的其他的各种作战力量就可以乘虚而入，对 A 国进行降维打击，采用包括空中的、临近空间的、海上的、水下的，特别是无人的、远程的等多手段从多域对 A 国进行打击，从而取得 G 岛海上防御作战的胜利。这个例子就展示了在星云下的全域作战形成的一些作战样式。

锐羽：目光老师，如果在一个内陆国家开展作战，可能就完全没有海上作战域，这种情况下还是全域作战吗？

目光：刚才我说的是各个作战域全部调动，但事实的确也不都是这样。在有一些战役或者战场，可能就不需要全部作战域联合。像你说的一个内陆国家，就没有海上作战域，或者一个完全在海上进行的海战，就没有陆上作战域。所以在全域作战的过程中，会根据作战对象、作战目标、战役目的的不同，发生作战域的变化，这时候的全域作战就变成跨域作战。以往的作战都是陆军对陆军，海军对海军，空军对空军，天军对天军，网军对网军，以往在不同的域平行开展作战，也叫平域作战，或者同域作战。跨域作战就是跨越不同的作战域进行作战，比如临近空间直接对地、对天进行作战打击。跨域作战可以分为几种跨域：第一种是平台的跨域。平台的跨域是一种机动力提升的表现。目前的水面舰艇无法实现进入水下作战的目标，但是随着科技的发展，未来的无人水面舰艇，就可能到水下，甚至还有可能到空中开展作战，这就是平台的跨域。一旦实现平台跨域，平台就变得更加灵活，机动范围更大，作用范围也变大，进而平台的功能就会更加强大，从而实现制胜战场的目的。第二种是火力的跨域。火力的跨域就是利用导弹实现跨域火力打击。比如在导弹防御作战中，一枚弹道导弹是从大气层外飞过来的，中段在 1000 ~ 2000km 的高度飞行，面对导弹来袭发动导弹防御作战，实际上是从海上舰船上发射导弹防御导弹，导弹防御导弹从舰船发射到空中，然后再穿过临近空间，最后到太空，在太空对这个来袭的导弹进行拦截。由此可以看出，导弹防御作战跨越了海上、空中、临近空间、太空多个作战域，这就是一种跨域作战。

如果没有星云，实现全域作战还有很长的路要走，还有很大的困难需要克服。但星云可以实现全天时、全天候、全球无死角的态势感知，具有高动态、强实时性、强弹性的优势，可以为实施全域作战提供坚实的基础和保障。

马赛克战

目光：下面我们再讲一讲星云下的马赛克战。

第一，我讲一讲什么是马赛克战。现代战争的组织和规划一定会跨域、跨军兵种。美军已意识到分布式、联合、多域作战能力的重要性，不过，研发和部署相关高度网络化架构需要数年甚至数十年的时间。为了让指挥官能利用现时可用系统，以战斗速度构建赢得战争所需要的作战能力，美国国防高级研究计划局战略技术办公室（STO）2017 年提出“马赛克战”概念，寻求开发可靠连接不同系统的工具和程序，灵活组合大量低成本传感器、指挥控制节点、武器平台，利用网络化作战，实现高效费比的复杂性，对敌形成新的不对称优势。战略技术办公室提出的马赛克战基于一种技术愿景，利用动态、协调和高度自治的可组合系统的力量。各类系统就如同简单灵活的积木，相关人员在建设一个马赛克系统时，就如同艺术家创建马赛克艺术品，将低成本、低复杂度的系统以多种方式连接在一起。即使马赛克系统中部分组合被敌方摧毁或中和，剩余部分仍能做出快速响应，创造适应于任何场景的、实时响应需求的理想期望（雷子欣和李元平，2019）。

近年来，信息科技领域颠覆性的技术创新为武器装备的发展带来极大的动力，各军事强国科技水平迅猛发展，装备能力快速提升，这也为美国的发展带来前所未有的潜在威胁，面对这样的现实问题，美国战略技术办公室提出了马赛克战作战概念。马赛克战作战概念提出的背景与原因主要有以下几方面：首先，高科技武器装备竞争优势降低。全球的科技化水平与能力都得到了极大的提升，尤其是各军事与科技强国，高科技武器装备的研制能力大大提升，这样就导致美国在传统武器装备领域的先天优势逐渐降低，高精尖武器装备的战略价值和威慑能力不断减小。其次，武器装备开发时间长。武器装备的复杂性在逐渐增加，这就导致武器装备的研发时间投入大幅增加，不能保证装备研制的时效性。又加之现代技术飞速发展，各类电子器件、原料部件更新换代非常快，极有可能出现装备刚刚研制完成，所采用的技术和元器件已经不符合最新的技术要求，这就非常不利于武器装备的发展与更新换代。再次，原有军事系统单一，依赖性强。美军的军事力量主要依靠不同作战环境下的整体军事系统中的某一类撒手锏武器，如果该类武器被损坏或击落，则整体作战效能将会显著下降；且目前军事系统只针对单一的作战环境，当战场环境发生变化时，需要重新构建和定制系统。最后，传统武器装备代价昂贵。以水面舰艇为例，水面舰艇可以称为作战平台，因为水面舰艇本身就具有 OODA 这四个完整的作战环节。其中，第一个字符“O”是发现、预警与侦察，舰艇上有雷达，有飞机，有各种各样的感知传感器，可以完成发现、预警与侦察任务；第二个字符“O”是调整，水面舰艇是可以机动的，可以完成各种战术机动和调整；第三个字符“D”是决策，舰艇上有人和设备实现指挥控制，可以进行决策；第四个字符“A”是行动，水面舰艇可以进行进攻性的、防御性的、水面的、水下的、对空的、导弹防御的各种任务。这样一个具备完整作战回路的平台，因为需要各种功能都同时存在，就带来一个最大的问题——昂贵。而且这样的平台一旦遭遇打击，造成的损失和影响也很大。所以这种传统的作战平台已经不能适应未来的作战要求。马赛克战的概念就是在这种情况下提出来的（雷子欣和李元平，2019）。

具体来讲一讲马赛克是怎么实现的。比如将一艘驱逐舰实现马赛克，就是将其能力、功能进行拆分，可以将驱逐舰拆分成若干个小无人艇，包括侦察艇、水下攻击艇、防御艇、专门实施海上远程进攻的艇等，将驱逐舰集成的功能进行拆分，实现能力的分散。就好比将一块大瓷砖拆分成一个个小的马赛克，每一种功能的无人艇在海上部署的时候，就像拼马赛克一样，可以形成多种多样的海上部署状态。这些马赛克就是通过作战网络连在一起，形成完整的作战体系。

由于在马赛克群中可能存在若干个“O”侦察、感知，有若干个“O”调整，有若干个“D”决策和若干个“A”行动，就可能形成多个作战群，构成很多个作战单元，这样就使得马赛克战概念下的 OODA 作战链路非常强大，具有极强的弹性。即便在战争中，打掉一些作战单元也不会产生巨大影响，体系中其他的马赛克单元可以进行重组，保证体系的完整性。目前的马赛克战可以理解为平面马赛克战，比如海上马赛克战，将军舰功能、能力拆分；陆上马赛克战，把集成坦克功能进行拆分；空中马赛克战，将作战飞机功能进行拆分，形成无人侦察机、电子战飞机、导弹母机等，形成马赛克。但是这些都是平面的马赛克战，是在一个作战域里面实现的马赛克。未来在星云作战体系下，平面马赛克的形态将会得到极大的颠覆。

第二，我讲一讲马赛克战的优势。可以形成新的不对称优势。首先，越南战争后，美军实施“第二次抵消战略”，以协同部署的机载传感器和导弹压制苏联大规模军队，避免战争升级为核战争。该战略也称为“突击破坏者”，核心思想是部署系统之系统。其问题是“非常脆弱”，由于不同的系统由不同的集成厂商设计，要确保系统与系统之间的连接，需制定专门的互操作性标准，经过耗时多年的工程设计，既难于实现又不易于扩展。时至今日，很多系统之间还是难于共享信息。与“系统之系统”相比，马赛克战概念的进步之处在于，不局限于任何具体机构、军兵种或企业的系统设计和互操作性标准，而是专注于开发可靠连通各节点的程序和工具，寻求促成不同系统的快速、智能、战略性组合和分解，实现作战效能的倍增。其次，可使杀伤链更有弹性。感知—决策—行动的决策环自古有之，美军将其优化为 OODA 环。在马赛克战中 OODA 环的功能将被拆分，武器装备系统将被拆分成各个独立的作战单元或传感器平台，拆分后的作战单元可以直接与指控系统、决策方进行连接。这样可以极大地增加杀伤链的弹性，一旦有链路被破坏，可以迅速重组形成新的杀伤链，保证形成持续作战能力。最后，可提升作战效能。在马赛克战中可以形成丰富多样的杀伤链，各条杀伤链相互组合，可以构成“杀伤网”，在杀伤网中各类武器系统可以快速、战略性重组，能够极大地提升作战效能。

以战斗机编队为例说明马赛克战的优势，假设战斗机编队初始任务是摧毁敌方雷达，但在执行任务过程中，地面部队发现此时有更具价值的目标出现，需要战斗机配合摧毁。目前的军事系统需要地面部队联系指控中心，指控中心手动验证可支持该任务的战斗机并重新规划战斗机编队任务，战斗机收到指控中心任务协调指令后，使用自身携带的传感器和武器来摧毁目标完成任务。整个过程复杂，并且由于人为验证和干预，会影响最终任务规划。相反，在马赛克组合中，计算机系统分布在整个战斗空间，彼此之间可以相互通信和协调。拥有地面部队单元的计算机可以通过与其他计算机互联互通，确定战斗机编队在不破坏其原本任务的基础上是否有剩余容量提供感知能力，并将感知任务分配至相关战斗机。然后雷达根据战斗机提供的感知信息，自动向最优武器提供数据，以便对目标发起攻击。整个过程由马赛克组合内的多个系统同时工作，进行规划和调整，没有人为干预，具有极大的灵活性和实时性（雷子欣和李元平，2019）。

第三，我讲一讲特殊形态的马赛克战。第一种是分布式协同作战。这是美军在马赛克战、蜂群战之前提出来的。分布式协同指的是在一个作战域里面，比如说航母编队，不再将水面舰艇编队进行紧密部署，而是将整个编队散开部署。但是其中使用的舰艇不是把功能打散的、碎片化的艇，仍然是过去的驱逐舰、护卫舰，只是将这些舰艇分散化，不把它们聚拢在一起。通过这样分布式的部署，就可以增加被发现与打击的难度，起到制胜战场的目的。由此可见，分布式作战实际上是马赛克战的一种特例，只不过是平台形态的马赛克，而不是功能形态的马赛克。

由此，我联想到“三三制”战术原则，指的是将步兵班编为三个战斗小组，每组三个人，新老战士结合配置，攻击时以小组为单位，呈三角形队形。这样进攻时队形疏散可减少伤亡，这是一种形散而能聚的布势，是典型的分布式作战样式。这样的布势既可以加大进攻和防御的宽度，也可以形成进攻和防御的纵深，可以将班里的新老力量搭配，可以使每个小组力量相对均衡，三个小组可以相互支援掩护，可以相互协同配合。三个小组的尖头对准主要作战方向，三个小组的火力聚焦主要进攻和防御正面，进可攻退可守，纵向有梯次、横向有侧翼，既可以灵活机动，又可以固守防御；既可以形成拳头，又可以减少伤亡，可以实现步兵班战斗力的整体跃升，可以实现 1+1 ＞ 2 的整体效果。

六大战术原则中还有一个“四组一队”战术原则，指的是以连为单位组四组——火力组、突击组、爆破组、支援组，合起来为一队——突击队。旨在解决攻城和巷战的队形问题，同时明确不受四个组的限制，可以灵活编组和运用。这种连的作战编成将作战力量分门别类编组，形成机动力、火力、信息力和防护力、保障力的拳头，构建完整的攻城拔寨进攻体系。四个组相互协同配合、分工合作共同完成攻城作战任务，既保证不同作战任务的专业性，又确保任务之间的协调互助，这也是一种形散能聚的作战样式，是一种典型的分布式作战样式，各种作战力量分散式布势，而作战能力在进攻方向上聚焦，使得一个连的进攻力量形成尖刀，迅速攻破敌军防御、穿插到敌防御体系内部、分割围歼瓦解体系，配合“一点两面”和“四快一慢”战术，最大限度提升进攻效率。

无论是班协同的“三三制”，还是连协同的“四组一队”，强调的是分工基础上的合作，体现的是合作为目的的分工。这种战术来源于作战实践，成熟于作战训练，并对进攻作战实施指导，是四野部队所向披靡的传家宝，成为全军最重要的战术原则。“三三制”和“四组一队”所呈现的分布式协同作战特征表明美军提出的分布式作战并不是一个新的作战概念，而是分布协同作战的最新形态。因为时代变了，技术和装备的进步赋予了分布式作战新的内涵、新的形态和新的样式。分布协同的内核没变，变的只是外在形式，这是作战样式的往复式发展，是战争形态的螺旋式进步。由此及彼地推广开来，在过去战争中证明有效的作战样式只要赋予其时代的新内涵，它又会焕发出新的风采，又会生成出新的战斗力。这就是从战争中学习战争的意义，这就是设计未来战争的依据，这就是战争发展演变的规律，这就是开启胜利之门的钥匙。

过去的分布式和未来的分布式区别在于力量要素之间，相互联系、相互作用的方式改变了，信息和网络技术的进步使得力量要素联系更加紧密、配合更加密切、协同更加精准、行动更加快速、效率更加提升。一旦星云战形态形成，分布协同将联通全部作战域，将联系全部作战要素，全球战场将形成一体化态势，将体系对抗的重点聚焦于太空。分布式协同作战的形态将生成云端一体的样式，将催生提线木偶式的作战，战争的面貌将会得到全新的改变。

除了分布式协同作战，第二种特殊形态的马赛克战是无人机的蜂群作战。它实际上就是一种空中的马赛克战的特殊形态，因为在无人机蜂群里面，有专门负责侦察的，有专门负责建立网络的，有专门负责进攻的，有些无人机本身就是察打一体的，所以说无人机蜂群的本质就是马赛克，是平面马赛克，是在一个作战域的马赛克。以此类推，海上无人艇的蜂群、临近空间飞行器蜂群都是马赛克战的特例。

第三种特殊形态的马赛克战是有人 / 无人协同作战，它的作战平台有的是有人的、有的是无人的，平台和功能连在一起，功能在前，平台在后，无人在前，有人在后，它们之间相互协同，形成一个马赛克的群进行作战。

所以说我们在提到马赛克战的时候，既要考虑到一般形态，还要考虑到它的一些原始形态和特殊形态，这些都属于马赛克战的范畴。在星云下，可以对各种形式的马赛克战形成非常可靠的、有效的、强弹性的作战能力支撑。

第四，我讲一讲星云如何支撑马赛克战。星云不仅可以支撑单一作战域的马赛克战，还可以支撑跨域、多域、全域的马赛克战。比如说临近空间有马赛克，即高超声速飞行器的群，空中有马赛克的蜂群，海上有舰艇蜂群，陆上有陆地装备群，可以通过星云将这些群连成一体。从而导致作战群构成的链路不再是同一作战域的水平链路，而是跨越多个作战域的立体链路，形成联合全域OODA 作战链路。在这样的作战体系中，发现可能是在临近空间，机动可能是在空中实现，火力可能是水面的火力，这样就构成了一个全域作战的链路网，动态更高、容量更大、实时性更强、弹性更强、覆盖面更广，从而形成基于星云的立体马赛克。星云支持下的立体马赛克也将是未来战争中非常重要的战争形态，没有星云就没有立体马赛克，有了立体马赛克，实际上就是为全域战提供了更重要的方式和手段。

第五，我讲一讲马赛克战与毛泽东提出的人民战争思想的异曲同工之妙。美军提出的马赛克战是对平台中心战的彻底革命，忌惮于战略对手强大的区域拒止能力，权衡于拒止区外实施作战高昂的代价，从此摒弃继续发展大型作战平台，将大型平台小型化无人化、将综合型体系功能分解化模块化、将集中式布势分散化分布化，组成不同功能组件的马赛克。依靠强大的网络将分布的马赛克联成整体，既可以降低体系建设成本，又可以深入到拒止区域作战；既可以降低进攻和防御的投入，又能提升对手打击马赛克体系的代价。通过装备平台和体系形态的创新，催生战争形态和作战样式的变革，持续引领战争发展方向，不断扩大与对手的领先优势。

马赛克战是网络中心战的发展，核心是依靠强大的网络能力，将分散的各种作战要素联系起来，将各种功能单元凝聚成完整体系。特别是星链星座建成以后，网络能力将发生质的跃升，互联网将变成物联网，网络的实时性和容量带宽及其弹性，将更加便于实战化运用，更加有利于自主化和无人化作战，连接的范围和要素更加广泛。未来战争的线性特征将彻底消失，敌我战场更加紧密地交融在一起。由天基物联网组成的马赛克体系，实际上可组成“软作战平台”，即通过网络链接成的作战平台，这种软作战平台化有形为无形，根据需要可灵活重组，既可用于进攻又可用于防御，在遇到压制和对抗时又可以灵活重组任务链，保证体系的弹性、确保作战体系的完整、保持体系作战能力的稳定。这才是美国发展星链星座的原因，是美国打压中国华为（全称为“华为技术有限公司”）的企图，我们务必要洞察这一本质，务必要审视传统平台和网络。

美军提出的全域战概念本质是马赛克战在全作战域的延伸，将各个作战域的力量“马赛克化”，通过天基物联网将分布在各作战域的分布式的作战功能要素有机地连接成统一的体系。而天基物联网的核心功能是提供全域作战体系的统一架构、提供信息流物质流能量流网络、提供跨域和全域的指挥控制。从单域马赛克体系的平面任务链变成全域马赛克体系的立体任务网，全域立体马赛克体系一旦建成，美军及其盟军全部作战力量和要素、美国及其盟国的全部战争资源就构成了一个联系的整体，形成了一种全球统一的战场态势，打造了一个既注重局部又关照全局的统一的全球战场，开启了一个云端一体战争形态的新时代。

由此想到毛泽东的人民战争思想，它具有战争力量的群众性和广泛性，战争形态的整体性和有机性，敌后作战的隐蔽性和灵活性，藏军于民、军民一体的战略性，全民皆兵的动员性和保障性；它具有建立根据地的堡垒性和基地性，是联合一切可能力量的统一战线，是歼灭和埋葬敌人的汪洋大海。这是毛泽东创造的“全域战”，是人民战争形成的“马赛克战”，是中国革命取得胜利的经验，是许多国家战胜强敌的实践，是中国特色的“网络中心战”。这是传统形态的“云端一体化”作战，参战的力量是最广泛的人民群众，而聚集广大人民群众的是中国共产党的核心领导，是共产党人的坚定信仰和党性修养，是党和人民军队与人民的血肉联系。

战鹰：目光老师，马赛克战就是将所有的武器装备按照 OODA 的整体功能分解和打散，所以其实在星云的这一层也是一种马赛克吗？

目光：对的，这是天基马赛克，你理解的非常到位。星云中将有“十三类云”，组成八网，实际上就是把 OODA 打散到各个子云里，而且它分的更细了，是按照 C^4KISR 将星云打散。所以星云就是天基的马赛克，是几万颗卫星构建的马赛克，数量更多、结构更复杂、弹性更大、作战能力更强。

事不通则变，当取优择新，在适当的时候变革与创新，发现了问题就及时去解决问题，问题越大，就越需要鼓起求变、革新的勇气，摒弃陈旧的观念，重整旗鼓，提出新的思路、引领新的变革，这就是研究作战概念、创新作战理论的关键。

穿透性作战

目光：最后我来讲一讲穿透性作战。

首先，讲一讲穿透性作战的起源与内涵。冷战结束后，反恐一度成为美国的“第一要务”。中俄两国抓住了难得的历史机遇，踏上了实现中华民族全面复兴和俄罗斯民族再度崛起的新征程。面对国际战略格局演变，2006 年，奥巴马政府首度将中国列为“潜在竞争对手”。2017 年，特朗普政府在新版《国家安全战略报告》中将中俄两国升级为主要战略威胁，中国首次成为美国的“头号对手”。

伴随着中俄两国综合国力的提升和战略利益的拓展，决胜于本土之外成为中俄两国军事能力建设的必然选择。据美方数据显示，中国具有“航母杀手”之称的反舰弹道导弹射程可达数千千米，足以将美军航母战斗群拒止在第一岛链之外；俄罗斯 S-400 防空导弹武器系统具备防空和反导能力，兼顾远中近程，最大射程 400km，足以将空袭兵器拒止在领土领海之外。加之大区域、一体化、联合防空作战体系的建立，一旦美国与中俄两国爆发军事冲突，美军的兵力 / 火力投送将面临“进不来、动不了”的尴尬境地。美军将前者称为“反介入”，后者称为“区域拒止”。为针对中俄两国、寻求美军在反介入 / 区域拒止环境下的制胜之道，2009 年美国空海军提出“空海一体战”；2015 年美国国防部将其升级为“全球公域介入与机动联合构想”；2016 年，随着美国空军在《2030 年空中优势飞行规划》中提出了“穿透性制空”作战概念，为下一代战斗机的发展问题开始了实质性运作；2017 年，美国空军司令部启动了“穿透性制空”装备系统簇发展规划研究；2020 年 9 月，美国空军部长助理披露，美国空军下一代空中优势战斗机的全尺寸验证机已经试飞。美军计划在 2030 年用 PCA 战机替代 F-22，PCA 战机虽然能够进入敌方实力强大的空防系统保护的空域作战，但 PCA 战机承担的不只是发现和打击任务，它还要作为作战网络的节点，使用传感器为美军系统内其他武器提供数据，形成联合打击态势。所谓“穿透”就是美军战机和其他武器之间的数据传输，要确保在高对抗条件下，美军建立的由空、天、赛博空间传感器组成的一体化网络，信息能持续穿透组网，利用所有在此网络内的武器平台，夺取战区局部制空权（计宏亮，2016）。

其次，讲一讲穿透性作战的特点。穿透作战是相对于过去的制陆权、制海权、制空权、制天权、制电磁权、制网权提出来的。在制空作战中我给你们讲过，传统的制空作战就是要把作战区域完全控制住，不让敌人进来，进来就立刻进行杀伤攻击。但是要实现对整个作战区域的有效控制，需要的代价很大、需要的空中兵力很多、需要的战略作战资源也很多，不利于未来战争的开展。随着隐身技术的发展，美军提出未来战争不需要进行绝对制空，可以有一种相对制空的概念，就是利用诸如隐身飞机等装备，穿过敌方空域到敌人后方开展作战，这样就不需要绝对的制空权，这就是穿透性制空作战的本质。类比来讲就有穿透性制海、穿透性制陆、穿透性制临近空间等新概念。这种穿透式作战，就极大地节省了作战资源，并且极大地丰富了作战样式。同时，在穿透性作战中，很难知道敌军从哪里实施穿透，因此对防御作战就造成了更大的压力。综上来看，穿透式作战是综合了隐身的技术、蜂群的技术、无人的技术、低成本的一种作战样式。比如在穿透性制空的过程中，实施穿透性作战的空中编队，既有隐身侦察预警机，还有隐身的电子战飞机、隐身的轰炸机、隐身的攻击机，这些隐形飞机组成一个全隐身编队，这样的编队很难被发现、也很难被拦截，可以有效地实施穿透性制空作战。再比如，海上的隐身编队，可能是由隐身的侦察、隐身的打击、隐身的水下装备组成的一个隐身编队，隐身编队在穿过敌方海域的时候很难被发现，一旦编队突然发起攻击，敌方很难完成防御作战任务。穿透性制陆同样是这个道理。由此看来，穿透性作战就取代和颠覆了传统的制海、制陆、制空作战，形成了新的作战样式。

最后，讲一讲星云下的穿透性作战。大家试想一下，要实现隐身必须具有什么必要条件。首先是要形状隐身，更重要的是要实现电子隐身，比如在穿透性作战中预警机雷达一旦开机就会立刻暴露、被敌方发现。在星云建成后，就可以为实现电子隐身提供基础和条件。有了星云以后，穿透性作战的“眼睛”在天上，所以这些隐身装备就可以全部静默，互相之间不需要进行通信，也不需要为了保持队形进行编队协同，全部的通信和控制都由星云实现，这样隐身作战的装备就可以保持良好的电子静默状态，为实现穿透性作战提供前提、手段和可能性。如果没有星云，隐身装备必须通过机载设备的开机实现通信、控制，很容易被发现，所以在没有星云的条件下，实现穿透性作战是非常困难的。

从这个角度来讲，星云非常重要。它完全颠覆了传统的作战样式，它会形成全新的作战概念，而这种全新的作战概念会形成颠覆性的新质作战能力。并且这种新质作战能力在面对战争另外一方不具备星云的情况下，就会形成非对称的作战能力，就会造成能力的代差，战争的天平就向有星云的一方进行倾斜。由此来看，星云的设计与建设是非常具有军事意义和现实价值的。

抱朴：目光老师，您刚刚讲述穿透性作战的过程中，谈到的都是我们如何通过穿透性作战制胜敌方战场，如果敌方对我方进行了穿透性作战，在星云下如何进行防御呢？

目光：防御也是一样，星云具有全天时、全天候、全球域态势感知能力，而且位于天基，可以实现对战场的无死角侦察，一般的隐身飞机从顶视的角度隐身性能较差，所以星云可以从天基完成对隐身编队的侦察、发现，以实现对穿透性作战的防御作战的目的。由此就提出来，在建设星云的时候，星云一定要具有变轨的能力。比如说现在雷达星或者说感知层是在 300 多千米的轨道高度上，对于一些隐身目标，从 300km 的高度发现可能就比较困难。这就引出了变轨的解决方式，比如可以从 300 多千米轨道高度上，下降至 200 多千米的亚轨道，甚至 180km 的亚轨道，距离近了以后就可以更容易地发现隐身目标，并进行引导拦截。但是卫星变轨下来以后，可能带来新的问题。因为低轨道小卫星本身的能力比较弱，一旦进行变轨可能就回不去了，这样就会造成卫星的损失。面对这种情况我们可以做的就是再去补充卫星，实际上就是靠牺牲部分星云为代价，来换取对隐身目标的探测、防御能力。目前来讲，一颗卫星造价在 100 万美元左右，降下来 100 颗星，也就是 1 亿美元，接近于一架 F-35 飞机的造价，这样看来通过变轨进行防御作战也是非常值得的。

锐羽：目光老师，目前量子技术发展的很快，在计算、通信等方面都有较好的应用前景，我在想在您设计的星云里面，未来会引入量子技术这种比较先进的技术吗？

目光：我目前提出的星云都是立足于现有的技术构建起来的，比如它的卫星大概二三百千克重，采用的是雷达、通信等手段，基于的都是现在的5G技术、通信技术、雷达侦察技术、网络战技术。量子计算机将会应用在下一代星云的建设中去，量子计算机具有超强的计算能力，这样的计算能力可以极大地提升星云的智能，未来可能单星就具备智能能力。另外，在未来的星云建设中，还可以利用量子成像技术，这种技术也叫"鬼成像"，它是利用量子纠缠技术，可以在更远的距离、更高精度地进行目标探测。基于这样的技术，就不需要当前的几百千克重的雷达执行探测任务，未来可以做成一个很小的装置就可以完成高精度的探测任务，也不需要多星的协同探测，单星就可以完成探测。还可以采用量子通信技术，量子通信技术的要点主要还是在量子加密，基于量子通信技术构建的通信网络抗干扰能力更强、安全性更高。所以这些技术都可以在下一代星云的建设中被应用，从而大大降低卫星研制成本，提升星云能力，形成更灵活、能力更强的下一代星云。

集中精神汲取知识的时间总是飞快地度过，很快就来到了午饭时间，目光老师也正好完成了这一次的讲解。课后，目光老师带着同学们自己动手，有的做馅、有的和面、有的擀皮，相互协作包了可口的鲅鱼馅的饺子作为今天的午餐。

在吃饭的过程中，战鹰班长总结了这一讲的内容：目光老师今天围绕星云下的作战概念做了深入的讲解，详细地介绍了星云下的全域战、马赛克战和穿透性作战，每部分都深入浅出地讲解了作战概念的内涵与起源、本质与特点，以及星云对各个作战概念的支撑作用。作战概念的创新在国防和军队建设中具有基础性、前瞻性和先导性的作用，直接关系到未来战争的成败，为在激烈的国际竞争中制胜战场，必须深入研究作战概念，不断提升军事理论创新能力。

饭后，目光老师又跟同学们聊了一会各自的近况，给大家的工作和生活提了一些有益建议，并叮嘱大家继续认真整理这堂课的内容。与大家约定一周后前往雪山老师月坛办公楼的办公室，由雪山老师为大家讲解第十讲——军民一体战。

第十讲

军民一体战

2020年11月7日，夏去秋来，万物渐渐凋零，凉风拨动着花瓣上的露水，树叶纷纷下落，金黄的稻穗轻轻摇曳，深色的果实在枝头沉甸甸，冷酷的秋季却给人们带来了极大的丰收的喜悦。驰峰、碣石、锐羽、守静、抱朴、敏捷六名同学按照与雪山老师的约定，来到了月坛办公楼雪山老师的办公室。雪山老师为大家沏上了一壶醇香的普洱，伴着浓郁的茶香，开始第十讲，带领大家共同思考在星融工程体系融合军用和民用太空设施的基础上，如何设计并打赢未来的人民战争——军民一体战。在军民一体作战中将星融工程体系的能力直接用于支撑和保障C^4KISR作战任务。雪山老师从军民一体战运用模式、军民一体态势感知、军民一体指挥控制、军民一体定位导航授时、军民一体作战链、军民一体战的局限性六方面为大家讲解军民一体战。

军民一体作战运用模式

碣石：雪山老师，您能讲一讲军民一体作战运用模式吗？

雪山：星融工程体系以“共建、共治、共享”为发展理念，将军民商天基资源融合成一个整体，在星云作战体系能力遭到削弱和破坏的情况下，充分利用中高轨道为主、低轨道增强的军民商卫星体系的能力，为未来战争的C^4KISR功能和能力提供支撑和保障，形成目光老师在第一讲中强调的军民一体战作战样式。军民一体作战运用主要有四种运用模式。

一是搭用。这种模式是把军用有效载荷作为附属载荷安装在商业卫星上发射升空，承担军事任务，有效载荷使用权完全由军方操控。商业卫星在轨运行期间，卫星平台将富余的空间、能量、通信容量等资源提供给军用有效载荷。军用载荷理论上可以是技术验证设备、科学研究设备、飞行检测装置，也可以是业务化运行传感器等。搭用可降低成本，缩短研发周期，共享轨位资源，可以模糊军用和商用的界限。这一模式美军在通信、导弹预警、导弹防御毁伤评估等领域均有应用。美国波音、洛马、国际通信卫星、铱星等公司 2011 年就成立了有效载荷搭载联盟，美国国防部 2009 年将“因特网空间路由器”军用有效载荷搭载于商业卫星上进行发射，2011 年将“商业搭载红外有效载荷”搭载于商业通信卫星上进行发射。截至 2019 年 1 月，美军已在商用 “铱星”通信卫星星座上搭载了 22 个“天基杀伤评估”系统，用于导弹防御毁伤效果评估。

二是购用。这种模式是指采购商业卫星服务，其内涵较为广泛，包括采购遥感卫星图像和通信卫星容量；购买经加工处理的二级产品和服务，包括集成的通信服务解决方案、遥感的增值服务和二次图像产品；在轨卫星买断、军事卫星运管商业外包等。由于卫星系统具有天然的军民两用性，现役军事专用卫星无法满足全部作战需求，民商用卫星可承担部分军事级应用，成为军用卫星的有效补充。

在卫星遥感领域，军方通过采购信息及服务、出资建系统、预付采购费等方式，推动商业卫星遥感的发展。作为回报，军方可以拥有商业成像卫星优先使用权，在战时或其他紧急情况下，拥有直接管理权。美国成功实践过该模式，美国国家地理空间情报局曾在“下一代观测”计划下，资助数字全球公司和地球眼公司近 10 亿美元研制高分辨率对地观测卫星，后又签订卫星图像采购合同等。美军通过“增强观测”计划，向数字全球公司和地球眼公司采购了大量遥感数据产品及服务，成为商业卫星遥感公司的主要客户（李云，2016）。

卫星通信领域中的军民融合程度更高。常用做法是，军方主要研发抗核辐射、抗干扰、可适应复杂电磁环境的通信卫星；对保密性和安全性要求不高的卫星，由商业公司发展和运营；军方通过采购商用通信卫星服务的方式，满足士兵通信等低端需求。购用是很多国家的普遍做法，已有 20 多个国家的军方采购了商业卫星通信服务，包括美国、俄罗斯、英国、法国、德国、意大利等传统航天大国，也包括加拿大、巴西、新西兰、南非等新兴航天国家，年租用容量超过 10.5GHz，年采购额超过 10 亿美元。美国军方是最大的单一用户，占总采购量的 80% 以上。购用可满足战时或应急卫星资源备份和通信容量剧增的需求。在伊拉克战争期间，美海军用国际通信卫星、罗森堡欧洲卫星的 C 频段转发器、L 频段海事卫星信道，实现了大约 70% 的远程通信（陈菲，2015）。

三是共用。这种模式是，在建设上由政府出资，运用上军民共用，平时以满足民用和商用需求为主，战时主要满足军用需求，类似于美国的GPS运用模式。也可采用美国“下一代光电系统”侦察卫星系统发展模式，对下一代光学侦察卫星进行统一的顶层设计，在系统建设上，一方面由军方出资支持承包商制造 2 颗与现役在轨高分辨率侦察卫星性能同等或更优的大型先进侦察卫星，另一方面向商业公司采购 2 颗商用卫星；在系统应用上，通过通用地面系统统一调用卫星资源（朱凼凼，2017）。

四是征用。这种模式是指为满足应急或作战需求，依法将民用或商用卫星系统强制收归军方使用，军方根据被征用的具体情况，给予商业公司适当的补偿。其核心是民用和商业遥感卫星、通信卫星等资源，及时为军队提供能力补充和服务。美军在伊拉克战争期间已探索过这一模式，紧急征用了美国国家航空航天局的 Terra 卫星和 Aqua 卫星，进行战区环境监测。

驰峰：雪山老师，既然星融工程可军民一体运用，怎么保证其不会被用于损害国家利益呢？

雪山：这个问题问得好。军民一体运用，其本质是在首先确保国家安全和利益的基础上，充分调动军用、民用、商用资源，在平时能够最大限度地服务于国家安全与经济社会发展，在战时则可以最大限度地满足作战需求，提高航天整体竞争力，实现国家整体利益最大化。在实际运用的过程中，平衡国家安全利益和经济效益确实是一个关键点，需要通过不断完善和执行相关政策和法规来实现。

在这方面，美国也有成功的经验可供借鉴。美国一方面最大限度地支持商用系统的发展，另一方面明确规定国家安全利益高于商业利益，在关乎国家安全时，提供商业服务需要一事一议。美国2010年在《美国国家航天政策》中强调，要最大限度地利用商业航天能力和服务来满足政府和军队的需求，以及要通过军用、民用和商业系统共同维系任务的持续性，提升能力。另外，美国遥感政策规定：禁止美国商业遥感公司向外国出售全色分辨率优于0.25m、多光谱分辨率优于2m、合成孔径雷达分辨率优于1m的卫星图像；规定在美国国家安全、外交政策或国际义务需要时，可以限制运营商采集分发数据，限制向“黑名单”国家提供遥感数据；当美国国家安全面临威胁时，限制运营商采集分发特定区域的数据。

在战争期间，美国将采取更为严格的数据管控政策。例如，在2001年阿富汗战争期间，美国实施了“买断”政策，即政府买断了关于阿富汗所有的商业遥感数据，并享有对这些数据的专营权，严格限制商业公司在战争期间向阿富汗出售高分辨率卫星图像。2003年伊拉克战争期间，美国政府实行“延迟传播政策”，要求商业遥感运营商延迟2天分发其收集的伊拉克有关遥感数据（李辉，2014）。

建设好只是基础，使用好才是关键。只有设计出合理、高效的军民一体运用方式，才能保证在军民一体战的实施过程中将太空人民战争的优势发挥到极致。

军民一体态势感知

雪山：接下来，我详细给大家讲一讲星融工程军民一体的具体应用，讲述的视角是从支撑和保障 C^4KISR 功能和能力出发的。首先讲一讲军民一体态势感知。

战场态势指的是作战双方的各作战要素所处的环境与形势，包括军队作战和作战企图、战斗队形、行军路线、阵地编成、军力部署、火力计划等。战场态势感知旨在通过陆海空天 ISR 系统，便捷、准确地理解和认知战场态势，为指挥决策提供所需的服务。知己知彼，百战不殆，高水平的态势感知能力是决策者高效决策的重要前提。天基遥感系统能够实时获取、处理、分发和利用全天时、全天候、高精度、大尺度战场信息，成为透视战场、掌握态势、夺取信息优势的关键因素和实施精确打击作战的重要支撑，主要包括成像侦察、陆地观测、气象卫星系统。成像侦察卫星系统主要获取军事基地、指挥所、武器装备生产和加工设施、兵力部署及动向、重点目标的结构与布局等信息；陆地观测和气象卫星系统主要获取地形地貌、气象特点、电磁环境、人文环境等数据（肖圣龙等，2014）。

我国已建成了环境与灾害监测预报小卫星星座、风云气象卫星系列、海洋卫星系列、地球资源卫星系列、高分遥感卫星系列；在商用卫星领域，已建成“北京一号”“北京二号”“吉林一号”等商用遥感卫星系列。视频卫星凝视分辨率已达 1m，在农业、林业、环境、国土、水利、城乡建设、海洋、气象、交通、测绘、地区科学研究等领域得到广泛应用，在国土资源调查、南水北调、西气东输、三峡工程、退耕还林、三河三湖治理、交通规划、交通建设等重大工程和重大任务中发挥了重要作用。2020 年 12 月 22 日，美国“麦凯恩”号驱逐舰在未经允许的情况下冲闯进入我国南沙岛礁邻近海域，中国人民解放军南部战区组织海空兵力对其予以警告并驱离。商业卫星就成功测得我军水面舰艇与美军水面舰艇同框的画面，这就是民商用卫星在态势感知中的直接应用（孙伟伟等，2020）。

在星融工程和星云作战体系建设中，可通过一体化分布式通用地面系统，连接各类遥感卫星、数据处理中心和节点网络，实现互联互通，整合运用各类ISR资源，近实时接收、处理和分发各类遥感卫星数据，为各级指挥官及参谋机构提供情报信息，掌握战场环境和敌我态势，支持从传感器到射手的作战行动。

知彼知己，百战不殆；不知彼而知己，一胜一负；不知彼，不知己，每战必殆。态势感知是知己知彼的基础，是掌握战场环情的关键．在军民一体的作战中，必须充分发挥军民一体态势感知优势，才能为制胜战场提供基础保障。

军民一体指挥控制

雪山：在这一专题中，我给大家讲一讲军民一体战中的指挥控制问题。

首先，讲一讲什么是军民一体战的指挥控制以及它的特点。

指挥控制是信息化战争的重要手段，指挥的主要功能是“做决定”，控制的主要功能是对指挥员的“决定”进行操控。它随战争的发生而诞生，随着生产力的发展而不断发展。指挥与控制的概念是指挥人员在认知域形成决策，在信息域基于信息系统形成规划结果，进而引导网络化军事力量在社会域密切协同，并在物理域交付打击与行动的过程。这一过程，态势感知是前提，作战筹划是基础，指挥决策是核心，协调控制是关键。军民一体战是星融工程体系支撑的多域联合作战，在星云空战中我们就提出未来星云战可以加快OODA作战环，也就是发现快、调整快、决策快和执行快，这就要求未来军民一体战的指挥控制网络在未来多域作战环境中能够快速、高效、准确地融合来自多作战域、多源传感器的数据，通过星融工程体系通信网络进行高效传输，并将其转换为支持决策和行动的情报，为指挥官的决策提供持续的信息支持。在此基础上，通过高效行动，实现己方正确决策，同时使得敌方做出错误决策，从而使己方获取决策上的优势。军民一体战指挥控制网络将实施分散执行，指挥官能够清楚地传达意图，并且能够授权下级在没有进一步指导的情况下，根据该意图采取行动，减少对中央规划和任务指挥的依赖。同时也是关于决策的艺术和科学，可将决策迅速转化为行动，并利用各个领域的能力以及与任务合作伙伴的协作，在竞争与冲突中占据并保持作战和信息优势。

未来军民一体战的指挥控制网络具有几方面的特征：一是以作战任务为中心。军民一体战将打破传统的军民之间的界限，面向未来多维度战场任务，在星融工程体系的统一调配下，从所有作战域中精选可用的作战要素进行快速组合或重组，追求作战效果最优化。二是以星融体系为支撑与补充。在未来军民一体作战中，星融工程体系将作为星云作战体系的补充，在星云体系能力不够的时候进行及时的补充，并且当星云指挥控制层和低轨道链路层遭受重创，丧失全部或大部分作战能力，需要借助星融工程体系支撑未来作战任务的指挥控制，形成对星云作战体系的替补，保证制胜战场。三是以分布式协同作战为目标。未来军民一体战将是分布式协同体系对抗形态，不再是大型装备平台的比拼。在星融工程体系的支撑和保障下，无人集群、有人 / 无人协同编队将根据作战任务的需求快速组合和重构，整个作战体系表现出极强的战场适应性、韧存性和杀伤力。

其次，我给大家讲一讲怎么基于星融工程体系实现军民一体指挥控制。

从历史发展来看，无论是形式还是内容，通信技术每一次革命都为指挥控制带来了重大变革。从古代军事中的烽火台、军号、战鼓、旌旗，到近代电话、无线电、计算机之后的 C^2、C^3、C^4，到未来的天基 C^4KISR 作战体系，都印证了通信技术发展对指挥控制的关键支撑和引导。2016 年，美军尝试构建一个 4G 安全无线网络，在线使用 iPhone、iPad、Android 等设备，开创移动指挥控制新时代。信息化正在转变为智能化，5G 时代的到来将塑造万物互联、虚实结合、人机共融的新局面，以民用星融工程体系通信网络为基础，将为军民一体战指挥控制网络提供高效的支撑，将真正实现感知快、调整快、决策快、行动快。军民一体战中的指挥与控制网络将借助星融工程体系的通信网络得到更大的跃升，通过军民一体的方式利用星融工程体系补充未来作战的指挥控制（王飞跃等，2019）。

主要有以下两个方面。

一是利用星融工程体系中通信卫星保证作战通信。在军民一体作战中需要充分结合星融工程体系高轨道通信卫星的能力，为战场通信提供支撑与保障。星融工程体系高轨道通信卫星系统使用高度为 3.6 万 km 的地球同步卫星提供通信服务。凭借这种高度优势，一颗卫星大约可以覆盖地球表面的 1/3，从而建立区域性通信体系，为卫星覆盖范围内的地区提供服务，例如使用一颗卫星就可以覆盖美国大陆的连续部分，如阿拉斯加、夏威夷、波多黎各几百海里的近海地区。20 世纪 60 年代以来，人类已经将几百颗通信卫星送入地球同步轨道，这些通信卫星在国际远距离通信和电视传输方面扮演着重要角色。从我国首颗通信卫星“东方红二号”开始，我国通信卫星不断发展，传输速率持续提高，为人们提供的服务也不断升级。2019 年成功入轨的“实践二十号”卫星进一步拓宽了通信传输的频段，可为未来取得军民一体战场优势提供更加优质的通信保障（彭英等，2010）。

二是利用星融工程体系导航卫星补充通信能力。我国北斗卫星系统采用了无线电卫星导航系统（RNSS）和卫星无线电测量系统（RDSS）双模结构体制，在具有导航、定位和授时功能的同时，还可提供 RDSS 双向短报文信息服务，这属于卫星通信的功能，是全球首个在定位、授时之外集报文通信为一体的卫星导航系统，这是北斗系统的核心优势，是美国的 GPS、欧洲的伽利略

（Galileo）卫星导航系统和俄罗斯的格洛纳斯导航卫星系统并不具备的。北斗导航卫星系统通过空间卫星将信号传输到接收机（如舰船、飞机的接收机）上，既避免了传输距离近的弊端，又提高了通信质量。利用编码技术，短报文通道还可以传输语音和图像数据。目前，北斗短报文通信功能在保障通信和应急通信领域得到了广泛的应用。根据我国北斗系统发展战略，2020 年北斗系统信号已经实现全球覆盖。北斗导航系统的短报文通信功能在军民一体战中可以用来补充作战通信能力，若星云作战体系与星融工程体系当中的通信卫星因故失效，北斗导航卫星系统仍然可以实现作战通信保障（夏林元，2016）。

锐羽：雪山老师，如果在作战中星云作战体系失效，利用星融工程体系如何实现卫星间的通信呢？

雪山：这种情况下，我们考虑可以采用星融工程体系中的"天链"卫星，保证作战时卫星间的通信。"天链"卫星是中国的跟踪与数据中继卫星，采用东方红 -3 平台研制，主要为神舟飞船及空间实验室、空间站以及中、低轨道资源卫星等航天器提供数据中继服务。"天链一号"04 星是我国第四颗地球同步轨道数据中继卫星，可与"天链一号"01 星、02 星、03 星进行全球组网，主要用途是跟踪测定中、低轨道卫星，为对地观测卫星实时转发遥感、遥测数据，承担航天飞机和载人飞船的通信和数据传输中继业务。由此可以得出，在军民一体战中，一旦星云作战体系失效，就可以通过"天链"卫星作为中继承担起卫星之间的通信任务，从而保证天基作战能力。

夫运筹帷幄之中，决胜千里之外。古代战场，将领的深谋远虑和骁勇善战决定战争胜负的天平。未来战争的主动权争夺关键是作战体系的攻防角逐，对作战指挥控制的认知、设计、决策与运作都提出了极高的要求，战争需求、军用技术创新和融合及 C^2 系统的演进都影响着未来战争进程。

军民一体定位导航授时

雪山：定位、导航、授时是天基体系在作战中重要的使命，这一个专题我就聚焦军民一体定位、导航、授时给大家进行讲解。

首先，我讲一讲什么是作战中的定位、导航、授时，在作战中有什么重要作用。

据美国交通部的定义，定位（positioning），是能够参照标准大地测量系统（例如世界大地测量系统 1984，或称 WGS84），以二维（或在需要时以三维）准确和精确地确定一个人的位置和方向；导航（navigation），是能够确定当前和所需（相对或绝对）位置，并对航向、方向和速度进行修正，以实现在世界任何地方从地下到地面以及从地面到空间获得所需位置；授时（time transfer），是可以在世界上任何地方，在用户定义的时效性参数范围内，从标准（协调世界时，或称 UTC）获取并保持准确和精确的时间，授时还包括时间转移。PNT（positioning，navigation and timing）是定位、导航和授时三种不同功能的组合。

第一次海湾战争期间，美军首次正式使用全球卫星导航定位系统进行实战，最终效果非常显著，足以证明卫星导航系统在战争中的作用非常巨大。在武器装备与卫星系统的定位、导航、授时能力结合之后，导弹的导航、制导方式就发生了革命性的进化，战术导弹、飞航导弹乃至单兵直瞄火力都可以借卫星的全球定位功能大大提高命中率，战场上各作战单元的排兵布阵、局势变化和诸兵种协同作战结合定位导航系统，使得从前线到统帅部都更加“透明化”，有利于掌握的战斗主动权。全球卫星导航定位系统在某种意义上能起到决定战争胜负的作用，从而形成了巨大的军事优势，是全球军备竞赛的重要组成部分，往往被看作是战争的“前戏”，也被称为是一种看不见炮火的战争（许江宁等，

2020）。

正是因为卫星导航定位系统对于现代战争成败意义重大，美国高度重视PNT的发展。2004年美国政府颁布了《美国国家天基定位、导航与授时政策》，取代了1996年美国政府颁布的《美国全球定位系统政策》，采用PNT概念取代GPS，标志着卫星导航系统以PNT为基本要素的时代的到来。2004年美国成立了国家天基定位、导航和授时执行委员会，直接向白宫汇报，作为军民联合体从国家层面关注和指导PNT项目。天基PNT包括GPS、GPS增强系统和其他全球导航卫星系统。全球导航系统作为美国主要的天基PNT设施已在美国和全球广泛使用，但其脆弱的一面会影响PNT服务的可用性和鲁棒性。2010年美国总统新版《国家太空政策》指令指出："维护和增强天基定位、导航和授时系统。美国必须在全球导航卫星系统服务的提供和使用方面保持领先地位。"因此，美国军方和商业公司一直在努力开发验证GPS新技术和PNT新技术（葛悦涛等，2019）。

其次，我讲一讲在军民一体战中如何应用星融工程体系协助完成定位、导航和授时任务。

一是利用星融工程体系定位导航系统完成定位、导航和授时作战任务。北斗卫星导航系统是中国自主研发、运行的全球卫星定位与通信系统，与美国的GPS、俄罗斯的格洛纳斯导航卫星系统、欧洲的伽利略卫星导航系统，并称全球四大卫星导航系统。北斗卫星导航系统可为各类用户提供高精度、高可靠的PNT服务并兼具短报文通信能力，而且可在全球范围内提供全天候、全天时不间断服务，2011年12月27日起，开始向中国及周边国家提供连续PNT服务，在军事领域的应用包括飞机、导弹、水面舰艇和潜艇等的定位导航，弹道导弹机动发射车、自行火炮与多管火箭发射车等武器载具的快速定位等。北斗导航卫星系统能使作战效能提高100～1000倍，作战效费比提高10～50倍，在显著提高国防能力的同时大大缓解国防经济负担。在军民一体战中，充分发挥星融工程体系定位导航系统的优势，能够更好地保障军民一体战定位、导航和授时能力，将作战效能发挥到最大（夏林元，2016）。

二是利用星融工程体系通信卫星辅助完成定位导航任务。目前星融工程体系具有可以通过通信卫星实现定位导航的系统，即中国区域定位系统（CAPS），该系统由中国科学院国家天文台和中国科学院国家授时中心合作建设。中国区域定位系统利用位于中国上空的通信卫星进行定位，原理就是地面站通过通信卫星向用户转发导航信号，由于地面站和通信卫星间的距离已知，用户接收至少 3 颗通信卫星信号后可以解出自己的坐标及时间信息。中国区域定位系统能够提供 10 ~ 20m 精度的定位信息，完全可以在军民一体战中起到补充和支撑定位导航的作用。中国区域定位系统由于直接采用了通信卫星，可以通过运营商租用通信卫星一定带宽，免去专门的导航卫星研发费用，也有利于快速部署。由于通信卫星仅仅是一个转发器，导航信号的稳定性和精确性主要由地面来保障，地面上可以部署精度更高的原子钟，保证了定位导航的高精度。因此，在军民一体战中要发挥通信卫星定位导航的作用，在星云作战体系和星融工程体系导航卫星都受到敌方攻击、破坏的时候，通信卫星可以对作战中的定位、导航起到及时的支撑与补充。

三是利用星融工程体系地基授时系统对作战授时进行补充。近年来，为了有效补充天基授时系统能力，我国积极开展了关于地基授时系统的研究工作，国家授时中心牵头的“十三五”国家重大科技基础设施项目“高精度地基授时系统”建设任务于 2018 年全面启动，未来由地基系统提供的授时信号会覆盖我国大部分国土，支持我国“一带一路”倡议中的国际合作和远海任务，支持在复杂环境下提供可靠的、高性能的时频信息，为北斗卫星导航系统授时提供广域备份，以增强 PNT 信息的多源性、可靠性和安全性，进一步完善国家综合

PNT 体系，并能够在军民一体战中为作战授时提供有效的辅助与补充（许江宁等，2020）。

守静：雪山老师，在地基授时这个领域其他国家是否也在开展相应的研究呢？

雪山：世界各主要国家都在进行地基授时系统的论证、研究与建设，因为这是授时研究领域的重要方面。从 2015 年《国家定位、导航与授时弹性与安全法案》到《2018 年国家授时弹性与安全法案》，授时系统的弹性与安全越来越受到美国国家层面的重视，对地基授时系统要求的使命由 GPS 的“补充”演变为 GPS 的“备份”，乃至可替代。公开报道中很难看到这些法案的具体进展及主要技术，但罗兰 -C（Loran-C）系统作为地基授时系统的关键部分在法案中是多次被重点提及的。在精度方面，可以通过增强型罗兰导航（eLORAN）系统和网络授时等技术不断改进，有望实现定位精度百米级、授时精度百纳秒的性能，从而为非精密等级的航空应用、海港出入、民用精密时间和频率应用提供高品质服务，将是卫星导航系统备份系统的首选。目前，开展增强型罗兰导航系统研究的国家主要有美国、俄罗斯、韩国等，目的都是为了拥有良好的安全性和稳定性。此外，澳大利亚 Locata 公司开发的地基导航 Locata 系统也值得引起高度重视，其体制类似于全球导航卫星系统（GNSS），然而对高精度的原子钟并不形成依赖关系（张洪源等，2020）。

武器装备信息化程度正在不断提高，不同战区已被连通为一个全球战场，而这从地理空间上来看都是被割裂的，要实现诸军兵种、跨地域协同作战，就必须有统一、可靠的定位导航授时体系，因此，要充分发挥军民一体战星融工程体系对定位导航授时的支撑与补充作用，将军民一体战战争潜能发挥到最大。

军民一体作战链

雪山：接下来，我讲一下军民一体作战链。

作战链也称“OODA 环”理论，由美国空军博伊德上校提出，核心思想是通过“观察—调整—决策—行动”循环，达成先敌发现、先敌调整、先敌决策、先敌行动和先敌再循环。作战链可细分为决策链、指挥链、杀伤链，最为典型的就是杀伤链，即作战行动中“发现、定位、跟踪、瞄准、交战和评估”的过程。可以说，现代战争就是双方完成自身作战链循环，同时寻求打断对手作战链的博弈。

太空系统在作战链中扮演着越来越重要的角色，贯穿杀伤链始终。在“发现”环节，天基 ISR 系统进行情报搜集与目标探测，在发现对手时敏目标、识别对手行动征候等环节发挥主要作用；在“定位”环节，天基红外导弹预警卫星在敌方导弹发射后，可快速识别导弹发射，定位发射点，解算导弹弹道，通过中继卫星和数据链将目标信息传递到各级作战单元；在“瞄准”环节，基于导弹预警卫星提供的预警信息，反导雷达精确跟踪导弹，生成火控指令；在“交战”环节，作战单元快速接收通信卫星传递的发射指令，发射弹药，打击目标；在“评估”环节，指控系统综合多种传感器数据，进行交战评估、报告结果生成及再次打击等处理。

雪山：下面我讲一讲军民一体作战链的具体运用流程和“星融工程”在其中发挥的作用。

目前太空力量在作战链中的主要运用模式有三种：支援型、交联型和智能型。

支援型运用是当前太空力量在作战中运用的主要方式，遥感卫星获取信息回传到地面站，经处理后形成情报，传入 C^4KISR 系统，为指挥决策提供天基情报支撑，指挥部生成作战命令后，通过通信卫星或通用数据链等多种方式传递给不同作战平台，执行具体作战任务。在支援型运用中，星融工程构建的军民一体 ISR、通信能力，能够弥补军用 ISR 卫星数量少，目标明显，易被规避、干扰和打击，军用通信卫星成本高、带宽有限、通信时延长的不足，为作战提供高精度、高实时性的 ISR 信息和高速、低时延的战区通信保障能力，提升作战链鲁棒性和各环节的效能。

交联型运用是太空力量深度融入作战链的一种运用模式，基于星融工程，实现数据星上处理，构建基于低轨道巨型星座的天基高速数据链，天基 ISR 系统获取的遥感信息，在星上快速处理，直接形成作战情报，情报信息通过天基高速数据链快速传递到作战平台，快速形成作战指令，实现"传感器到射手"的直接交联，星融工程是实现交联型太空力量运用的核心环节，能够大幅度提升作战链闭合速度。

智能型运用是太空力量与新一代智能装备相结合的新型作战模式，由于民用天基体系存在传感器精度、数据处理速度等方面的不足，导致对高速目标、隐身目标、伪装目标的发现、跟踪能力有限，尚不能获取火控级信息。因此，可在通过天基系统发现目标概略信息后，向目标区域发射无人机蜂群、智能导弹等智能武器，武器抵达目标区后，利用 AI 技术快速智能处理，发现目标，再将目标信息数据通过天基数据链实时高速回传，获取打击授权，借助"星融工程"提供的 ISR、数据链，结合智能装备，实现打击链的闭环。

以具体的作战链为例，作战开始前，我们需要进行太空资产在轨预置与调配，强化对预定作战地域的天基情况监视、侦察能力，星融工程通过统筹统建太空力量，在战前就为太空力量的作战运用打下了坚实基础。在观察环节，需要调动星融工程体系中的天基传感器进行情报搜集与目标探测，这时候天基传感器借助高分辨率、难以拦截等特点和优势，在识别对手行动征候，发现并跟踪对手时敏目标等环节发挥主要作用。在调整环节，需要由天基传感器对目标进行持续跟踪，获取目标轨迹、识别目标型号、判断对手作战力量，为指挥员判断战场形势、了解战场态势提供重要决策支撑。星融工程依托军民一体的太空体系，能将现有卫星的重访周期从小时级提升到近实时，形成“透明战场”，目标信息通过天基数据链快速传递到指挥部和作战单元，实现太空力量的支援型运用和交联型运用。在决策环节，星融工程体系下的天基数据链、通信卫星将各类决策所需敌情、我情、战情信息统合到指挥部，辅助指挥官进行作战决策，实现作战节点间的高速互联互通，实现太空力量的支援型运用；对智能型装备来说，装备需要基于自身传感器、天基传感器等多源情报，进行智能决策，并通过天基数据链获取行动授权，实现太空力量的智能型运用。在行动环节，各作战单元间通过天基数据链超视距、高速传输各类传感器信息和作战指令，从单点、单链拓展到网格状拓扑结构，实现高效协同作战。在作战链中，天基环节贯穿始终，可以说是链路能够快速闭合的核心要素之一。

善守者藏于九地之下，善攻者动于九天之上，故能自保而全胜也。未来作战中，九天之上的星云体系，必将成为我军克敌制胜，战胜强敌的“撒手锏”；寓军于民，隐于“九地之下”的星融工程，也将成为增强我军太空体系可靠性，实现强对抗环境下的高可靠性服务的关键手段。“九天之上”与“九地之下”的高效融合，是我军未来作战的制胜之机！

军民一体战的局限性

抱朴：雪山老师，您刚才全面地为我们讲解了军民一体战，军民一体战有什么局限性吗？

雪山：任何事物都具有两面性，军民一体战也不例外，也具有一些局限性，主要表现在以下几个方面。

一是民商卫星体系的脆弱性问题。首先，民商用卫星发射信号的频率和调制方式都是已知的，并且数据格式固定不变。所以，用户接收机端极易受到人为干扰，干扰信号和卫星信号同时被接收机接收，使其无法识别信号的真伪，产生错误，造成严重结果。其次，卫星距地面接收机的距离遥远，根据信号的传播损耗理论，$P=C/r^2$，C 是一个常数，r 表示卫星距地面接收机的距离，随着传输距离的增大，接收到的信号功率逐渐减小。民商用中高轨道卫星距地球表面的距离较远，并且发射端信号的功率不是太大，所以经过长距离的传输，信号到达用户接收机端时，功率已变得非常微弱，容易引发错误。最后，卫星信号本身的抗干扰能力不强，卫星信号的调制过程一般采用扩频调制，扩频系统能够在一定程度上抵抗干扰，但当干扰能力足够大时，接收机端就不能有效地抵抗干扰了。

二是民商卫星体系的全天候适用性问题。民商领域使用的卫星很少采用雷达设备，大多是采用光学成像。目前，商业公司研制的卫星其探测设备主要是不同孔径的相机，这些相机分布在全球，然而天气和光照对光学相机的影响很大，这导致无法实现全时段、全天候地持续观测轨道，而这种精度和可持续性是无法充分满足国防军事要求的。此外，目前部署的民商用卫星雷达设备技术发展尚且有限，还不具备能够同时探测、跟踪多批次、多类型目标的相控阵机制，这些都导致民商用卫星很难保证全天候适用（李学朋，2019）。

三是民商卫星体系的全天时适用性问题。民商用卫星由于一般都具有重访周期，并且受到飞行轨道的影响，导致卫星在某地上空进行侦察监视时，需要经过若干时间的运行后，才能再次回到该地上空再次进行侦察监视。这就导致民商用卫星对同一地区或目标进行侦察存在重复侦察周期长、有效侦察时间短的问题，不能有效地保证民商卫星体系的全天时适用性。

四是民商卫星体系的安全性问题。一方面，民商用卫星通信的方式多为大范围广播式，在覆盖的范围内对数据进行广播式下发，导致在范围内的任何人都可以对信号进行窃听，盗取有用的信息。并且较早的一些商业卫星，甚至为了降低整个系统的复杂性，没有采用加密技术，会导致数据泄露，影响卫星的安全性。另一方面，由于民商用卫星不对信号进行更深入的解包工作，无法确定接收的信号和数据是否是合法用户的数据，当攻击者发送自己的非法信号后，民商用卫星依然会对信号进行转发工作，而此时如果攻击者再自己搭建接收系统进行数据解调和解码后，提取有用的数据，借助卫星私自通信，就形成了完整的窃取卫星资源攻击链，这就对民商用卫星的安全性造成了影响。

伴随着思想的交流、火花的碰撞，雪山老师结束了军民一体战的讲解。雪山老师与同学们一起到月坛办公楼的员工食堂用餐。吃饭的过程中，驰峰进行总结：军民一体是未来星云战的重要作战样式，雪山老师围绕军民一体运用模式、军民一体作战方式为大家深入浅出地讲解了军民一体战，让大家深刻认识到未来军民一体战的重要性与作用。午饭结束后，雪山老师详细地询问了同学们工作与生活的近况，给大家提了很多有益的建议，以期能够帮助大家更快地提升与进步。

第十一讲

星云战总结

转眼间两个月的时间已经过去，经过两个月的学习与研讨，大家对星云有了全面而且深刻的认识，从星云的概念、星云的价值到星云在各个作战域是如何开展作战的，在目光老师的带领下，同学们都进行了深入地研究与学习，并形成了较为系统的星云知识体系。

2020 年 11 月 21 日，初冬的北京下起了第一场细雪，四位同学又如约来到了“潜院”。目光老师早早在厅房燃起了炭火炉，煮了一壶老白茶，同学们围坐在炭火炉周围，在炭火的烘烤中和白茶的药香里，驱走了寒意，又投身于星云战的热烈讨论之中。这是目光老师给大家讲解星云战的最后一课，总结星云及星云战的设计与构想，为此次研究画上一个圆满的句号，为未来的研究开启一个全新的开端。

对星云质疑的再思考

锐羽：经过两个月的学习，我相信大家对星云和星云战都有了深刻的认识，我最后再做一个简短的总结。

进入 21 世纪以来，世界科学技术飞速发展，战略前沿技术领域各种新思想新原理不断涌现，宇宙演化、物质结构、生命起源、意识本质等许多重大科学问题正酝酿突破，信息、生物、新材料、新能源和智能制造技术渗透到几乎所有领域，人工智能、移动互联网、卫星导航等新兴技术快速发展，带动以绿色、智能、泛在为特征的群体性重大技术变革，正在创造新的产业和社会形态，促进知识、共享、循环、健康等新经济的形成。军民科技融合与协同创新深入推进，技术、人才、管理、标准等方面的界限日益模糊。科技创新链条更加灵巧，技术更新和成果转化更加快捷。

低轨道卫星星座构想的提出是为了向全球提供5G+/6G级别的高速互联网服务，让全世界的人，无论在地球任何角落都可以快捷地连接互联网。用轨道高度在1000多千米的近低轨道卫星代替轨道高度为3.6万km的地球同步轨道卫星，缩短卫星到地面的距离。电磁波以光速速度从地球同步轨道传输到地面，需要119.29ms，而从1000多千米的近低轨道传输到地面，则仅需3.3ms，为同步轨道的1/36，可以大大缩短卫星与地面的信息传输时间。

回顾卫星互联网发展历史可以发现，提供互联网服务的卫星星座并不是一个新兴事物，已有约30年的发展历史，只是发展缓慢，有些尚未实施、有些中途夭折、有些应用有限。近几年来，在世界各国技术巨头的推动和支持下，很多创新型企业纷纷计划打造由低轨道小卫星组成的星座系统，积极抢占太空互联网接入资源，引发全球性发展热潮，这也是星云作战体系提出的基础与源头。基于以上背景和目的提出了星云计划，计划未来在太空搭建由数万颗卫星组成的星云网络（高璎园等，2019）。

星云是支撑星云战形态和云端一体化作战样式的天基作战体系；是由数万颗300～600km高度的低轨道小卫星组成的“八网一体”“十三类云”的天基C^4KISR作战体系；是军民融合的天基体系，是星云战的物质基础，可覆盖全球、可聚能战场、可链接各个作战终端，可构建智能化的、扁平化的、俯瞰式的、敏捷并行的、强弹性的作战体系，可极大地化简武器装备的形态和组成，降低成本、快捷制造、高密度运用、野战化保障，从而形成星云战的战争形态。

约1万颗小卫星可构建天基互联网，形成超宽带、高通量和低时延的物联网和指挥控制网。数千颗低轨道小卫星可以替代GPS星座，实现全球导航、定位和授时替代。数千颗雷达侦察小卫星可以形成覆盖全球的星间协同探测网，在340km高的轨道上(星间距200km)，精确探测海上、地面和空中目标，使得探测地球上任何一点的距离不会超出轨道高度，再加上数千颗低轨道光学和红外侦察卫星，以及与中高轨道侦察卫星融合，地球将变得全天时、全天候、全球域透明。数千颗网络电磁战卫星可以对网络电磁目标同时实施全面压制和攻击。数千颗小卫星组成的监视云和防护云可监视敌方低轨道卫星星座作战体系，并保护己方低轨道卫星星座作战体系。数万颗卫星形成的大数据和这些卫星提供的分布式计算能力可以形成天基智能，这意味着 C^4KISR 作战体系移至天基，主要作战资源和作战数据位于天基。

随着低轨道卫星星座计划中卫星数量的逐渐增加，并逐步发展成为拥有大数据观测和分布式云计算能力的智能星座体系，将会引发新一轮的技术革命和军事革命。在空间方面，形成俯瞰式作战体系，实现对陆、海、空、天、网电领域的全域、全天时、全天候、全覆盖态势感知、侦察监视与指挥控制。在时间方面，可大幅度提升信息网络互联互通性，增强数据传输效率，极大地缩短 OODA 环时间。在作战效能方面，可极大地化简武器装备形态和组成，降低成本，快捷制造、高密度运用。在作战弹性方面，将 C^4KISR 系统的每个功能分解到若干个卫星群，形成去中心化的有共识机制的天基 C^4KISR，面对作战环境、作战样式的不断变化，可以迅速适应，具有极高的可靠性与快速恢复性。在智能化方面，以云智能代替端智能，通过作战 APP 实现星云对武器端的控制，加速智能化战争演变过程。星云战是新一代战争体系，能够引起战争形态的变革，加速智能化战争的演变进程。

星云作战体系是星云战形态和云端一体化作战样式的天基作战体系，星云战是信息化战争和智能化战争的过渡阶段，是一种相对独立的战争样式。“星云”概念的提出必将带来新一轮的技术革命和军事革命，具有重要的军事意义和科学价值。

今天是星云战学习讨论的最后一节课，大家可以将自己学习过程中新的思考与新的问题提出来，让目光老师再为大家进行解答。

美国开展天基作战的图谋

战鹰：星链真有这么大的军事用途吗？有什么证据证明美军正在大力发展建立星链作战体系，美军并没有这么说，是根据什么判断出来的呢？

目光：这个问题，我从四个方面来回答。

第一，俄罗斯反太空战手段发展迅速，美国发现依靠传统的中高轨道卫星不能满足未来作战需求，需要大力发展低轨道卫星星座。从现有天基体系的情况来看，仍然是中高轨道卫星为主，随着微电子、快速发射和卫星模块化等技术的发展成熟，中高轨道卫星将持续在资源保障、战略支撑方面为未来战争奠定基础。美国在航天感知体系、信息支援以及作战响应等领域大力投入资源建设，进一步提升了空天一体化的作战效能，对于天基有较强的依赖。

但是目前俄罗斯正在积极研制新的反太空战手段，使美国及其盟友所依赖的重要卫星受到严重威胁。2020 年 8 月，美国陆军国民警卫队少将蒂姆·劳森在国防工业协会的太空作战工业论坛上发表讲话时称，对手目前有能力使用干扰机、地基激光设备、地面和天基动能武器攻击支持太空作战的地面设施，以使美国和盟友的太空资产处于危险之中。他说：“作为一个专注于太空领域的作战司令部，这些东西让我们夜不能寐。”俄罗斯反太空战手段的快速发展，导致美国认为天基不牢靠，提出不依赖天基体系的未来发展构想。美国政府与军方认为现有天基体系不能满足未来作战，迫切需要找到新的出路。近年来，低轨道小卫星技术不断成熟，为美国星链的建设提供了技术基础，也让美国政府和军方看到低轨道小卫星的意义与价值，发展低轨道小卫星势不可挡。

第二，星链规模巨大，远超出全球通信所需天基卫星数量，背后一定有其他军事目的，这是美国以民掩军发展天基作战体系、抢占太空资源的直接体现。从星链的规模看，美国 SpaceX 提出星链计划，计划于 2019 ~ 2024 年在太空搭建由 4.2 万颗卫星组成的星链网络，如果只是构建可以提供全球通信的天基互联网，不需要规模如此巨大的卫星组网。2018 年以来，美国低轨道小卫星星座计划的井喷式发展，暴露了美国抢占天基资源、构建天基低轨道小卫星作战体系、塑造下一代战争图谋的端倪。打着民用旗号搞军用，是美国的惯用手段，依靠私企强大的低成本的低轨道星座构建能力、卫星制造能力和发射能力，实现构建美国下一代太空体系的目标，凸显了美国太空战略的野心。

另外，以美国为首的太空大国都在制定太空战略，调动军民力量，加快卫星发射，部署天基系统，争夺太空资源，尤其是频率和轨位资源，谋求卫星互联网布局和发展。一些国家和企业能够以越来越低的成本将卫星发射到太空，如果将图像数据、通信数据和地理位置服务等功能整合起来，这些国家和企业可以获得以前无法得到的信息，这必将对未来军事冲突产生重大影响。同时，各国正在加速争夺有限的太空资源。频谱资源作为一种自然资源，限于当前技术水平和开发运行成本，适用于特定系统使用的频率本身就非常紧张，而供空间业务使用的频率资源又更加匮乏，在构建卫星互联网过程中，频率资源作为空间业务系统实施的必要前提，其价值通常被认为是战略性的，甚至有“空间地产”“太空国土”之喻（蓝天翼，2016）。

另外，卫星轨道也有价值高低之分，为了保证频率隔离、空间隔离，卫星间需要保持一定的安全距离。因此，有价值的轨道，如地球静止轨道，数量并不多，这些轨道上某些静止点更是极为稀缺。国际上有一个空间轨道分布协会协调空间轨道，理论上哪个国家或公司优先申报，就可以获得优先使用权。美国如此急迫的开展星链计划，完全暴露了美国希望通过大量通信卫星占据有效频率和高价值卫星轨位的心思。由此看来，星链计划就是美国借用私企和民用系统之名在悄然部署的新一代天基体系，是美军塑造未来优势、形成战略突袭、抢占太空资源、开启下一代战争的“背书”。

第三，从星链能力上看，必然走向天基 C^4KISR 体系。近年来，多域战、马赛克战、分布式作战等新型作战概念快速被提出和发展，美国各军兵种都为这些作战概念的实战化进行了不懈努力。这些新型作战概念也将对未来作战产生非常深远的影响，未来军事作战将极大程度地实现在多域、甚至全域展开，需要极强的信息互联互通、协调配合能力。面对这样的未来需求，想要制胜未来战场就需要保持在全域内的信息高速、准确互联互通的能力，实现信息的高效转发与共享，保证决策的实时性。低轨道卫星星座构成的卫星互联网恰恰可以实现全天时、全天候、全球域的互联互通，可以满足未来战争的需求。因此，商业低轨道卫星星座得到了飞速发展，美国国防部也在开展对商用太空互联网资源的利用研究，力图在未来的战争中立于不败之地。

星链部署完成后，可以形成覆盖全球的 5G+/6G 天基互联网，实现陆、海、空、天、网电的泛在物联，具有高速率、大容量、高可靠、低时延、低功耗、互联互通的能力，可以实现对现有天基体系的功能覆盖、能力冗余和体系融合。星链不仅是天基互联网，而且是是军民融合的天基体系。应用于民用领域，星链可以形成天基对地观测、定位、通信、控制等体系能力，必将改变人类的生活形态；应用于军事领域，定将形成天基 C^4KISR 体系，大幅度提升信息网络互联互通性，提高指挥控制能力，还能够充分释放虚拟现实、大数据、云计算、人工智能、军事物联网等颠覆性技术的战争潜能，加速智能化战争演变进程，改变战争形态，实现下一代太空体系、天基预警侦察体系和导弹防御体系形态和能力的重构。

第四，从事物的发展规律看，星链必将向军事领域发展，这是美国大力发展星链的必然趋势。我们今天需要做的就是充分发挥洞察力，透过遥远地平线的桅杆顶，剥露出美国低轨道小卫星星座计划的真实面目和其背后的战略野心，准确研判美国未来天基体系发展态势，确定美军军事图谋，并抓住低轨道小卫星发展建设和运用的战略机遇期，推动我国星云体系的成功构建。

洞察未来需要领导者的战略能力。正如国防大学教授张啸天指出的那样，战略能力分为三个层次：第一个层次，能够对已经发生过的战略事件，做出正确分析，从中揭示出规律性的东西，以启发后人、启示未来；第二个层次，面对复杂的现实战略问题，或将要出现的战略态势，能够洞察其本质，做出正确研判，明确未来走向；第三个层次，能够对重大战略问题做出正确研判，明确走向，提出可行的对策筹划，解决战略难题，塑造未来战略态势。在当前国际局势发生重大变化的历史阶段，如何才能避免犯战略性的错误，如何牢牢把握科技和战争的发展趋势和规律，同学们又深深地陷入忧思之中。

我国开展星云战研究的必要性

守静：从目前星链的发展来看，星链的成功是一种趋势，面对这样的情况，我国是不是也要跟着干，是不是有更好的途径或方式来应对？

目光：并不是因为美国在开展星链作战的研究，我们就跟随美国开展相关研究，而是在我国开展星云战的研究具有极大的必要性，我从四个方面回答这个问题。

第一，星云卫星是天基卫星发展的新阶段。

从卫星发展规律看，卫星的发展是波浪式前进、螺旋式上升的。在社会主义革命和社会主义建设时期，毛泽东提出：“任何事物的发展都不是直线的，而是螺旋式地上升，也是波浪式发展。”卫星的发展规律也正是如此。最早的天基卫星发展方向是低轨道，但是经过一段时间发展，发现当时的低轨道卫星不足以满足定位、导航、授时等需求，各国开始着力发展中高轨道卫星。经过多年的发展，随着美国GPS、俄罗斯格洛纳斯导航卫星系统、中国北斗卫星导航系统和欧洲伽利略卫星导航系统等中高轨道卫星导航系统提供全球服务，世界中高轨道卫星发展步入新阶段，中高轨道卫星的能力已经基本可以满足人类生活和战争需要。但是随着商业航天模式的到来，卫星的低成本、批量化生产、运载火箭重复利用等技术发展，低轨道卫星形成能力的条件已经成熟，重新占领低轨道这是必然趋势。以SpaceX、OneWeb公司、电信卫星公司为代表的典型商业航天企业陆续公布了各自的中低轨道卫星星座计划，并快速推进星座部署进程。全球低轨道卫星领域正在进行一场深刻的产业、系统与技术变革，引发卫星制造、发射等核心技术发生颠覆式革命，卫星应用领域与模式创新发展，全球开启了低轨道卫星快速发展的新阶段（冯契，1992）。

从经济社会发展看，低轨道卫星时代的到来是全球化进程的必然选择。全球化是当今时代正在进行着的、不可阻挡的、无法逆转的一个客观历史进程，它是一种超越国界与国家主权的、在全世界范围内所展现的沟通与联系、交流与互动的趋势。它以经济全球化为核心，以信息化、网络化为手段，对世界各个国家和地区的社会生活产生了深刻而巨大的影响。网络传播的速度快、多变化、无边界、多维度等特点不仅加速了全球化的进程，实现了空间与时间的分离，而且还极大地增强了人类的社会属性，拓展了人类的关系边界（郑红，2015）。低轨道星座的建设初衷就是向全球提供全天时、全天候、全球无死角的卫星互联网服务，这恰恰与经济社会的全球化发展相适应，并且利用低轨道星座批量研制、快速部署、大容量、低时延、全球覆盖等特点可以更好地推动全球化的发展。

从未来战争需求看，战争的制胜机理已经向“群吃单”演变，低轨道星座可以为未来战争制胜提供网络基础。信息技术的发展是催生战争制胜机理变化的直接动因。战争制胜机理，是指为赢得战争胜利，战争诸因素发挥作用的方式及其相互联系、相互作用的规律和原理。战争制胜机理的变化受诸因素综合作用的影响，与战场作战力量聚合与释放方式的变化关联，还与战略指导的重要性休戚与共。随着信息技术的不断发展，未来战争的制胜机理已经从“强吃弱”“大吃小”“快吃慢”逐步演变成为“群吃单”，通过各类集群进行进攻作战的方式达成歼灭敌方单兵武器装备，制胜未来战场的目的。蜂群作战、分布式协同作战、马赛克战、无人作战等一系列新型作战概念与构想都充分体现了“群吃单”的未来战争特征。集群以信息网络为纽带，遵循组织结构的网络化逻辑，将广域分布的多元作战资源构建成一个完整的力量网络，从而实现作战的信息交互、功能耦合和能力聚焦。因此网络是集群作战的关键，而低轨道星座可以提供全球无死角、全覆盖的信息网络，为这种“群吃单”的作战样式和制胜机理提供了网络基础。

第二，星云不是绝对地排斥中高轨道卫星，而是以低轨道为主，中高轨道卫星进行增强和补充。

首先，未来的天基体系是低中高轨道卫星相结合的天基体系，充分发挥低中高轨道卫星各自优势，保证将天基体系的作战效能发挥到最大。低轨道卫星由于距离地面近、信号质量优，且具备更小时延，可以实现全球覆盖，并且重量小、造价和发射成本较低；落地信号强度更高，可改善遮挡遮蔽条件下定位效果，提升可用性；低轨道卫星运行速度快，可加快高精度定位收敛时间，用户体验更优；具有终端小型化、集成化、低功耗特点，易于用户使用。多颗低轨道卫星以一定排列方式共同协作，按照星云初步的部署预期，地球上几乎任何地点、任何时间，至少 3 颗星云卫星可以提供 1 ~ 23Gbit/s 宽带接入服务，星云部署完毕后，可以真正做到宽带互联网遍布世界，实现对全球的连续无缝覆盖（卢鋆等，2020）。但是，低轨道星座也存在着诸如卫星碎片可能引发灾难、卫星在轨管理难度较大等问题。中高轨道卫星的优势在于单星覆盖范围广、系统容量效率高、对应关口站更为简单，而且卫星寿命长。高轨道卫星单星覆盖范围广，理论上 3 颗卫星即可实现全球南北纬 70° 全覆盖，1 颗卫星可为特定区域提供 24 小时稳定的覆盖与服务，但存在南北极覆盖盲区。从系统容量效率角度分析，高轨道卫星单星设计容量较大。高轨道卫星比低轨道卫星数量更少，相对地面静止，无须像低轨道卫星配置多路天线及射频通道，所需关口站更少。一般低轨道卫星的寿命比高轨道卫星的寿命短得多，这主要是因为卫星要保持轨道，需要靠火箭发动机（推力器）来调整轨道和姿态，而卫星能带多少推进剂就决定了卫星还能在轨道上服役多长时间。但是中高轨道卫星也存在缺点，卫星制造成本高，一旦被摧毁，恢复周期长，代价非常大。

因此，高低轨道卫星联合组网，扬长避短，单星与星座互补构建未来天基体系是未来发展的趋势。高轨道卫星与低轨道卫星各有优势，在能力上相互补充，高低轨道卫星联合组网的方式有助于优化部署规模，高效建立起具备全球无缝覆盖及服务能力的卫星互联网星座。

其次，由于低轨道星座在强弹性、全球覆盖性方面有无法比拟的优势，未来的天基体系将形成以低轨道星座为主，中高轨道为辅的体系形态。强弹性是未来战争最显著的需求和特征，中高轨道在这方面存在致命的弱点，中高轨道卫星弹性极差。而低轨道星座恰恰在这方面有巨大的优势，低轨道星座通过建立自适应自重构的星云架构，根据战场位置“随需应变”组成动态、智能、强弹性的 OODA 环。面对作战环境、作战样式的不断变化，可迅速适应，具有极高的可靠性与快速恢复性。正因为这一点，所以必须建立低轨道为主的卫星星座。就像建设高楼大厦不可能建立在沙滩上，必须建立在坚实的基础上。低轨道可以为强弹性提供坚实基础，可以保证未来战争的弹性，制胜未来战场。另外，低轨道卫星具有覆盖全球的能力，可以提供全天时、全天候、全球域的战场态势感知与侦察，而中高轨道卫星虽然单星覆盖范围大，却不能实现对全球无死角的覆盖，导致态势感知与侦察存在盲区。因此，在未来的发展中，需要以低轨道卫星为主导，通过中高轨道卫星增强和补充天基体系的整体能力，从而提升制胜未来战争的能力。

第三，美国是构建低轨道星座的先行者，我们首先要跟进和学习，“师夷长技以制夷”，学习的目的全在于超越。

首先，为什么要向美国学习？必须防患于未然，未雨绸缪，当美国刚开始出发的时候，我们就要起步，不能人家到了终点，我们再追赶，只有这样才能在追赶的过程中实现并跑和领跑。抗美援朝战争中就有这样一个例子，在某次战役中，在美军指挥官范佛里特的指挥下，美军各部以强力装甲部队为先导，组成一支装甲特遣队，对撤退中的志愿军各部之间的空隙穿插分割，企图切断志愿军退路，分割包围志愿军于撤退途中，以达成歼灭志愿军主力的目的。抓住对手出拳后尚未收回的瞬间反攻，正是彭德怀在抗美援朝战争第二次战役中运用的后发制人的绝招。范佛里特在领教过彭德怀“后发制人”战术后，完全掌握了其精髓，准确抓住了志愿军攻势力竭、转为撤退的有利瞬间。美军凭借快速机动能力迅速集结和出击。志愿军猝不及防，局面一时极其被动，稍有不慎，甚至可能全局崩溃，输掉战争。相比彭德怀的“声东击西”，这同样是一个神乎其神的手笔，非常高明，是善于学习敌方优势的典型例子。在低轨道卫星发展方面，美国已经走在世界前列，我们必须认清现实、剖析自身存在的问题，紧跟美国低轨道星座构建态势，提出我国星云建设的构想与规划，才能在未来的战争中占得先机，制胜未来战场。

其次，要向美国学什么？一是要学习美国的忧患意识，约瑟夫·奈说："美国人长期以来都在担心他们的衰落。"并且由于他们具有极强的忧患意识，对其他科技强国的创新非常关注与警惕。在美国长久的发展中，非常重视对于美国人民忧患意识的培养，并将其内化到人民的教育与生活中，不断增强人民居安思危、奋发图强的意识，从而形成美国全国人民的忧患共识。这样的忧患意识，使得他们非常关注科技的发展，一旦发现弱势或不足的敌方就积极开拓创新，推动制度与技术的快速创新发展，这正是我们需要学习的地方。二是学习他们的创新精神，美国在世界科技的发展中起到了引领的作用。在科学技术更新发展的过程中，美国一直非常注重创新，无论是在制度上，还是技术上，都在不断进行创新，这就源于美国始终保持的强烈的创新精神。创新精神是一个国家和民族发展的不竭动力，也是一个现代人应该具备的素质，所以我们也应该紧追美国的步伐，提高创新能力，塑造创新精神，在星云的建设中充分发挥创新精神，保证星云的顺利建成。三是学习他们的引领勇气，美国掌握着全球最先进的科学技术，催生着一次次世界科技浪潮，成为全球科技创新和经济发展的引领者，这种敢为天下先的勇气也使其成为世界各国学习的榜样。在低轨道星座的建设方面，美国也是世界的引领者，相继推出星链、"黑杰克"等计划，开启低轨道小卫星建设的先河。我们也必须具备这种敢为人先的勇气，才能在激烈的科技竞争中立于不败之地。四是学习他们抢占先机的精神，星链计划走的道路不是成熟了才发射的，而是一面发射、一面修改、一面调整、一面检验，边建设边形成能力。就像我之前说过的"尽快地实行一个过得去的方案比推后实行一个过得硬的方案要完美得多"，这就是抢占先机。要学习抢占先机，迭代进化，通过不断地发射、试验，不断迭代，提高卫星的质量和实用性，进而为整个低轨道星座的建成提供保证（刘友金和毛小平，2014）。

目前，星链计划正处于发展过程中，并没有形成一个完整的远景图像，特别是在军事领域。既然我们准确地预判到这一点，就要尽快地开展星云的建设。学习的目的在于超越，而不是亦步亦趋，我们虽然是后发，但是我们瞄着这个终极目标去发力，这样将来我们就有可能走到美国的前面，实现后发而先至。

第四，目前的太空飞行器、太空平台不能实现占领低轨道、利用低轨道和控制低轨道的目的，必须要大力发展星云夺取太空低轨道优势。

首先，从进入太空看。传统运载火箭发射成本高、研制周期长，为星云的构建带来极大的障碍。新发展的一些太空飞行器，比如航天飞机、空间站、高超声速飞行器、空天飞机、水平起降天地往返航天器、商业化固体小运载等载荷都比较小，不能形成规模部署，很难形成卫星群的能力。马斯克恰恰解决了低成本和发射频次的问题。小卫星可以做到足够便宜，就算组成星座，代价也不大；另外，小卫星可以量产化，像手机一样流水线生产，制造周期短。小卫星不需要大型卫星那么高的单星可靠性，多发几颗卫星做到系统冗余就可保证整体可靠性，补星的代价也不大，发射失败造成的损失也不高——这样还可进一步降低对运载火箭可靠性的要求，从而降低入轨成本。在商用元器件性能与等级不断提升的当下，可以不断替换在轨卫星，保持卫星性能的优越，大幅降低人们对发射费用的预期，为星座的部署创造良好条件，为大规模进入太空奠定基础。

其次，从利用太空看。随着人类对宇宙探索的逐步深入，空间技术的发展，太空资源的利用，已是一个国家综合国力以及科学技术发展水平的重要标志。太空资源的利用，为人类社会的发展提供了强大的推动力。但是，目前的航天器普遍存在设计、制造和部署周期长、成本高等问题，远远无法满足地面对空间系统能力快速增长的需求。现在正在发展的各类技术手段只能少量地部署卫星，难以形成全球域、全天候、全天时的能力，这是对太空资源的极大浪费。频率资源是空间互联网建设的先决条件，是一种越来越稀缺的全球战略资源，也是世界航天大国争夺的焦点，能否获得足够的低轨道和频段资源对我国国防安全、经济建设和社会发展关系重大。美国联邦通信委员会已批准了OneWeb、星链、Telesat、Leosat等星座频率申请，如果这些星座先于我国发射，轨道和频率的优质资源则将被其抢占，这势必会制约我国卫星互联网的建设和运营。因此，我们要加快星云建设步伐，为我国利用太空提供条件。

最后，从控制太空看。和战争形态一样，未来太空战争的制胜机理也是“群吃单”的模式，通过卫星组网形成天基作战体系，形成对单独太空系统的致命打击。只有依靠太空“量”的优势，才能形成太空“质”的胜算，才能真正地控制太空。传统的控制太空的方式是以地面制空，利用导弹、激光、高功率微波等传统地面太空战手段对太空进行攻击，这样的太空战手段对于单星可能有作用，但是面对低轨道卫星星座如此巨大的天基体系，完全起不到打击控制的作用。加之，卫星群具有极大的弹性，即便通过太空战手段实施了对某些航天器的攻击，星云也可以在短时间内重新组网。因此，在未来的太空作战中需要以天制天，以“群吃单”，大力发展星云，为未来控制太空提供保证。

面对这样的趋势，我国必须加速谋求星云卫星互联网的布局和发展，争夺有限的太空资源，利用多种方式及早获取关键资源，实现进入太空、利用太空、控制太空的目标，为制胜太空，打赢未来战争做好基础和准备。

至此，四位同学对星云和星云战在未来战争中的重要地位和作用有了更清晰的认识。而这种认识，必须建立在对未来战争形态发展变化的准确判断的基础上，必须建立在对当今科技发展的历史背景深刻思考的基础上，必须建立在对抢占太空资源和抓住发展战略机遇期的使命责任感的基础上。离开了这些基础，对星云及星云战的争论就会陷于空谈，就会出现用战术问题否定战略问题的窘境，就会贻误战机。

星链的可行性分析

抱朴：目光老师，星链是如此巨大的一个体系，从美国现有的情况看，您认为星链计划能够建成吗?

目光：星链计划注定是可以建成的，可以从模式可行性、技术可行性、经济可行性和时间可行性四方面进行剖析与研判。

第一，模式可行性。美国利用军民融合的模式推动星链计划的建设与发展，依靠军方在背后推进，会促使星链更快建成。这种模式使美国军方搭上了星链的快班车，星链插上了美国军方军事科技的高科技翅膀。美国在这种模式下有很多成功先例，比如GPS、星球大战计划、阿波罗计划、脑计划、基因组计划等，都是在这种军民融合、以民掩军的模式推动下取得的巨大成功。因此，星链的建设在这种模式的推动和保证下，也定能取得成功。

SpaceX 曾表示该公司所发射的这些低轨道卫星将用于组建天基互联网，旨在为全球提供全球无死角的互联网接入服务。但是，我们反观一下 SpaceX 的星链计划近几年的发展历程：星链计划部分发射场建在美国范登堡空军基地内，美国空军专门进行了空军战斗机与星链计划互联互通的技术试验，美国军方提供大量资金支持将应用场景拓展到军用领域等。以上种种都可以显示出星链计划背后具有明显的军事目的。目前，星链计划与美国各军兵种的合作已经初露端倪，美国各军兵种都在大力推动星链计划的落地与发展。

2019 年 3 月，美军向 SpaceX 授出价值 2800 万美元合同，对星链计划开展了军事服务演示验证。在 11 月的低轨道技术验证试验中，星链计划为美军 C-12 飞机提供了高达 610Mbit/s 带宽的网络服务。

2020 年 5 月，美国陆军与 SpaceX 签署了一项合作研发协议，该协议是美国军方商业采购协议之前的一个标准协议。美国陆军希望能够在星链宽带卫星连接到军事通信网络时评估其网络服务的性能，了解星链网络的真实有效性，根据评估结果整合军方的收购策略。另外，美国陆军委托得克萨斯大学奥斯汀分校无线电导航实验室进行研究，希望利用这些低轨道卫星提供更精确的定位服务。2020 年 10 月，美国陆军根据研究得出结论认为，星链成本低、不易被干扰、可替代 GPS，且精度更高。

2021 年 3 月，美国空军在 AC-130 空中炮艇和 KC-135 空中加油机上测试 SpaceX 的星链太空互联网能力，参与测试的公司除了 SpaceX 外，还有铱星、雷神、L3Harris 和诺斯罗普・格鲁曼等公司。

星链计划完成后，将为未来美军实施联合作战提供强大支撑，美国各军兵种都将意识到星链的重要性，并将助力星链未来发展。所以，在美国军方的推动下，星链计划必将迅速发展，为星链的建成提供必要保证。

第二，技术可行性。近年来随着商业低轨道卫星星座井喷式发展，低轨道卫星相关技术迅速成熟，以星链、OneWeb、“黑杰克”为代表的低轨道卫星星座发展势头迅猛。低轨道卫星星座应用前景广泛，实现星座发射运营、终端设备研发低成本，在技术层面是可行的。

从研制和发射成本看，火箭重复利用和“一箭多星”技术极大降低了卫星发射成本；集成电路技术的进步促成了卫星的模块化、组件化和小型化，显著降低了卫星的尺寸、质量、功耗和研制成本；批量化、模块化卫星制造技术显著降低了卫星的制造成本。

从低轨道卫星用户使用的终端成本来看，由于终端数量巨大，对成本尤其敏感。一般情况下，低轨道星座是部署在大约 1000km 高的轨道上，在这个轨道上的低轨道卫星比地球同步轨道卫星可减少大约 30dB 的路径损耗，通过设计可实现将 20dB 收益分配给空间段卫星，10dB 收益留给地面用户终端。参考目前 4G 终端价格与服务费价格的关系，设计实现手持式小型化终端的售价不超过 1000 美元 / 台的成本，技术上是可行的。

比照典型的 Ka 频段链路计算，地球同步轨道系统中一个 0.45m 口径的 VSAT 终端，当使用 5W 功放时，可以支持 2Mbit/s 上行速率，其等效全向辐射功率（EIRP）大约为 46dB。一个口径减半的 Ka 频段终端配 2W 功放，等效全向辐射功率大约为 36dB，正好相差 10dB。由获得的 10dB 收益补偿，则可以估计出“2W 功放配置 0.225m 口径 VSAT 终端大约同样可以提供 2Mbit/s 上行能力”。例如，设计一个相控阵终端，采用收发分离的口径，将整机体积设计成 300mm × 500mm 的口径，就可以满足接收 10Mbit/s 以上、发射 2Mbit/s 的要求，从成本分析来看，设计技术已非常成熟，控制成本的关键在于无源材料和有源材料。

第三，经济可行性。全球 5G 建设刚起步，就碰到了传统移动通信模式的两类“边界”。一是商业的边界：在人烟稀少的地理位置安装 5G 基站，成本高，商业角度不划算。二是人类信息接收能力的边界：4G 目前足以满足人类接收使用信息的能力，信息基础设施的使命是让生活在 4G 网络里的人类享受 5G，还是拓展网络的边界到达全球？人类的活动范围正在大幅度拓展到空中、海洋等占地球表面 90% 以上的区域，即使只有 1% 的人类生活工作在这里，人类对包括语音和数据在内的移动通信需求也是刚需。那么，低轨道星座能不能躲开地面基站所背负的成本魔咒，把成功的商业模式扩展到覆盖全球的星座呢？下面我们以星链为例，按照公开的数据粗略估算一下其经济收益。

按照星链系统总带宽为 12000（颗）×17Gbit/s =204Tbit/s 测算，考虑到地球表面 70% 为海洋、20% 为沙漠、荒野、南北极，人类活动大多发生在只占地球表面 10% 的区域，故系统效率按 10% 估计，那么系统有效带宽约为：204Tbit/s×10% ≈ 20Tbit/s。假设，每人每天累计用 4 个小时手机，平均月流量 10GB，平均速率为 200Kbit/s，那么星链理论上可同时支持的用户数为：20Tbit/s÷200Kbit/s=1 亿（用户）。可见，星链期待的3000万用户是较为合理的。

目前在美国，一个家庭 4G 移动套餐（含 3 ～ 4 部手机）的费用是每个月 130 ～ 150 美元。星链服务流量费按 960 美元 / 年，即大约每个用户每年 1000 美元测算，3000 万用户产生的年业务收入约为每年 300 亿美元收入。星链公开预计的建设成本是 400 亿美元，假设每年的运营费用需要 100 亿美元，卫星平均寿命 5 年，那么 5 年系统收入（稳定期）：300 亿 / 年 ×5 年 =1500 亿。按照大型工程预算超 1 倍的假设，5 年系统建设运营总支出：400 亿 ×2（倍）+ 5 年 ×100 亿 / 年 =1300 亿，潜在的利润是 200 亿。所以，从经济性的角度分析，星链的经济可行性较好，其商业模式是能够成功的。

第四，时间可行性。人类自 1957 年开始拥有向太空发射人造地球卫星的能力以来，年均发射次数为 85 次。如果按照 SpaceX 2018 年 2 月份“一箭双星”发射星链计划的 Microsat-2A 和 Microsat-2B 两颗技术验证卫星的节奏，哪怕全世界的发射次数全由 SpaceX 来占据，并且全部用来发射星链计划的卫星，那么 4.2 万颗卫星，也至少需要 2.1 万次发射，以年均发射 85 次来算，至少需要 247 年才能完成如此庞大的星座的建设。

所以为了解决这一问题，2019 年 5 月 SpaceX 利用“猎鹰 9 号”实现了一箭 60 星，60 颗星链计划首批卫星分为两堆，每堆 30 颗扁平的卫星，单星质量 227kg。每颗星链卫星均采用平板式设计，配备多部高通量天线和单一太阳能电池阵，这种发射方式极大地提高了星链卫星的发射速度。自从 SpaceX 于 2019

年 5 月首次披露其激进的扁平卫星设计、堆叠方法和部署机制以来，该公司已经以令人难以置信的速度成功发射了一千多颗卫星。另据 SpaceX 透露，目前正在研制可以实现一箭 400 星的“星箭”，一旦“星箭”研制成功，星链的部署计划将大大提前。

另外，SpaceX 卫星的研制生产速度也相当惊人。SpaceX 首席执行官埃隆·马斯克 2020 年 3 月证实，该公司星链卫星工厂的生产效率取得了重大提升，使得卫星制造速度快于发射速度。SpaceX 基本上每个月都在建造 120 颗星链卫星，这为其无线互联网服务的大幅扩张铺平了道路。所以，从综合运载能力和研制速率两方面因素分析，星链计划的建成具有很强的时间可行性。

从以上四方面来看，美国的星链计划必将在较短的时间内完成建设，并成功构建下一代太空体系，为制胜未来战场提供保证。

听完目光老师的解答，四位同学认识到阻碍低轨道卫星星座在国内快速推进的阻力不在于可行性方面，而在于传统思维的惯性、利益格局的束缚以及对低轨道卫星星座异军突起的恐惧。

星链作用的深度剖析

锐羽：目光老师，通过咱们这段时间的学习，星链真的可以引发这么大的变革吗，一定会是信息化战争与智能化战争的过渡阶段吗？

目光：第一，星链的发展确实会引发新一轮的军事变革。

恩格斯认为，军队武器装备的发明和改进，离不开科学技术的进步，没有集中了近代科技成果的近代大工业，就不可能有真正适用的线膛枪炮；没有蒸汽机和螺旋推进器的发明，就不可能有近代装甲舰的出现。技术的发展对军事的变革有着巨大的推动作用。随着人工智能、商业航天等技术的发展，必将带来科技的进步和生产力的提升，带来生产方式的改变，必然会反映到军队、装备、作战的改变，带来新的军事变革（张伊宁和鲍世修，2017）。

在我看来，新军事革命产生的动因主要有两个方面：首先，人类社会技术形态的转型是新军事革命的根本动力。美国未来学家托夫勒曾经说过："人类以怎样的方式从事生产，就以怎样的方式从事战争。"这绝对是真理性的见解，社会是军事的"母体"，军事是社会的重要组成部分，军事与社会密不可分，有什么样的技术社会形态就会有什么样的军事形态。人类社会由工业化社会向信息化社会转型是新军事革命产生的根本动因（张伊宁和鲍世修，2017）。

其次，未来信息技术群特别是智能技术群的发展是新军事革命的直接动力。恩格斯曾经讲过："一旦技术上的进步可以用于军事目的并且已经用于军事目的，它们便立刻几乎强制地，而且往往是违反指挥官意志而引起作战方式的改变甚至变革。"信息技术群的飞速发展所带来的信息革命，既是推动工业社会向信息社会转变的主要力量，又是引发新军事革命的直接动力。第二次世界大战后，科学技术的发展日新月异，20 世纪五六十年代以来，世界上出现了一大批高新技术群，包括以微电子技术、计算机技术、人工智能技术、通信技术为基础的信息技术群，以人造卫星和航天飞机为代表的航天技术群，以核聚变为代表的新能源技术群，以复合材料和耐高温材料为代表的新材料技术群，以遗传工程为代表的生物技术群，以海洋工程为代表的海洋开发应用技术群，其中，信息技术群处在核心地位。信息技术发展迅速，带动了所有高技术群的巨大进步（刘后根和涂明华，2013）。而信息技术的发展，可以说同以往一样，也是首先在军事领域里应用最早、最多，而且带来的变革最大，影响也最深刻。信息技术群不但使武器装备出现了信息化趋势，也使军事理论出现了信息化趋势，更使战争形态由机械化战争向信息化战争加速转型。

低轨道卫星快速研制、低成本发射等技术的快速发展与大量应用，表明低轨道小卫星技术在以空前的广度和深度发展，将强有力地改变战争的面貌。随着各国在太空中进行大规模的卫星部署，并将其应用到军事领域，必将影响未来作战模式，引发新一轮的军事变革。星云战可以改变战争形态，星云战不是信息化战争，也不是智能化战争，而是独立的战争形态，是信息化战争与智能化战争的过渡阶段，是推动战争形态演变的桥梁。星云战可以改变作战样式，云端一体化作战真正实现了从传感器到射手的直接交互，天基传感器与导弹的直接交互。星云战可以改变装备形态，在星云作战体系的支撑下，武器装备体系、系统、平台和导弹等呈现出终端化形态，装备只保留机动力和火力，其他作战要素由星云生成提供。因此，星云战必将引发新一轮的技术变革和军事变革。

第二，星云战是信息化战争的高级阶段。

从本质上看，星云战仍然是信息化战。信息化战争的基本形态是信息作战体系＋信息化武器装备，信息作战体系就是信息化的指挥、控制、通信、计算、杀伤、情报、监视、侦察，即信息化的 C^4KISR，信息化作战装备是指传统的飞机、坦克、军舰、导弹等信息化作战平台。星云战的本质还是信息化战争，传统信息化武器装备在天地一体和地天一体的作战样式中，仍然会起到关键性作用。由此可以看出，星云战并不是要完全摒弃传统的信息化武器装备与平台，而是在星云的状态下保证将武器装备的战争潜能发挥到最大。

从形态上看，它不是早期的信息化，也不是现在的信息化，而是进化了的信息化，是发展了的信息化，标志着战争进入了一种新的形态。星云战把信息体系建在天上，信息能力发生了颠覆，信息能力的跨越使信息化战争呈现出新的形态。星云作战体系构建在天基，体系信息在天基，体系指控在天基，体系智能在天基。天基 C^4KISR 作战体系赋予信息化战争全新的能力、全新的形态、全新的流程、全新的样式，产生与传统信息化战争不同的特征。因此，星云战已经不是传统的信息化战争，是一种独立的战争形态，它是信息化战争的高级阶段。

第三，星云战是智能化战争的初级阶段。

从智能化战争的本质看，智能化是继机械化、信息化之后战争发展的一个新阶段，智能化战争就是智能作战体系与智能化武器装备构成的智能化作战方式。人类认识世界、改变世界的过程可以由低到高分为行为、感知、认知，行为是最直接、最简单的，感知是直观的认识，认知则是人类智慧的体现。以此类推，在战争中，行为就是机械化形态，感知是信息化形态，认知是智能化形态。感知是认知的前提，因此，信息化是智能化战争的前提。星云战基于天基作战体系可以实现全球域态势感知智能化、高速率数据信息传输、基于星云智能实现指挥决策智能化和作战行动智能化，初步具备了智能化战争的条件与特点。但是在星云战中，武器端的操控还是以人为主，由于技术发展瓶颈的限制，云的智能能力也较为有限，还需要智能技术持续地发展。因此，星云战并不是智能化战争，只是智能化战争的初级阶段。

从机械化、信息化、智能化关系来看，在智能化战争中既包含机械化战争形态、又包含信息化战争形态，在不同的作战环节有不同的体现，机械化是信息化的基础，信息化是智能化的基础。信息化是进化了的机械化，智能化是进化了的信息化。以坦克为例，机械化战争有坦克，信息化战争也有坦克，智能化战争仍会有坦克。但是坦克发生了进化，能力得到了提升。没有机械化不可能有信息化，没有信息化不可能有智能化，所以必须要三化融合发展。而现在我们国家是机械化尚未完成，信息化还在过程之中，所以智能化必然是初级阶段。另外，真正的智能化还有很漫长的过程，智能化的“三算”问题、伦理问题、可信性问题在短时期内难以得到解决，从信息化战争到智能化战争，跨度比较大，很难直接实现战争形态的改变。因此，星云战可以为信息化战争与智能化战争提供一个完美过渡。

因此，要大力发展低轨道小卫星，构建天基作战体系，在体系上下功夫，而不是在平台、武器端上下功夫。通过天基体系覆盖全球、聚能战场、链接各作战终端，依靠天基体系取得未来战争的胜利。具体从以下三方面做：第一，采用军民融合发展路径，充分利用国家资源推进军事航天建设，按照“需求牵引、分步建设、边建边用、以用促建”和“全天时、全天候、全覆盖”的原则，加速建成基于星云作战的新型军事力量体系。第二，以变应变、积极适应，抢抓新一轮军事变革的历史机遇，才能乘势而上、把握先机，为赢得新一轮军事变革和打赢未来战争奠定胜势。第三，把抗强敌作战的重心转到以“星云作战体系”破击“星链体系”上来，把体系对抗的主战场转到太空上来。着眼未来战争制天权和未来抢占军事领域制高点，按照“以攻为主，平战一体，整体制胜”的思路，加快抢占太空，积极利用太空，全力控制太空。

四位同学逐渐明白了一个道理，星云及星云战是人类历史和战争发展的阶段性特征，它既是继往开来的战争“立交桥”，又是回避不了、不能跨越的科技基础。星云战既是不可替代的，又不是万能的，它必将引领科技发展和战争形态走向更高级的阶段，而这一高级阶段终究会被智能化战争的浪潮所湮没。

我国建设星云的条件

战鹰：星云是如此庞大的天基体系，我国具备搞星云、星云战的条件吗？

目光：我们具有建设星云、发展星云的能力。可以从体制优势、发展优势、多元优势、技术基础四方面来剖析这个问题。

第一，体制优势。

首先，我们具有政治优势。我们的政治优势在于政治稳定，政治的稳定为保持经济社会的动态有序性和连续性提供了保障，能够为我们完成各种艰巨的任务提供持续的支撑。纵观美国的发展，政治优势就不够明显，执政党一换，政治形势及经济社会发展会发生变化。但是，我国一党执政为科技的发展提供了稳定的政治环境，这种政治的稳定可以保证未来发展的目标长久与持续，进而可以使星云的发展得到持续的保证。

其次，我们具有举国优势。改革开放前，国家将有限的人力、物力投入到重大战略领域，解决重大科技问题，形成科技创新的举国体制，取得了如“两弹一星”等一系列成果。进入新时代后，习近平总书记强调，“努力实现关键核心技术自主可控，把创新发展主动权牢牢掌握在自己手中”。党的十九届四中全会明确指出，构建社会主义市场经济条件下关键核心技术攻关新型举国体制，赋予了举国体制新的内涵与使命（苏铮和李丽，2021）。这一制度上、体制上的优势能够为星云作战体系的建设与发展提供坚实保障。通过星云建设举国体制，组织科技力量加速星云建设的关键核心技术的突破，可将有限的人力、物力、财力和技术资源投向既定战略目标领域，调动全社会协同攻关，弥补企业研发力量薄弱、创新能力不足等短板，形成星云建设前沿基础研究和核心技术攻关的强大合力，推动我国星云建设任务的快速发展。

再次，我们具有国家队优势。我国拥有一只能力强、作风好、基础扎实、听从党的领导的科研国家队。我国目前的重大的科技研发项目大多依托国防科技工业，国防科技工业是包含核工业、航天、航空、船舶、兵器、电子等产业的高技术产业集群。这些产业集群大多数是央企，都是党和国家可以牢牢掌握的力量，具有核心发展优势，可以保证星云的顺利建成。

第二，发展优势。

从经济优势来看，当前我国是世界第二大经济体，世界第一制造大国，世界第一贸易大国。中国近年持续加快科技创新，在科研投入上，取得明显改善。根据国家统计局、科学技术部和财政部联合发布的《2019 年全国科技经费投入统计公报》数据显示，2019 年，我国研究与试验发展（R&D）经费投入总量为 22143.6 亿元，比上年增长 12.5%，连续 4 年实现两位数增长；R&D 经费投入强度（与 GDP 之比）为 2.23%，再创历史新高。从研发经费投入规模来看，我国早在 2013 年便超越日本，2013 年以来我国 R&D 经费投入总量一直稳居世界第二位，与美国差距逐步缩小。R&D 经费投入强度稳步提升，已接近欧盟 15 国平均水平。2020 年我国科技创新综合能力排名第 14 位，进入世界第一集团。科技投入产出总量快速跃升，规模优势逐渐显现，越来越多科技创新走向世界前沿。这种经济的发展和在科技上的投入为我们国家建设星云带来了巨大的潜力，为星云的建成提供了保障。

从创新优势来看，创新是一个民族进步的灵魂，是一个国家兴旺发达的不竭动力，也是中华民族最深沉的民族禀赋。党的十九届五中全会习近平再一次强调“坚持创新在我国现代化建设全局中的核心地位”，明确“把科技自立自强作为国家发展的战略支撑”。我国政府高度重视科技创新，深入实施创新驱动发展战略，大力推进大众创业、万众创新，促进经济持续发展、民生不断改善，推动着我国科技事业取得长足发展。正是由于党和国家对科技创新的高度重视，才使我国在波诡云谲的国际科技竞争、产业竞争、贸易竞争，乃至抗击新冠肺炎疫情中始终居于主动地位。这些年我们在量子通信、人工智能、物联网、5G、大数据、云计算、移动支付、C919大飞机制造、国产航母制造、北斗导航系统等一大批领域取得的突破，以及在国际创新链、产业链和价值链上话语权的提升，无一不是党和国家高度重视科技创新所取得的成就。因此，我国对科技创新的重视可以为星云的建设提供发展优势，推动大量星云建设关键技术快速突破，加速推进我国星云建设的进程。

从强军优势来看，我们有非常明确的“三步走”强军目标，有目标的牵引是强大的需求保障。党中央和中央军委为实现以信息化为核心的军队现代化建设目标，提出了“三步走”的战略构想。第一步到2020年，初步实现国防和军队的现代化；第二步到2035年基本实现国防和军队的现代化；第三步到本世纪中叶，全面实现国防和军队的现代化。建设与我国国际地位相称、与国家安全和发展利益相适应的巩固国防和强大军队，是我国现代化建设的战略任务。要实现新时代的强军目标，必须聚焦作战模式的转变，设计未来战争需求。面对强敌，我们要围绕体系作战，牢固树立设计武器装备就是设计未来战争的理念，把作战需求牵引和技术推动有机结合起来，不断提高我国一体化作战和全域作战能力。新时代的强军目标，对星云的建设发展提出了极大的现实需求，也为星云的具体推进和实际落地提供了需求保障。

第三，多元优势。

首先，我们具有产学研多元优势。“产”指企业，“学”指高等院校，“研”指科研机构。技术创新的本质特征是技术与经济的结合，国家技术创新体系的主要构成为企业、高等院校、科研机构、政府部门、中介机构等。其中，企业是技术创新的主体，是该系统的核心部门，而高等院校、科研机构在科研、成果、育人、信息等方面有着明显优势，所以，三者之间相互结合的创新模式日益促进着科技与经济的发展（宁凌和杜军，2008）。这种模式也可以保证在星云的研究与建设过程中，产学研形成合力，共同推动星云建设向前发展。

其次，我们具有军民融合的多元优势。我国载入史册的“两弹一星”工程、载人航天工程等重大科研攻关项目，无不是军民融合协同创新的成果。走军民融合协同创新发展的道路，能更加科学合理地将军地科研资源进行强强联合，从而推进国防科技和民用科技良性循环和可持续发展。由此可见，军民融合的多元优势可以为星云建设提供最先进的技术、最经济的成本、最稳定的物质支撑，是星云建成的重要保障。

最后，我们具有国际合作的多元优势。改革开放以来，我国在世界范围内逐步形成了国际科技合作格局，国际科技合作在推动科技进步、促进经济发展、提高综合国力方面正发挥着日益显著的作用。党的十九届五中全会再次向世界发出明确信号：面对经济全球化的逆流，中国开放的大门不会关，对外开放的基本国策不会动摇；不仅不会动摇，而且在“十四五”期间的新发展格局中，还将全面提高对外开放水平，向世界呈现一个更加自信开放的中国。国际合作的多元优势可以为星云的发展提供更为广阔的平台，更为丰富的资源，为星云的建成提供支撑。

目前我国已经形成多元力量团结协作、合力推动科技发展的发展态势，这样的多元优势恰恰可以推动我国星云建设的快速发展，充分调动和发挥各类力量的积极性，参与星云的设计与建设，合力攻关星云建设的关键技术，落实星云建设方案，能够保证我国星云设计与建设计划顺利推进与实施。

第四，技术基础。

首先，我们具有科技基础。中国曾经在一段时间里在科技领域的国际竞争中处于落后和受制于人的被动处境。但是这几年中国人铆着劲干出许多世界领先甚至是世界第一的大事。如在量子通信卫星、超级计算机、人工智能等领域，可以说中国已经走在了世界的前列。虽然我们曾经经历了“汉芯门”这样科研造假事件的打击，但不可否定的是，我国已经在很多领域做到了世界一流，经过多年的发展已经具有雄厚的科技基础。虽然还有“卡脖子”的问题，但是国家已经对“卡脖子”的问题进行了专项计划，很快就可以实现技术突破、摆脱外部控制。这样的技术发展基础和态势为我国开展星云的研究与建设奠定了坚实科技基础。

其次，我们具有人才基础。新时期，科技人才是新的生产力的重要开拓者和科技知识的传播者，是落实“科技强国”“创新中国”的根本保证，是推进经济社会全面协调可持续发展的骨干力量。中国用不到 30 年的时间成长为全球经济的主要力量，其快速上升过程的特点之一是国家科技能力的大幅度提升，这得益于庞大的、受教育水平日益提高的人才基础。我国近年来科技活动人员总量不断增长，科学家和工程师所占比重逐渐提高。改革开放以来，我国科技人才资源总量持续增长，已形成一支学科门类齐全、规模可观的科技人才队伍。在战略高技术领域，历练了一批突破“卡脖子”技术的战略科学家和创新团队，天宫、神舟、天舟、嫦娥、长征系列成果举世瞩目，深海装备形成功能化、谱系化布局；在重大工程领域，造就了一批既懂得科学技术原理，又敢于创新实践运用、解决重大工程技术难题的高层次专家，极大地推动了我国科技的发展。星云作战体系的构建也可以在这样的人才基础优势的保证下，构建一支能力强、规模大、基础好的科研人员队伍，推动星云作战体系建设的顺利开展与实施（刘云，2013）。

最后，我们具有设施基础。科技基础设施是为探索未知世界、发现自然规律、实现技术变革提供极限研究手段的大型复杂科学研究系统，是突破科学前沿、解决经济社会发展和国家安全重大科技问题的物质技术基础。自中华人民共和国成立特别是改革开放以来，国家不断加大投入，我国重大科技基础设施规模持续增长，覆盖领域不断拓展，技术水平明显提升，综合效益日益显现。设施的建设和运行为科学前沿探索和国家重大科技任务开展提供了重要支撑，推动我国粒子物理、核物理、生命科学等领域部分前沿方向的科研水平进入国际先进行列（刘远翔，2016）。国家重大科研基础设施和大型科研仪器数量多、规模大，各类实验设施一流，科研条件远超很多国际大国，基础设施的优势为星云的研究与建设提供必要的硬件基础和条件，可以有效推动我国星云建设的迅速展开。

我国的科技基础、人才基础、设施基础为星云的建设奠定了坚实的基础保障，未来中国必将加快低轨道星座建设步伐，持续提升星云建设基础能力，加强星云建设领域关键技术攻关和前沿技术的研发，实施星云建设重大工程，保证我国星云作战体系的顺利建成。

毛泽东在《星星之火，可以燎原》中指出："只有当还没有出现大量的明显的东西的时候，当桅杆顶刚刚露出的时候，就能看出这是要发展成为大量的普遍的东西，并能掌握住它，这才叫领导。"我国能否尽早建成星云作战体系，能否引领未来军事变革的新发展，不仅仅需要我们这一批人的艰苦探索和努力传播，更需要一大批有识之士的鼓与呼，需要军事理论家的深入耕耘，需要战略家的深刻洞见，需要高层领导和机关的拨云见日、力挽狂澜，需要更多的科技工作者开拓创新、披荆斩棘，需要广大将士的思想转型、践行探索。如果我们的努力起到了这样的作用，那么我们的心血就没有白费，未来强大的战斗力形成就是对我们最好的回报。

很快又到了午饭的时间。目光老师拿出几个红薯，放在炭火炉上，同学们的思维伴随着烤红薯的清香进入时光隧道的更深处。锐羽有感而发，星云战的研究到此就告一段落，在这两个月的学习中，我们不仅对星云有了全面的了解，也极大地扩展了视野。在未来的研究中，我们要继续研究星云的设计、建设与使用问题，用自己的能力去推动星云的发展，为我国未来星云的建设、为我国制胜未来战场持续贡献自己的力量。目光老师关于星云战的思想和观点，必将极大地促进未来战争形态和武器装备发展的研究进程，极大地颠覆对未来战争认识的传统思维和认知局限，但这个过程也必将是艰难的和曲折的。我们四个学生作为星云战思想的最早追随者、传播者和践行者，必须抱有富国强军的伟大情怀，必须肩负攻坚克难的无畏勇气，必须树立功成不必在我的高尚格局，共同为星云战的思想落地和普及鞠躬尽瘁、奋战到底。

四位同学走出小院的时候雪停了，巍峨大地一片银装素裹，农家的袅袅炊烟呼唤着下一个春天的来临。

参 考 文 献

本刊编辑部. 2019. “鸿雁”星座谱写我国低轨道卫星互联网建设新篇章. 中国航天,490(2): 8-11.

常壮，刘涛，夏兴宇. 2020. 美军电磁频谱战发展探究. 军事文摘，（13）：54-58.

陈菲. 2015. 美国空间信息系统军民融合发展策略. 中国航天，（2）：20-25.

陈航辉,邓秀梅. 2019. 是新瓶旧酒,还是别开生面——浅析混合战争理论的特点. 解放军报, 第7版.

邓潘. 2018. 地基激光雷达对临近空间大气的探测研究. 合肥：中国科学技术大学.

冯契. 1992. 哲学大辞典. 上海：上海辞书出版社.

高凯, 单春锦. 2018-10-08. “多域战”：值得关注的美军作战新理念. 中国国防报, 第4版.

高璎园，王妮炜，陆洲. 2019. 卫星互联网星座发展研究与方案构想. 中国电子科学研究院学报，（8）：875-881.

葛悦涛, 薛连莉, 赵小平. 2019. 美国备份授时系统建设法案发展研究. 飞航导弹, 418(10): 32-38.

顾升高，王叶茵，葛慧. 2017. “星融网”体系结构与核心技术初探. 网信军民融合，（5）：78-81.

顾行发, 田国良, 余涛, 等. 2013. 航天光学遥感器辐射定标原理与方法. 北京：科学出版社.

何颖. 2018. 从太空探索技术公司的成功看中国商业航天发展之路. 卫星与网络，（12）：22-25.

黄志澄. 2020. 卫星互联网：太空新型基础设施. 太空探索，360（6）：50-55.

计宏亮. 2016. 美军海空指控体系协同的理论思考. 指挥与控制学报，2（2）：172-176.

焦洪昌. 2009. 宪法学. 北京：北京大学出版社.

蓝天翼. 2016. 太空经济要素之频率资源价值体现. 卫星应用，（10）：72-76.

雷子欣，李元平 . 2019. 美国“马赛克战”作战概念解析 . 军事文摘，（3）：7–10.
李兵，2015. 孙子兵法与市场营销 . 北京：北京大学出版社 .
李国亭 . 2006. 信息网络效应论 . 北京：国防大学出版社 .
李辉 . 2014. 国外遥感政策与法规研究 . 中国航天，（4）：44–48.
李孟远，郑大壮 . 2020–05–07. 美推动“全域战”应对“大国竞争”. 解放军报，第 11 版 .
李双元 . 2009. 国际法与比较法论丛（第十八辑）. 北京：中国检察出版社 .
李学朋 . 2019. 美国天军民融合战略及其启示 . 北京：国际关系学院学位论文 .
李怡勇，王卫杰，李智 . 2014. 空间碎片清除 . 北京：国防工业出版社 .
李云 . 2016. 美俄欧航天军民商融合发展思路与措施研究 . 卫星应用，（9）：12–17.
李忠东 . 2018. 天外 Wi–Fi 或将覆盖全球 . 科学 24 小时，（5）：18–20.
梁光烈，朱文泉，王文荣 . 2001. 渡海登陆作战——中外登陆作战启示录 . 北京：国防大学出版社 .
刘后根，涂明华 . 2013. 大学军事理论教程 . 北京：科学出版社 .
刘锦前 . 2014. 当前国际非政府组织与全球治理研究述评 . 国际关系研究，（1）：52–60.
刘敏华，俞启东，陈升泽，郑小鹏，解春雷 .2018. 关于未来导弹战形态及创新设计的研究 . 导弹与航天运载技术，（1）：1–6.
刘尚富，王英 . 2016. “网电一体战”及其进攻战法 . 舰船电子工程，（4）：15–18，21.
刘友金，毛小平，2014. 失落的美国梦：斯诺登事件引发美国诚信危机 . 人民日报出版社 .
刘云 . 2013. 创新型人才培养与成长研究报告 . 北京：科学出版社 .
龙沛 . 2018. 两伊战争制空权争夺与战局联动关系研究 . 重庆：西南大学学位论文 .
卢鋆，张弓，申建华，等 . 2020. 低轨道增强星座对卫星导航系统能力提升分析 . 卫星应用，（2）：51–56.
鲁芳 . 2010. 临近空间飞行器的 ISR 能力及其发展前景分析 . 国外电子测量技术，（6）：26–28.
目光 . 2018. 导弹作战概论 . 北京：北京理工大学出版社 .
目光 . 2020. 导弹定制毁伤导论 . 北京：北京理工大学出版社 .
宁凌，杜军 . 2008. 产学研合作对企业和高校的功效分析 . 全国商情：经济理论研究，（4）：20–21，100.

彭英，王珺，卜益民．2010．现代通信技术概论．北京：人民邮电出版社．
申荣．2018．“星融网”：网络强国自主可控的重要路径．网信军民融合，（5）：29–32．
石纯民．2003–05–20．信息 – 机动 – 精确 “三制胜”理论未来战场唱主角．中国国防报，第6版．
苏铮，李丽．2021．发挥新型举国体制优势解决装备“卡脖子”问题的研究．制造技术与机床，（1）：47–50．
孙伟伟，杨刚，陈超，等．2020．中国地球观测遥感卫星发展现状及文献分析．遥感学报，24（5）：479–510．
谭志良，王玉明，闻映红．2013．电磁兼容原理．北京：国防工业出版社．
唐亮，刘鸿鹏，何慧东．2019．全球小卫星现状及发展．国际太空，（6）：50–55．
陶家生．2019．航天光学遥感系统总体设计．北京：国防工业出版社．
王春峰，方雷，韩晓丁．2010．影响世界的美国空军奇人约翰·伯伊德．环球飞行，（4）：62–67．
王飞跃，刘玉超，秦继荣，等．2019．C2M和5G：新时代的智能指挥与控制．指挥与控制学报，5（2）：79–81．
王洪光．2010．经典战例评析（简装本）（下卷）．北京：军事科学出版社．
吴丹，李雪巍，王叶茵，等．2019．“星融网”系统架构构想及应用前景分析．卫星应用，（3）：57–62．
夏林元．2016．北斗在高精度定位领域中的应用．北京：电子工业出版社．
肖圣龙，石章松，吴中红．2014．现代信息条件下的战场态势感知概念与技术．舰船电子工程，（11）：13–15，138．
许江宁，梁益丰，吴苗．2020．综合PNT体系之授时技术．飞控与探测，（2）：5–11．
杨洋，孙前进．2010．连锁企业信息系统与管理．北京：中国发展出版社．
姚有志．2005．战争战略论．北京：解放军出版社．
余杰，范承，黎英，等．2019．太空大脑：内涵、构想及关键问题．卫星应用，（3）：71–75．
袁艺．2016–05–19．网络空间的国界在哪．学习时报．第7版．
张国华，高嵩．2005．略论陆战的发展历程．国防科技，（7）：68–70．

张洪源，徐兵，李海波，等. 2020. 国家综合PNT体系中的罗兰C导航系统. 宇航计测技术，（3）：6–11，74.
张剑龙. 2019. 美军多域战研究及对我军直升机装备发展的启示. 直升机技术，（2）：1–5.
张兢. 2013. 毛泽东研究战争的方法及当代思考. 北京：国防大学出版社.
张久石，童庆平. 2010. 试论现代心理战的政治合法性意义. 传承，（3）：144–145.
张谦一. 2018–09–25. 探索全域作战能力生成路径. 解放军报，第7版.
张伊宁，鲍世修. 2017. 马克思主义经典作家关于军事问题的基本观点研究. 北京：人民出版社.
张玉军，袁艺，周小程. 2019–08–01. 5G将如何改变未来战争面貌. 中国青年报，第11版.
钊作俊. 2004. 刑法效力范围比较研究. 北京：人民法院出版社.
赵微，王赞. 2015. 海上国际犯罪研究. 北京：法律出版社.
郑红. 2015. 国际市场分析. 北京：旅游教育出版社.
周磊，刘昊. 2006. 天基信息系统及对海军航空装备的影响. 飞航导弹，（1）：35–39.
朱卤卤. 2017. 航天遥感产业化改革和政府规制政策研究. 武汉：武汉大学学位论文.
祝欣，胡家国. 2008. 军事理论教程. 武汉：华中科技大学出版社.

缩 略 词 表

AESA	active electronically scanned array	有源电子扫描阵列
AI	artificial intelligence	人工智能
AIS	automatic identification system	船舶自动识别系统
ADS-B	automatic dependent surveillance–broadcast	飞机广播式自动相关监视
CAPS	China area positioning system	中国区域定位系统
CCDCOE	Cooperative Cyber Defence Centre of Excellence	（北约）合作网络防御卓越中心
C^2	command and control	指挥、控制
C^3	command cortrol and communications	指挥、控制、通信
C^4KISR	command、control、communications、computer、kill、intelligence、surveillance、reconnaissance	指挥、控制、通信、计算机、杀伤、情报、监视、侦察
DARPA	Defense Advanced Research Project Agency	（美国）国防高级研究计划局
DCS	data collection system	数据采集系统
EIRP	equivalent isotropically radiated power	等效全向辐射功率
eLORAN	enhanced Long Range Navigation	增强型罗兰导航系统
FCC	Federal Communications Commission	（美国）联邦通信委员会
GEO	geosynchronous orbit	地球同步轨道

GLONASS	Global Navigation Satellite System （俄罗斯）格洛纳斯导航卫星系统
GNSS	Global Navigation Satellite System 全球导航卫星系统
GPS	global positioning system 全球定位系统
IAA	International Academy of Astronautics 国际宇航科学院
IBM	International Business Machines 国际商业机器
ISR	intelligence、surveillance、reconnaissance 情报、监视、侦察
IUGG	International Union of Geodesy and Geophysics 国际大地测量和地球物理联合会
LEO	low earth orbit 低轨道
MDA	Missile Defense Agency （美国）导弹防御局
MEO	medium orbit earth 中地球轨道
OODA	observation、orientation、decision、action 观测、调整、决策、执行
PCA	penetrating counter air 穿透性制空
PNT	positioning, navigation and timing 导航、授时与定位
RCS	radar cross-section 雷达截面积
RDSS	radio determination satellite system 卫星无线电测量系统
RNSS	radio navigation satellite system 无线电卫星导航系统
SAR	synthetic aperture radar 合成孔径雷达
SBIR	Small Business Innovation Research and Development Program 中小企业创新研发计划
SEP	specific excess power 单位剩余功率
STO	Strategic Technology Office （美国）战略技术办公室
UTC	coordinated universal time 世界协调时